丝路领航：吉林化纤建成投产60周年

（1964—2024年）

吉林化纤集团有限责任公司　编著

中国纺织出版社有限公司

内 容 提 要

本书介绍了吉林化纤集团成立60年来，始终坚持主业不动摇，坚持创新不懈怠，坚持改革不停步，坚持抓好党建打基础，持续推进存量优化升级，增量创新发展，走出了一条国有企业创新发展的新路，主要包括企业发展纪实报告文学、企业发展的调研报告、企业的评价报道、企业员工征文选摘、用户对吉林化纤的评价及企业发展大事记等内容，忠实记录了吉林化纤集团60年来艰苦奋斗的发展历程。

图书在版编目（CIP）数据

丝路领航：吉林化纤建成投产60周年：1964—2024年／吉林化纤集团有限责任公司编著． -- 北京：中国纺织出版社有限公司，2024.10． -- ISBN 978-7-5229-2082-5

Ⅰ．I25

中国国家版本馆CIP数据核字第2024VN4697号

责任编辑：范雨昕　陈怡晓　　责任校对：高　涵
责任印制：王艳丽

中国纺织出版社有限公司出版发行
地址：北京市朝阳区百子湾东里A407号楼　邮政编码：100124
销售电话：010—67004422　传真：010—87155801
http://www.c-textilep.com
中国纺织出版社天猫旗舰店
官方微博http://weibo.com/2119887771
长春博世恒印刷有限责任公司印刷　各地新华书店经销
2024年10月第1版第1次印刷
开本：710×1000　1/16　印张：22.75
字数：287千字　定价：88.00元

凡购本书，如有缺页、倒页、脱页，由本社图书营销中心调换

吉林化纤集团

吉林化纤集团有限责任公司（简称吉林化纤，吉纤）始建于1959年，1964年建成投产，下辖及管理两家上市公司，是以传统纤维产业、碳纤维战略新兴产业为主的大型国有企业，现有人造丝产能9万吨/年，占全球30%；腈纶产能53万吨/年，占全球40%；竹纤维产能15万吨/年；碳纤维产业链产能23.7万吨；拥有规模巨大的人造丝、竹纤维、腈纶和碳纤维生产基地，以及全国保健功能纺织品原料基地和国家差别化腈纶研发生产基地。吉林化纤先后荣获全国先进基层党组织、全国五一劳动奖状、全国文明单位、全国重合同守信用单位、创建世界一流专精特新示范企业、全国企业管理现代化创新成果一等奖、全国纺织工业先进集体等多项荣誉。

近年来，吉林化纤坚持主业不动摇，坚持创新不懈怠，坚持改革不停步，坚持党建打基础，持续推进存量优化升级，增量创新发展，走出了一条质量更高、效益更好、结构更优、优势充分释放的发展之路。秉承"为人类低碳生活提供绿色材料"的企业使命，"做先进材料的领先者，创世界一流专精特新企业"的企业愿景，吉林化纤积极培育新质生产力，加快推进纤维材料、复材制品、化工医药、绿色能源板块发展新布局，增强发展新动能，向着打造千亿级碳纤维产业的目标努力奋斗。

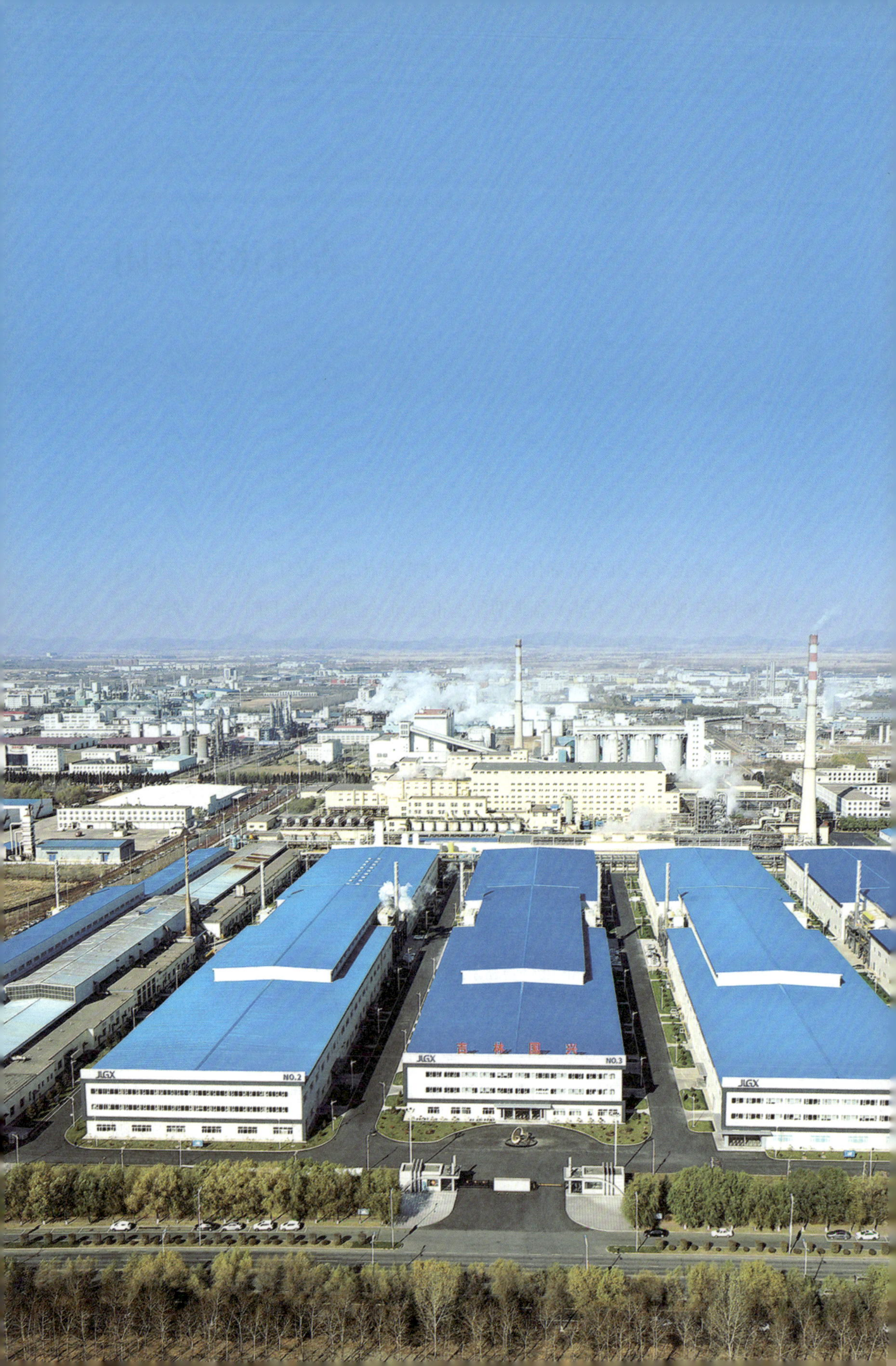
JLGX
NO.2
吉林国兴
JLGX
NO.3
JLGX

序

　　眼前沉淀着岁月的这些书稿，总是让我产生一种追问的冲动和对吉林化纤以及吉林化纤人再认识一次的欲望。

　　吉林化纤建成投产60年，而我也在企业成长了30年。入职时我所看到的吉林化纤，远比之前从媒体上了解的要生动得多。很庆幸，我能成为吉林化纤人（以下简称吉纤人）中的一员。

　　那时的吉林化纤，正处于国有企业改革浪潮推动下全新的发展时期。夜以继日的会战，昼夜不舍的攻坚，一个一个令人热血沸腾的场景，时至今日仍不能忘怀。那时我就发现，吉纤人有一种"特别能战斗"的干劲，但没有多想这种干劲从何而来。

　　吉纤人是质朴的。在他们心中，企业是国家的，也是大家的。他们身上的家国情怀早已融入几代吉纤人的血脉中，化作"忘我"的精神，这也是护佑吉林化纤的坚定意志。

　　吉纤人是伟大的。他们之所以伟大，我想是因为不在于干了什么伟大的事情，而在于把每件具体的事都当成伟大的事业来干。

　　吉林化纤虽然拼打在传统产业中，但是这并不妨碍它对企业发展本质的认识。创新是企业发展的动力，无论什么企业，发展的本质都是自我创新，而获得这种能力的唯一途径就是坚持不懈地改革创新。

创新能力的形成要有一个在积累中培育的过程。"丝"路从不缺少强者，吉林化纤能跑在前列是因为，几十年来，企业不断上马新项目，在更新迭代中积蓄力量，以求在未来发展中拥有更大的主动权。

岁月不居，时光飞逝。吉林化纤走过了不平凡的60年。这60年，在吉纤人心中是闪耀历史、辉映时代的60年。

所以，我们有责任，把这60年中吉纤人走过的足迹忠实地记录下来，让深藏于前行脚步中的企业和员工精神彰显出来，激发出吉林化纤更大的智慧与力量，创造出更新更大的伟业。在新时代的召唤中，大步迈向世界。

吉林化纤集团有限责任公司党委书记、董事长　宋德武

目 录

第一部分　记　事 / 001
　　　　　　丝路奋进一甲子 / 002

第二部分　特　写 / 051
　　　　　　创新无界 / 052
　　　　　　管理无边 / 059
　　　　　　文化无价 / 066
　　　　　　党建铸魂 / 071

第三部分　观　察 / 079
　　　　　　吉林化纤的价值密码 / 080

第四部分　报　告 / 091
　　　　　　锚定"五个一流"　以昂扬姿态加速奋进 / 092
　　　　　　老树新花俏争春 / 101
　　　　　　迎难而上务实担当　引领吉纤创新发展 / 114

第五部分　见　证 / 121
　　"行进中国"调研行 / 122
　　江城吉林"中国碳谷"加速跑 / 124
　　吉林化纤专注碳纤维研发生产 / 130
　　化纤"老大哥"有了闪亮"新标签" / 135
　　解码天竹创新基因 / 141
　　重新崛起　傲然领跑 / 155
　　丝路追梦　开启科学发展新征程 / 167
　　尊重需求深耕细作 / 179
　　随"势"而制 / 184
　　纤丝织就强国梦 / 188
　　丝路无处不飞歌 / 194
　　傅万才：企业家的榜样　中国纺织的骄傲 / 201
　　怀"丝路天下"雄心　谱振兴发展乐章 / 208
　　碳纤维"产业树"发展之路 / 215

第六部分　心　声 / 219
　　峥嵘六十载　奋进新征程 / 220
　　势如虹　战正酣　全力跑出吉纤"加速度" / 239
　　写给正青春的你 / 246
　　不负荣光启新航　踔厉同心筑华章 / 248
　　很想说声感谢 / 254
　　精彩吉纤的时光 / 256
　　三代吉纤梦　薪火永相传 / 259
　　以项目建设蓄创新之势聚发展之力 / 262
　　非凡六十年 / 268

与"煤"结缘　深耕坚守 / 272

黑白之间 / 276

2020年的相遇　2024年的同行 / 280

守一方净水　还一寸清源 / 285

在成长的岁月里　见证那一份热爱 / 287

光辉六十年 / 292

唱凯旋 / 293

欢庆辉煌六十年 / 294

奋斗铸辉煌 / 295

新丝路 / 299

丝路赋 / 300

他们都是追梦人 / 301

吉林化纤　丝路天下 / 305

蚕的执着 / 309

沁园春·征战 / 311

吉纤赋（乾坤转） / 313

吉纤赋（学子出师） / 315

第七部分　共　赢 / 317

人造丝客户评价 / 318

腈纶客户评价 / 321

竹纤维客户评价 / 323

碳纤维客户评价 / 330

第八部分　足　迹 / 333

吉林化纤大事记 / 334

碳纤维产业园
中国碳谷

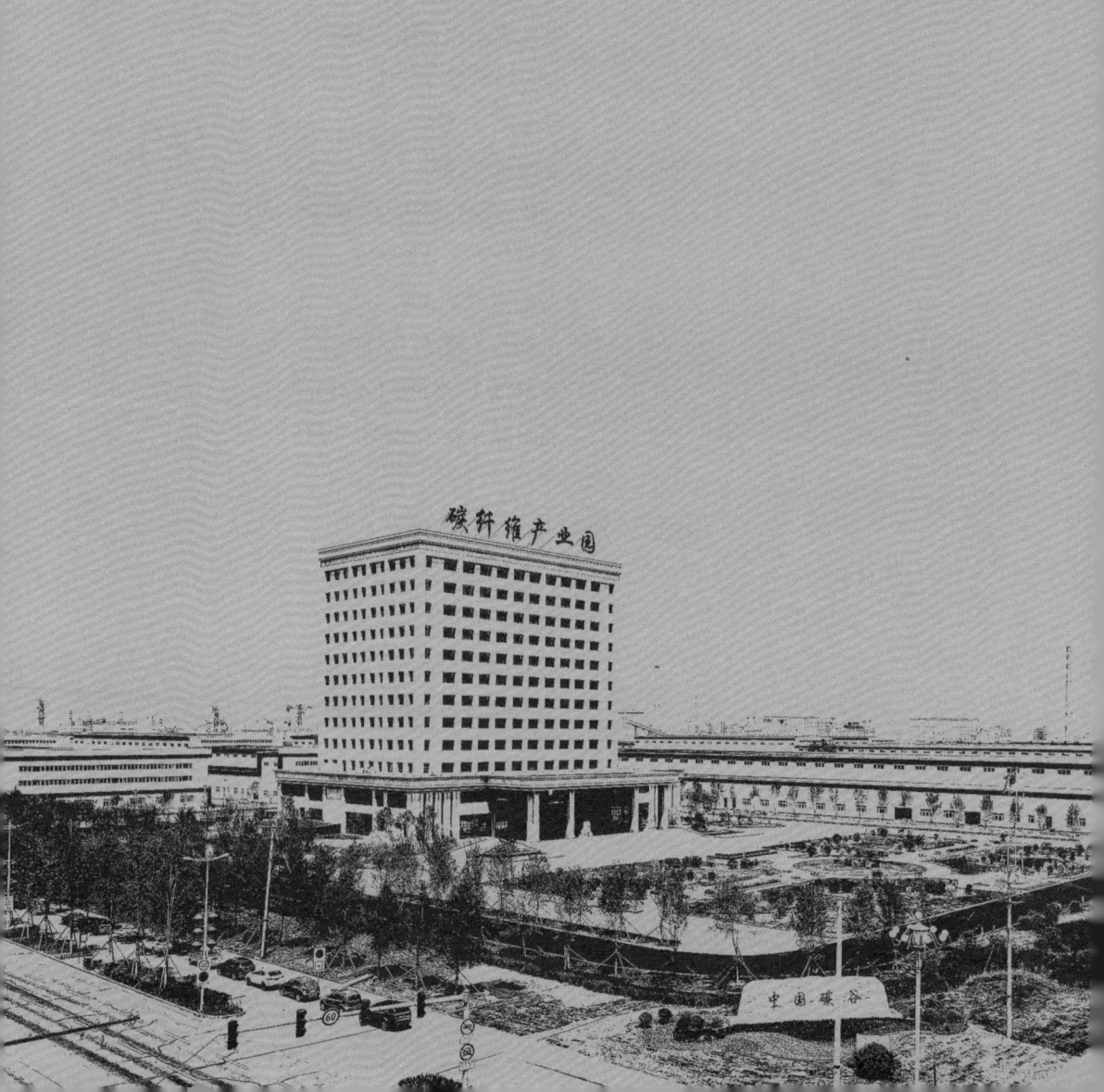

第一部分
记　事

丝路奋进一甲子

——吉林化纤集团建成投产60年记事

五千年前，嫘祖首创种桑养蚕之法、抽丝编绢之术，谏净黄帝，旨定农桑，法制衣裳，丝绸由此诞生。

两千年前，丝绸之路带着华夏文明，穿越大漠戈壁、崇山峻岭和大海汪洋，用一条长长的贸易通道连接着世界的东方和西方。

六十年前，在祖国的东北，在吉林市这片热土之上，吉林化纤建成投产。谁也不曾想到，一个名不见经传的小厂，竟用六十年的时光，沿着丝路，走向了世界化学纤维舞台的中央。

六十年来，他们推动一个个项目上马，攻克一道道技术难关，用现代科技生产人类自古便孜孜以求的各种形态、各种功能的纤维，不断延伸开拓，让古老丝绸之路的驼铃，变奏出民族振兴的交响。

从全国五一劳动奖状、全国重合同守信用企业到全国质量效益型先进企业、全国用户满意企业，再到创建世界一流专精特新示范企业，吉林化纤六十载探索奋进，一甲子风雨兼程。

从三把榔头和茅草棚到现代化厂房和研发中心，一代代吉纤人满怀赤诚之心，持续艰苦奋斗，积淀出"奉献、敬业、负责、创新、自律"的企业精神，塑造出"爱党爱国、勇毅执着"的吉纤人的品格。

以一根丝情系千家万户，用一份情承载初心梦想。一代又代吉纤人用"坚持主业不动摇、坚持创新不懈怠、坚持改革不停步、坚持党建打基础"的顽强信念，驱动着吉林化纤集团这条纤维巨轮，走向五洋，远航世界！

那个木牌　那种精神

1959年12月5日，在那个朔风劲吹、雪花飘飞、滴水成冰的日子里，一小队创业者冒着严寒在距离吉林市15公里的人们俗称为"百家屯"的松花江畔，树起了"吉林市人造纤维厂筹备处"的木牌。从那一刻起，前辈们的青春热血就此火热绽放。

在那个机械化落后的艰苦时代，创业的先辈们用钢铁般的意志和团结向上的激情，将希冀的种子化成奋进创新的力量，披荆斩棘、披星戴月，无畏困难、开创新业。

不到一年时间，年产3400吨黏胶短纤维工程项目就在一片荒芜的土地上破土动工。创业者们住地窖、战风雪，不畏重重困难，揭开了为解决东北人民穿衣问题这场民生大戏的帷幕。东北大地，松花江畔也从这个时候，展开了万缕千丝编织美好生活的生动画卷。

20世纪60年代初期，中国经济建设面临着严峻考验。国内连续遭受三年困难时期，国际上对我国实行政治孤立，经济封锁，中苏关系破裂，专家被撤走……在这样极端困难的条件下，吉纤人自力更生、艰苦奋斗，项目顽强地上马了。

当时，简陋的工地上没有创业者们的住所，他们就挖地三尺盖起了"地窖子"。夏天，外面下大雨，里面淌溪流；冬天，外面冷风刺骨，里面滴水成冰。夜晚睡前得先将砖头放在炉子上烤热，然后放在脚底下才能睡着，一觉醒来须发满是白霜。工地没有食堂，先驱者们就用苇席围起个大饭厅，一个苞米面窝头没吃完，另一个已冻成冰坨。

创业者们居住的地窨子

老一辈吉纤人在回忆录中这样写道：什么叫苦？经历过建厂初期创业的人，才真正懂得苦。什么叫累？经历过建厂初期创业的人，才真正懂得累。当时，大家就一个想法，赶快把这个工程拿下来，早日投产。

在那个激情似火的年代，压力越大，人心越齐。当时，同主项目配套的20多个工程也同时开工，2000多人奋战在工地上，没有专用卡车和铁路专线，创业者们为了早日投产，靠人拉肩扛硬生生把4414吨钢材、9282吨水泥、8059立方木材、3400台件设备、74吨有色金属、28吨电缆等施工材料从三公里外运到工地。

一场大雨，威胁着堆在江边的木材，为了每一根木料不受损失，创业者们顶着大雨，用轱辘车把木材抢运出来……

人拉肩扛的方式运送设备

心在工地，情也在工地，他们的情感是朴素的。他们知道，国家十分困难，建厂的一砖一瓦，都饱含着党对人民似海深情，都是全国的人民勒紧裤带省下的。

那时，虽然国家困难，可从上到下都在关心这个"穿衣"工程，千方百计保证建设物资的供应。

周恩来总理多次打电话到纺织部询问工程建设情况；李先念副总理特批了江北一次输电线路的专用材料；吉林省领导多次召开省、市相关物资部门协调会议，调剂、平衡所需物资。

"有党和国家的关心，有各方面的大力支持，就是拼了命，也要把这个项目早日拿下来！"

1964年4月19日，这个为解决东北人民穿衣问题的项目在一片锣鼓声中建成试车。当纺丝女工谭淑琴激动地踩下第一个纺丝泵、压下第一根曲管时，当第一束洁白的银丝喷涌而出时，创业者们欢呼雀跃、相拥而泣！

在他们的内心，这第一束丝是吉林化纤生命的开始，是吉林化纤不朽精神的发端。

当年的7月1日，是党的生日，吉林化纤的创业先辈们对这一天"达标"

寄予了特别的希望。惊喜如期而至，这一天，这个凝结老一代吉纤人心血与汗水，激情与壮志的项目实现了按设计产量一次投料成功，按质量标准一次出正品，按主要经济技术指标一次投产成功的"三个一次成功"。

现在的新一代吉纤人能从老一辈人的记忆中、从展馆中去感受着自己作为一名吉纤人的那份自豪。在他们的内心，这"三个一次成功"的意义并不只限于解决了当时人民的急迫穿衣问题。

1964年7月7日，时任国务院副总理邓小平到吉林化纤视察，当他看到一束束银丝喷涌而出的场景时十分高兴。他勉励大家说："要巩固，要发展，要做新贡献！"殷殷关怀，情深意切；谆谆嘱托，厚望如山。吉纤人深受鼓舞，

1964年4月19日，纺织女工谭淑琴踩下第一个纺丝泵，压下第一根曲管

牢记嘱托，决心在这方热土上接续奋斗，努力交出一份无愧于人民、无愧于时代的答卷。

同年8月，吉林省化学纤维厂正式宣告建成投产，从此开启了天然纤维素再生纤维这一绿色纺织原料的传奇历程。

20世纪60年代初，国外企业相继停止提供纺丝机。郑州、青岛、邯郸、上海等地的国内兄弟纺织厂家，毅然挑起纺丝机设计、试制的担子，在较短时间内研制出了样机，这给了吉林市人造丝建设者们以巨大的鼓舞。

在正式投产前的那段日子，吉纤先辈们夜以继日、通宵达旦，自制工具，设备除锈，清洗管路……眼睛熬红了，身体累瘦了，靠着自力更生的决心和百

吉林化纤最早的短纤生产线（一）

折不挠意志，攻下了一个又一个难关，完成了400多项试车的前期准备工作，通过42批连续投料试车，纺出了第一批黏胶短纤维。从此，吉林化纤迈开向世界化纤高地冲顶的第一步。

1966年9月，在国家"扩大纺织原料生产，适应纺织工业发展"精神的指引下，吉林化纤开始建设第二条生产线。同时，在坚持生产的前提下，对原生产线的设备进行革新、改造、挖潜。

工厂向全体职工发出倡议，要以最快的速度、最好的质量、最低的造价开好"双线"。一张张决心书、请战书，纷纷送到会战指挥部，都争着要求承担最困难、最艰苦的任务。职工们豪迈地说："就是掉下几斤肉，也要新线快上马！"

安装现场，有的员工手磨起了血泡，虎口震裂了，肩膀压肿了，衣服湿透

吉林化纤最早的短纤生产线（二）

了，可他们的干劲十足，情绪高涨。不少员工刚从生产岗位下班，又赶到了现场参加会战。

吉林化纤的创业者们，硬是凭着这么一股拼劲，完成了黏胶短纤第二条生产线的扩建任务。

当时，纺丝机的关键部件喷丝头一时供应紧张。没有喷丝头，丝从何来？职工们群策群力，大胆试验修复报废的喷丝头，并用普通焊枪成功焊接了喷丝头，保证了第二条生产线如期投产。

1971年9月，第二条生产线建成投产，吉林化纤形成了7000吨的生产能力。此后的几年，吉林化纤相继把黏胶静止脱泡改为连续脱泡，酸站实现了加酸自动控制，短纤产能比扩建前提高64.2%，利润增长6.87%。

"三人工作两人干，抽出一人搞基建。"在艰苦创业的那个年代，这句顺口溜就开始在老一代吉纤人中流传开来。

或许，这句朴素得有点"土"的顺口溜，创业先辈只是想用生动的语言描述他们那时的工作状态。或许，老一代创业者在艰苦的创业中，苦中求乐、打趣互勉。但是，在那个持续多年快马加鞭上项目的年代，当这句顺口溜逐渐演化成为一种无声的号令，一种行动的自觉时，一种精神如同生命中最稳定基因，便不断地复制在每一名吉纤人的身上。

党的十一届三中全会以后，企业的生产进入了一个崭新的历史时期，产品产量逐年上升，接近万吨水平。产品质量不断突破计划指标，基本实现了"五个九"，即产品正品率99.9%以上、一级品率99%以上。

发展的道路从来都不是一帆风顺的。有一年，短纤在色泽、可纺性等方面出现了问题。吉林化纤立即组织各方面工程技术人员进行全面攻关。通过一系列的实验和原辅材料的更新与开发，一举解决了影响产品质量的超倍长、强度降等难题。

1980年，吉林化纤生产的"白山牌"黏胶短纤维被评为省优产品，产量也提升到了10596吨，实现了产量超万吨、质量"五个九"的目标，迈入国家纺织工业部全国化学纤维行业"六厂一市"行列。从这时起，吉林化纤如乍起新星，开始在纺织材料的天空上熠熠生辉。

长丝有多长

吉林化纤是用自己的质朴打扮别人美丽的企业。当改革的春风开始吹开大地缤纷色彩的时候，吉纤人敏锐地意识到现在的五光十色，一定预示着前面会有更美的风景。吉纤必须要抓住这个机遇，让企业强大起来。

1980年，在周密调查分析的基础上，吉林化纤向吉林省计委递交了《2000吨人造长丝计划任务书》。一年后，吉林省计委正式批复：黏胶长丝工程分两期建设，每期1000吨。

年产2000吨黏胶长丝工程的建设，改写了吉林化纤只能生产黏胶短纤维单一品种的历史，以一个标志性工程在吉林化纤的发展史上留下了一个值得纪念的里程碑。吉林化纤发展的加速阶段正是由此拉开的。

按照"生产基建一肩挑"的方针，从1983年3月开始，吉纤人在抓好生产的同时，不断加快建设速度。一期长丝工程1983年7月破土动工，到1986年4月1日试车出丝，仅用了2年零8个月的时间；1986年10月14日，二期工程也试车出丝。

从动工到试车生产，历时3年零3个月，比纺织工业部要求的时间提前了3个月，创造了当时行业内同类项目建设的最快速度，这就是吉纤速度。

现在的吉纤人，在给人解释这个速度时总会说，速度的背后是吉林人的精神。

在那难忘的1186个日日夜夜里,吉纤人在工地上度过了多少个艰苦奋斗的夜晚,又在工地上度过了多少个属于自己的节假日。在吉纤人的心中,放弃是为了获得。他们想要的只有一个目标,就是使工程早日竣工,为企业的发展多做贡献。

有条件要上,没有条件创造条件也要上。在设备安装大会战中,各工种交叉作业,建设者们昼夜奋战,吃住在工地,有的干脆把米袋子扛到了工地。

没有安装经验,他们就学中干、干中学。没有运输车辆,他们就靠人拉肩扛把设备运进厂房。那一代的吉纤人众志成城,无畏挑战,用汗水和智慧换来了黏胶长丝工程开车典礼的鼓乐声声,完成了由单一黏胶短纤产品向黏胶长丝的历史性跨越。

短纤和长丝都是人工合成的化学纤维用以替代天然纺织材料。前者用来替代棉花,后者用来替蚕丝。长丝可用来织造服装面料、被面、床上用品和装饰品。长丝与蚕丝混纺,可做乔其纱、织锦缎,也可与涤、锦混纺织造晶彩缎、

1986年4月,黏胶长丝一期工程竣工投产

古香缎等。所以，黏胶长丝是满足人们对纺织品的新需求，是纺织业"向新而生"主要原材料。

为了解决项目资金问题，当时的厂领导们五进太原、三赴天津、两闯山东，跨越千山万水，历尽千辛万苦，想尽千方百计，最终从山西贷款2000万元，才使项目顺利建成投产。

从单一短纤拓展到长丝，吉林化纤迈出了以市场为发展导向的历史性一步。从此，"白山牌"黏胶长丝一路征服苛求完美的日本市场，强势进军引领时尚的欧洲市场。

难忘吉林化纤成长的曲折更迭，难忘吉林化纤的新生演绎。伴随如歌的岁月，吉林化纤一步步成长壮大，化纤事业也一天天发展变化。从第一条生产线的开工建设到长丝产品享誉全球。在成长的道路上，虽然吉林化纤历尽沧桑，但创新发展的脚步永不停止，一路向前。

新项目上马后，用电负荷开始加大，在20世纪80年代的后期，由于国家电力供应紧张，工厂经常被要求躲峰，拉闸限产，给企业正常生产带来了很大影响。电力不足制约着正在快速发展的吉林化纤。为了把发展的主动权紧紧握在自己的手里，企业果断决定，将原为生产配备的产汽能力200吨的中压锅炉进行改造，走热电联产之路。

在一无建站技术、二无资金、三无管理经验的困难条件下，一期工程6000千瓦的自备电站启动运行。之后，他们又相继进行了二期和三期工程，陆续形成三台机组共1.8万千瓦的发电能力。企业不仅实现了24小时连续生产，每年还为企业增创效益600多万元，为企业发展增添了强大动力。

抢抓机遇，超常运作，为吉林化纤的腾飞插上了翅膀，使吉林化纤走在同行业的前面。

在2000吨长丝工程还在建设的时候，吉林化纤继续扩建1000吨长丝的项

1.8万千瓦自备电站

目就已上报。2000吨长丝项目二期工程开车后,吉林化纤仅用一年的时间,就建成了这个项目,并顺利投产。至此,吉林化纤成为20世纪80年代我国改建、新建的八家同行企业中形成年产3000吨生产能力的最早一家。在1000吨长丝项目的助力下,吉林化纤当年实现利税1074.5万元,企业年利税也首次突破千万元大关。

这次关键性的突破,标志着吉林化纤开始真正走上了发展的快车道。

看得远一点儿 走得快一点儿

此后的几年间,吉林化纤业绩一路飙升。

1988年,企业成功与外商签订了750吨长丝出口合同,主导产品首次打入了国际市场。

1990年，"白山牌"黏胶短纤维被国家纺织工业部评为"1990年度纺织工业部优质产品"。

1991年，企业定型为国家二级企业，被纺织工业部授予"全国纺织系统双文明建设优秀企业"称号。

就在一切都顺风顺水的时候，长丝市场突然波澜骤起。

进入1992年，黏胶长丝市场突然疲软，产品滞销，仓库严重积压。

此时，同行企业产品都在降价倾销，以度时日，而吉林化纤却做出一项惊人的决策：长丝再扩建900吨！

同行们对此十分困惑，市场都这样了，吉林化纤却要逆势扩张，这不是自寻死路吗？

吉纤人的这个决策并不是一时头脑发热。他们在详细分析国内外市场后认为，人造丝属劳动密集型产品，发达国家因受人力资源限制，产能难以扩张。但人造丝又是制作高档面料、服装的好材料，天然蚕丝十分紧缺，因此，从市场预期看，"皇帝的女儿"绝不会愁嫁。

"滞销时要看到畅销的到来，畅销时要有滞销预见。"这就是吉林化纤的市场"辩证法"。1993年4月26日，900吨长丝项目投产时，黏胶长丝不仅由滞销转为畅销，而且价格也扶摇直上，由2.35万元/吨上涨到3.4万元/吨。

这个时候醒悟过来的同行们不由地感叹，吉林化纤比我们多看了一步。

其实，同行们并不知道，吉纤人的心中，一直有个"大化纤"的梦。为了这个梦想，吉林化纤很快又设定一个新目标：黏胶短纤再上1.5万吨。

从1992年10月12日，1.5万吨黏胶短纤打下了第一根桩算起，吉纤人以"三人工作两人干，抽出一人搞基建"的拼搏精神，创造了28个月工程15个月完成的奇迹，在我国化纤建设史上写下了光辉的一页。

1993年，吉林省化学纤维厂作为独家发起人，成立了吉林化纤股份有限公司。完成股份制改造的吉林化纤，再次进入强势扩张的快节奏。从1994年到1998年这5年间，2950吨黏胶长丝、长丝连续纺、黏胶长丝2600吨技改……一系列超常规发展，令同行们赞叹不已！

梦想是丝路的远方

"只有成为巨轮，才能无惧风浪。"建设腈纶项目，成了这个扩张理念最好的注脚。

1992年12月31日，国家和吉林省"九五"重点工程之一的吉林化纤为吉化30万吨乙烯工程配套的6万吨腈纶工程正式立项。国家有关部门和吉林省政府领导召开专题会议正式确定：两个3万吨腈纶项目合建在吉林化纤。经过几年夜以继日的苦干，1998年5月29日，6万吨腈纶工程实现了一次投料开车成功、一次产出合格品。

在当时，这是吉林省纺织行业一个前所未有的大项目。这个项目的建成，使吉林化纤离"大化纤"的梦想又近了一步。

一年后，吉林化纤自筹资金4亿元，把黏胶长丝总产能强势提升至2万余吨，跃居全国第一。

到2000年，吉林化纤共进行大型的基建、技改项目12次，项目个个上得准、投产快、效益好，产品品种由单一的黏胶短纤维发展成为黏胶短纤维、黏胶长丝、腈纶纤维和化纤浆粕等四大系列产品，化纤综合生产能力20.3万吨，利税增长近40倍，资产总值增加了100倍。

这一巨大的成功不仅成为业界人士关注的焦点，而且更得到了党和国家领导人的高度重视和赞誉。

　　1991年4月26日，在北京人民大会堂召开的全国第二次质量工作会议上，吉林化纤成为时任国务院总理朱镕基亲自批准的全国工业企业唯一发言单位。老厂长傅万才代表吉林化纤向国家领导人和与会代表作了题为《从严治厂，以优取胜》的发言，受到了与会领导和代表们的一致好评。

　　1995年6月24日，时任中共中央总书记、国家主席、中央军委主席江泽民亲临吉林化纤视察，他赞不绝口地说："这个厂子搞得不得了！"

　　1996年6月22日，时任中共中央政治局常委、中央书记处书记胡锦涛到吉林化纤视察，他赞叹说："这个厂子发展很快，搞得不错。"

　　1998年7月10日，时任中央政治局常委、全国人大常委会委员长李鹏在

1998年5月，年产6万吨腈纶项目一次开车成功

吉林化纤视察后欣然题词：从严治厂，创出名牌，把吉林化纤办得更好。

2002年7月17日，时任中共中央政治局常委、国务院副总理吴邦国到吉林化纤视察，他对该公司的管理水平和产品质量连连称赞，他鼓励吉纤人："你们还要加大科技投入，加快技术进步，提高产品的科技含量，增强企业的核心竞争力。"

在吉纤人的心中，任何成绩都只不过是留在身后的脚印，梦想才是心中的远方。

在主导产品发展上，吉林化纤不断通过技改提升产品品质，对标国际，高水准扩张。随着黏胶长丝提升改造项目实施，困扰企业多年的技术装备问题得以解决，黏胶长丝质量有了飞跃性提高，充分满足了欧、美、日等国对高档长丝的需求，国际市场占有率进一步扩大。

国内要称王　世界要称优

进入21世纪以后，吉林化纤开展"第三次创业"，目标直指产品质量和技术含量。每个产品不仅要国内称王，更要国际称优。为此，他们加快与日本可乐丽公司的技术合作，实施年产5000吨差别化高性能黏胶长丝技改项目和4万吨腈纶填平补齐工作。同时，集团下属吉藁公司在增产扩能的基础上加大对竹浆和竹浆纤维的开发力度。

2002年，公司相继通过了Oeko-Tex Standard 100（国际环保纺织标准100）认证、ISO 9001：2000质量管理体系认证及ISO 14001环境管理体系认证，为参与国际市场竞争打下了坚实的基础。

经过质量、管理双提升，吉林化纤在很短的时间实现了腈纶丝束替代进口产品，腈纶毛条更是成为用户首选，腈纶产品居国内榜首。

为了让用户有更多的选择，吉林化纤在2003年引进国际先进技术，建设6万吨差别化腈纶项目。这一次，吉林化纤再创建设奇迹：从打桩到产品达标，仅用20个月15天。腈纶产能一举提升到14万吨。这个项目全部引进国外先进设备，工艺路线采用世界一流的湿法两步法和最先进的DCS集散控制系统，产品一经问世就销往全国各地，质量受到用户的普遍好评。

6万吨差别化腈纶项目的建成，是吉林化纤发展史上的一个新的里程碑，对公司抢占市场、优化产品结构有着重要的战略意义。

凭借在腈纶生产经营方面积累的丰富经验，吉林化纤与意大利蒙特公司从技术合作关系变成合资关系，共同出资成立中外合资企业吉盟公司，开始实施15万吨差别化腈纶项目。这个项目继续采用蒙特技术，全部生产高附加值、高技术含量的差别化、功能性纤维。

在一期工程建设过程中，在设计图纸严重滞后，土建和公用工程施工环境极其艰苦，锅炉、发电机及辅机安装交叉作业的困难条件下，吉纤人集思广益，克服无数困难，不断把项目建设向纵深推动。各参建单位服从统一指挥和调度，强化协同管理与配合；各相关部门、相关单位积极献计献策，无私支援，给予了极大的支持与帮助。奇峰公司（吉林化纤下属企业）提前启动岗位实际操作培训，提前做好原料储备，并抽出部分维修人员参加援建。试运行阶段，吉盟公司的员工更是争分夺秒抓进度、一丝不苟抓质量、万无一失保安全。公司上下齐心协力，奋力攻坚，凝聚成了一股强大的建设合力，最终交上了一份满意的答卷。

2006年10月，15万吨差别化腈纶项目一期10万吨工程顺利投产，新增税金超亿元。吉林化纤一跃成为腈纶行业翘楚。

吉林化纤坚持规模化基础上的差别化调整，通过不断优化生产工艺，产品差别化率超过50%，形成了100多种差别化产品，获得多项国家发明专利，产能从6万吨增加到38万吨，成为全球最大的腈纶纤维生产企业。

也是在2006年，吉藁公司（吉林化纤下属企业）克服投资大、改动大、时间紧等困难，加班加点，昼夜奋战，提前23天完成了公司有史以来最大一次技术改造项目——7000吨短纤项目，实现一次开车成功。棉、竹纤维产量提升至2.5万吨。

2007年4月28日，艾卡公司的5000吨连续纺黏胶长丝项目一期工程开车一次成功，这标志着世界一流品牌德国ENKA的CHEV专有生产设备扎根中国。吉林化纤生产的拥有世界一流品质的高延伸连续纺黏胶长丝，将返销拥有高端市场的欧美国家。

"以市场缺位作为研发定位。"吉林化纤在这种产品理念驱使下，不但成

2006年10月，年产15万吨差别化腈纶一期项目建成投产

功研发了着色、阻燃、空调、莱麻、抗起球、扁平、蓄热纤维等多种差别化、功能性新产品，获自主产权专利30余项，也利用人才优势，引进与开发相结合，逐步建立起占据世界领先地位的自主核心技术体系。

吉溧化工有限责任公司就是在吉林化纤这种技术体系建设思路的支撑下，于2009年组建的主要从事黏胶纤维阻燃剂（DXL1212）、色浆制造与销售及进出口的企业。公司引进黏胶纤维专用阻燃剂生产高新技术，开发阻燃剂。该阻燃剂具有高效、无卤、无污染、永久阻燃等特性。其生产技术达到国际同类产品先进水平，填补了我国黏胶纤维专用阻燃剂领域的空白，是国际上继瑞士克莱恩公司之后唯一具备年产2000吨黏胶专用阻燃剂生产能力的企业。

以此生产的新一代高性能阻燃纤维，不但拥有良好的永久阻燃性能，优异的隔热性能，抗电弧及抗静电性，低烟、无毒、不熔融滴落、抗火防热等特性，而且保持着黏胶纤维原有的柔软性、吸排湿性、染色性等天然纤维特性。在保障安全的同时，穿着舒适的阻燃纤维，可广泛应用于消防装备、服饰，军用警用装备、服饰，工业用热防护服饰，防溅落防护服、阻燃装饰用品、阻燃填充物等领域。

绿的"竹" 硬的"碳"

创新是企业的灵魂，发展是企业的生命。在创新与发展上，吉纤人始终保持着目标要高、视野要远、思路要宽、作为要大的"干事习惯"。

为解决纤维素原料结构问题，吉林化纤与国内多家高校合作，在较短时间内成功开发出了具有广阔市场前景的竹纤维。

2000年初，吉藁公司对竹浆开发进行了竹浆粕、竹纤维的试生产，10月实验成功，经上海化纤工业协会化纤产品检测中心检测全部为一等品。此后，

2010年6月，全国首条竹长丝生产线在吉林化纤一次开车成功

吉藁公司又经过多次技术深化，攻克了反应性能、过滤性能、可纺性能不佳等关键技术问题。2003年，吉藁公司第一次从5吨浆粕中生产出了900公斤竹纤维。从此，世界上唯一利用可再生竹资源制造的新型纤维素纤维诞生了。当年，竹纤维列入国家重点新产品、河北省高新技术产业化示范工程项目，并荣获第十届中国专利新技术新产品博览会特别金奖。

这是纺织行业的一次绿色变革，也是一次与国家战略融合对接的成功实践。竹纤维以其天然抗菌、防紫外线、吸湿、柔软、可降解等优良特性，被誉为"21世纪健康纤维"、纺织界"第五元素"。

随着竹纤维生产技术的不断创新，性能的不断完善，吉藁公司自主研发的"竹材黏胶纤维及其制备方法"获国家发明专利。利用该技术生产的竹材黏胶纤维，经国家棉纺织产品质量监督中心、中国纺织科学研究测试中心检测及多家纺织生产厂家应用表明，竹纤维具有易纺纱，损耗小、悬垂性、吸湿性好等明显不同于棉、木型纤维的独特性能和风格。竹材黏胶纤维（天竹纤维）获"国家重点新产品""国家技术创新奖"等诸多荣耀，并顺利通过FSC国际森林管理体系认证。

随即，吉林化纤站在打造中国纺织产业民族品牌的高度，在创新上再度发力，联合24家纺纱、织造、染整、服装企业和贸易商组建天竹产业联盟。这在当时的纺织领域，又是一件石破天惊的大事。

在首届天竹纤维产业链战略峰会上，确立了天竹纤维产业联盟的主导思想及产业联盟企业的基本条件。作为中国纺织领域首个依托联盟实行产品市场运作的组织，天竹产业联盟推动竹纤维走上了产业链资源整合、优势互补的发展快车道。

从天竹纤维诞生到现在，25年过去了，当年只有24家会员企业的天竹联盟，早已成为拥有数百家成员单位的大家庭，成为拥有21项发明专利的中国竹纤维产业核心。在荣获了首届"全国纺织行业管理创新成果大奖"，开创了中国纺织商业模式先河的联盟模式加持下，带有中国元素的竹纤维一走进ZARA、BURBERRY等国际知名品牌的视野后，就成为最具竞争力的绿色低碳纺织原料。

如果竹纤维的创新是吉林化纤在纺织领域注入了中国元素的话，那么碳纤维的成功研发则标志着吉林化纤完成了从传统产业到战略性新兴产业的完美一跃。

早在2006年，吉林化纤就开始着手碳纤维原丝生产技术研发。他们通过整合实验室成果与腈纶生产经验，集成创新出T300聚丙烯腈基碳纤维原丝的工业化生产技术。这种技术采用三元水相悬浮聚合法生产碳纤维原丝聚合物，湿法二步法生产碳纤维原丝，其特点是工艺流程短、质量稳定、生产效率高，更适合大规模工业化生产。

这项具有自主知识产权，国内首创的碳纤维生产技术，突破了长期制约我国碳纤维材料国产化的技术瓶颈，为碳纤维新材料在国内的广泛应用奠定了坚实基础。不仅提升了我国碳纤维材料研发和技术水平，解决了我国高性能碳纤维材料国产化的技术瓶颈问题。更重要的是，它打破了国外对高品质碳纤维技术长期封锁和垄断，撼动了发达国家技术壁垒。

2008年末，吉林化纤自主研发的聚丙烯腈基碳纤维原丝通过相关技术鉴定，并投资5.5亿元，开始建设"年产5000吨聚丙烯腈基碳纤维原丝"项目。

项目共建设4条生产线，其中一条为年产500吨1K、3K的T300碳纤维原丝生产线，另外3条为年产1500吨低成本12KT300碳纤维原丝生产线。项目建成投产后，大大缓解了国内市场供需矛盾，促进了我国碳纤维制品应用及相关行业发展的进程。

此后，吉林化纤在碳纤维上持续发力，2009年成功完成白竹炭纤维试生产，突破了竹炭纤维由于颜色灰黑，在下游成品中应用的受限的困境，扩大了竹炭纤维的应用领域。2009年3月，通过碳纤维装置改造将碳纤维生产能力由原年产100吨提高到1500吨。

吉林化纤初心不改、坚守梦想，苦心求索、潜心创新。当吉纤人凭着非凡的毅力和坚韧的斗志，以47项专利技术成功打造出碳纤维原创技术策源地时，吉林化纤总是在会心的微笑中接受赞誉，而不会停下创新路上的脚步。在吉纤人意识中，一切赞誉都是激励他们不断向前的重托。

进入新发展阶段，碳达峰、碳中和、"3060"的大国承诺，使碳纤维迎来了迅猛发展的高光时刻。吉林化纤抓住机遇，借助碳纤维原丝生产优势，延伸产业链条。2016年2月，年产200吨碳纤维大丝束碳化实验示范线一次试车成功，为公司占领国内外碳纤维市场发挥了重要作用。2017年，与浙江精功集团合作，建设年产12000吨碳化线项目，成为全国单线产能最大的大丝束碳化生产线，在优质原丝的支撑下，产品质量稳定在T400水平，35%的25K产品可达到T700水平。2020年5月，吉林化纤通过收购重组的方式成立吉林国兴碳纤维有限公司，进一步丰富了碳丝生产品种，实现关联企业纵向配套、横向协作，推动了碳纤维产业集群发展和优势资源整合。2024年4月9日，吉林化纤3万吨高性能碳纤维项目一期开车成功，产品指标达到T800，标志着吉林化纤成为全球唯一一家拥有干、湿法纺丝工艺双路线自主知识产权的碳纤维生产企业，能够进一步拓展在军工、航空航天等高端领域的应用。

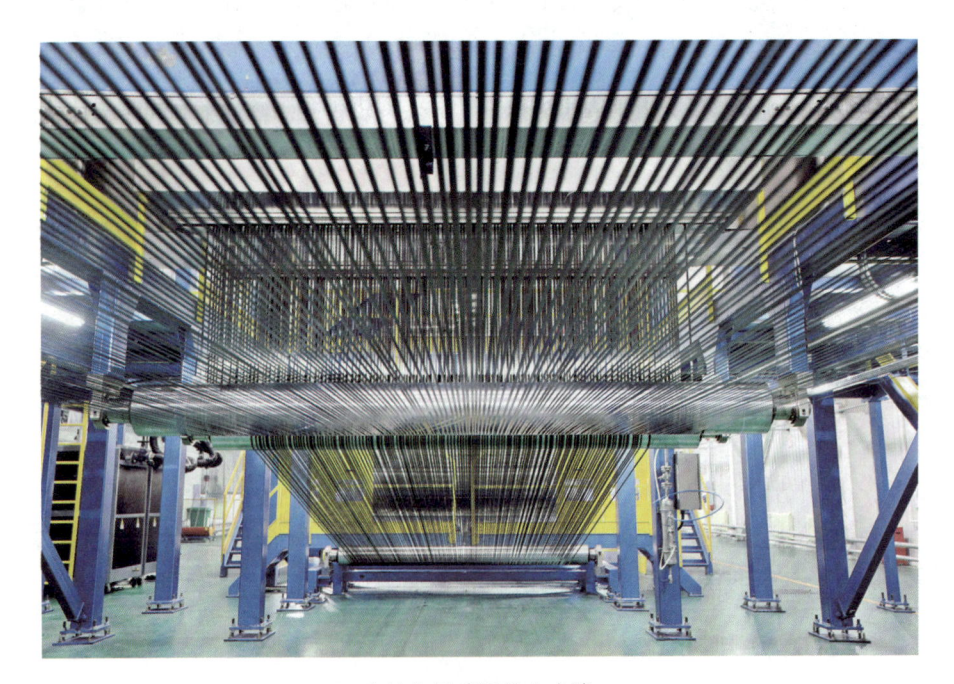

吉林化纤碳纤维生产线

吉林化纤不断在碳纤维原丝、碳纤维产量和质量上更迭提升，形成了大丝束碳纤维通用化、高品质、低成本的产业优势，广泛应用于新能源、先进装备制造、航空航天、体育休闲等领域。小丝束碳纤维也形成了有高精尖技术支撑的高性能优势，应用在军工、航空航天等高端领域。

吉纤人在碳纤维原丝、碳纤维及主要复材上，全面创新、集成突破、向碳纤维产业链龙头企业大步迈进。

碳纤维复材坚持强链、延链发展，依托创新联合体、产业研究院、研发中心、联合试验室等科技创新平台，吉林化纤推进产学研深度融合，立体开发碳布、拉挤板、预浸料、C/C预制体等多种新产品。通过与下游航空航天、军工、风电叶片等行业龙头企业广泛开展紧密合作，吉林化纤的碳纤维复材已经

吉林化纤风电领域用碳纤维拉挤生产线

在编织、预浸、风电、热场四大通用复材及汽车轻量化、轨道交通、航空航天、体育休闲、压力容器等五大复材制品领域得到广泛应用。吉林化纤自主研发生产的碳纤维拉挤板成功应用于国内陆上最长112米、海上最长143米叶片主梁制作，实现了对绝大部分进口大丝束碳纤维的替代。在振兴东北老工业基地的号角中，吉林化纤从跟跑、并跑到领跑，用15年跨越，交出了彪炳史册的发展答卷。

原丝的白到碳纤维的黑，见证着吉林化纤在时光岁月中的辉煌。从1K、3K、12K小丝束的规模化生产到25K、35K、50K大丝束专利产品的市场化，从湿法两步法的钻研探索到干喷湿法的自主开发，从原丝、碳纤维、碳布、碳板再到碳管、气瓶、LED壳体、机器人腿臂，吉林化纤在白与黑的转化中，走到了行业的最前列，走进新材料领域这片深海！

新技术要原创

近十年，是吉林化纤力挽狂澜、超越突破，实现高质量发展的十年。从"有没有"到"好不好"再到"强不强"的追问中，从"旧动能"向"新动能"的转变中，吉纤人始终在创新中寻求动能，始终在市场中获取先机，始终在嘱托中汲取动力。

吉林化纤每一个人都记得，2011年1月20日，时任国家副主席习近平来公司视察时的情景。那天，他深入车间、班组，了解企业生产经营情况，看望了一线员工。

他嘱托吉纤人，要加快转变经济发展方式，加大经济结构调整力度，特别是要大力发展高新技术产业和战略性新兴产业，促进产业向高端化、规模化、集聚化发展。

从那时起,吉纤人为了不负党和国家对企业期望,在创新发展上全面提速。吉纤人殚精竭虑,埋头苦干,顽强向前,无畏创新,使碳纤维原丝、腈纶原液染色纤维、高强腈纶纤维等关键技术相继取得了重大突破。

2012年,吉林化纤经过一系列的艰苦努力,新研发出莱麻纤维、蓄热纤维。莱麻纤维织物具有良好的柔顺性和悬垂效果,是生产牛仔布的最佳新材料,具有抗菌、透气性能、较高的亮度及较好的染色性能。蓄热纤维具有保暖、保健功能,满足了秋冬季节人们对织物美观、保暖的需求。

2013年1月,吉林化纤成功研发出高强腈纶纤维。高强腈纶纤维具有高强度、低延伸、耐酸碱等特性,可满足工业过滤领域的苛刻要求,目前已广泛

吉林化纤彩色纤维生产线

应用于电厂、钢厂等工业领域除尘滤袋的生产，每吨价格比常规纤维高10000元，具有较高的产品附加值，市场前景广阔。

2013年，吉纤人又把红色、蓝色、咖啡色、黑色等彩色黏胶短纤维推向市场，实现了多品种色浆、多彩色丝一条龙生产，吉林化纤也成为国内为数不多能生产出多种颜色黏胶纤维的企业。

吉纤的新时代

进入"十二五"时期，受国际市场形势和国内纺织业调整影响，作为纺织产业的"龙头"，吉林化纤也因下游企业的逆向传导而陷入低谷。

2013年9月，宋德武接过吉林化纤的帅印时，吉林化纤已经连续亏损了45个月。此时的宋德武却异常地冷静。因为他每每面对员工时，感受最多的是吉纤人的信赖、支持和力量。

宋德武说，他是个很幸运的人。从大学毕业入厂，他就与质朴能干的吉纤人融在了一起。老一辈吉纤人那种爱厂如家，舍家为业的情怀一直在滋养着他，使他把优秀变成了一种习惯。从一名普通的技术员到集团的掌门人，他将岗位变动看成把吉林化纤装在心里的必然过程。他善学善思，心里对吉林化纤每一个设备、产品、技术、管理、营销等细小问题都有自己的理解，为此他用完了几十个笔记本。在吉藁公司任一把手时，他厚积"厚发"，把产业链与价值链绑定在一起，以"天竹联盟"颠覆了传统营销模式。

面对吉林化纤几近无解的困局，他沉着冷静应对。当时，吉林化纤每年的贷款金额数十亿元，贷款利息两三个亿。2013年前后，高昂的财务成本让吉林化纤不堪重负。一个挑着重担前行的人只能越走越慢，想要加速快跑是不可能的。

宋德武的第一拳打向了资本，一要加大输血，做好增发运作；二要加快造血，生产有毛利的产品；三要加速换血，加快资金周转和小贷调整；四要控制失血，运行的时候要认真做好分析，对市场的变化做好准备和应对，把资金运作好。

从资本市场募集资金，成本最低。吉林化纤有两家上市公司，1996年在深交所A股上市的吉林化纤股份有限公司和2006年在港交所H股上市的吉林奇峰化纤股份有限公司。

宋德武之所以紧盯资本市场，是因为要利用好上市公司的平台优势，及时从资本市场获得低成本、大额度资金，为身陷困境的企业输血。

过去，吉林化纤A股增发融资，三年一直没批下来。宋德武出任集团董事长后，将A股增发融资作为"一把手工程"，亲自带队，积极与证监部门沟通协调，及时解决问题，大大加快了增发融资审批进度。

此轮增发工作从2013年12月正式启动，到2014年11月18日成功，历时一年，募集了9亿元的宝贵资金。这笔资金对调整公司债务结构、补充流动资金发挥了重要作用，使企业资产负债率下降了20%，每年降低财务费用3000万元，为企业升级转型注入了新鲜血液，为后续加快发展提供了强有力的支撑。

利用募集到的充足资金，吉林化纤集团在短短10个月内建成了5000吨竹长丝连续纺项目，将拥有自主知识产权的竹纤维的技术优势放大为市场优势，加快了企业全面扭亏的进程。

紧接着，吉林化纤又启动股份公司第二轮A股市场融资，2016年4月28日，股份公司第二次股票增发募集的17.2亿元资金全部到位。吉林化纤加快推进1万吨人造丝细旦化改造项目，扩大产品差别化优势。企业升级转型、加快发展有了强大的资金支撑。

2014年，运行近半个世纪的吉林化纤第一条短纤生产线退出历史舞台，企业迈出了淘汰落后产能的第一步。吉林拓普纺织公司6.5万锭纺纱生产线开始向河北吉藁异地搬移，而深圳天竹公司主要发展终端产品。

碳纤维是吉林化纤创新发展的重要领域。旗下的吉林碳谷是国内最大的碳纤维原丝生产企业，2011年投产以来，因为市场需求不足，5000吨原丝产能不能充分释放，因而没能成为企业新的增长点。

市场刚有回暖迹象，吉林化纤便借助新一轮增发，强势出击，打通了碳谷公司"生产经营、产业链一体化、产业链延伸、技术提升"四条路线，使碳纤维原丝销售同比翻两番。

2015年，吉林化纤开始对碳谷公司进行资产重组，改制为吉林碳谷碳纤维股份有限公司，成功在"新三板"上市。新企业上市后，全力加速产品研

加快建设碳纤维生产线，延伸产业链

发，通过技术攻关不断提升原丝品质。

"输血"的目的是"造血"。在资本、资产、资金效益最大化中，吉纤更喜欢在"三资"动态均衡中，让其效益最大化。这不仅是企业生与死的问题，也是企业满血复活后，如何活出最大价值的问题。因而，伴随着增发而来的，必然是资产调整。

为降低财务成本，2017年6月16日，吉林奇峰化纤股份有限公司在香港联合交易所退市。

在产权结构调整中，吉林化纤对下属的吉藁公司、湖南拓普公司的产权进行了剥离，对股份公司下属金马公司、赢科公司及建安公司等辅业公司实施了改制，使企业轻装上阵，加快了扭亏增盈的步伐。

在以后的两年中，吉林化纤抓住氯碱等基础化学品和化学纤维市场迅速发展的有利时机，完善产业链布局，以吉林市拓普纺织产业开发有限公司为主体，投资13800万元成立吉林瑞克化学工业有限公司，从事化学原料和化纤制品的加工制造。

在完成股份公司新一轮定向增发募集资金12亿元后，吉林化纤为旗下的吉林国兴碳纤维有限公司增资1.5亿元，注册资本由5000万元增资为2亿元，通过项目建设扩大碳纤维产能。此后，吉林化纤又一次对国兴碳纤维公司注资，实现增资扩股13.3亿元。

为加快黏胶、腈纶纤维产业发展，做好纤维产业链的延伸，2023年2月，吉林化纤全资成立吉林国兴纺织科技有限公司，公司注册8000万元，资本投入2.98亿元，建设年产2万吨高档涡流纺纱线项目。该公司利用原有纺纱车间进行改建，增加工艺和公用工程设备和辅助设施，改建一座动力站（冷冻站、空压站、10kV开关站），购置安装40台涡流纺纱机，项目建成后形成年产2万吨高档涡流纺纱线的生产规模。

吉林化纤最大限度利用资产、最快速度周转资金、最大力度整合资本，让"三资"活起来、动起来，让企业的金融血脉畅通起来。在"三资"的强力加持下，继5000吨连续纺项目、2870吨长丝半连续纺技术改造项目之后，吉林化纤一系列重要项目快速上马。黏胶长丝AA级产量同比大幅提升。紧接着，总投资5亿元的1万吨人造丝细旦化改造项目也如期开工建设。该项目采用自主研发技术，实现了丝饼大型化、匀质化、连续化、细旦化，大大提升了生产效率，产品更加接近真丝品质。

从此以后，差别化腈纶、高改性复合强韧丝、世界单线产能最大的碳化线、差别化连续纺长丝、40万吨碳纤维全产业链、电站增容改造、国内首条专业预氧丝……这一系列项目投产运行，向世人展示，以宋德武为代表的新一代吉纤人，正在开辟吉林化纤的又一个全新时代！

如今，吉林化纤已经成为全球最大最优的人造丝生产基地，全球最大的腈纶生产基地，全球最大的竹纤维生产基地，全国最大的碳纤维生产基地。

2023年7月3日，对吉林化纤来说，是个值得铭记的日子。

这一天，吉林省委省政府在吉林化纤召开现场专题会，决定将吉林化纤提级管理，这也是吉林化纤60年发展历程中的新坐标。

创新是企业高质量发展第一着力点

此时的宋德武，依旧是那个身着工装的宋德武，依旧是那个时常出现在车间里的那个宋德武，依旧是那个以思维勾画"百年化纤"的宋德武。

在20世纪80~90年代国企改革浪潮中，吉林化纤以其强烈的机遇意识和无畏的改革精神，在老厂长傅万才的带领下，把企业从一个只能生产黏胶短纤的老国企变成了一个闻名全国的行业领袖。

十余年，宋德武和他的团队在吉纤人精神与意志的传承与发扬中，在全球化纤行业市场角力与拼杀中，又把吉林化纤推升到一个发展的新境界。

4大系列纤维产品、600多个品种，销往20多个省市、30多个国家和地区，吉林化纤正逐步成长为世界化纤的巨人。收入、产值两翻番，50亿元、100亿元、200亿元，跨越一个又一个发展里程碑。吉林化纤手握170项发明专利，把发展的主导权牢牢掌握在自己的手中。

而这十余年，宋德武唯一变化就是在岁月打磨的痕迹中，更显自信。他如同老练的棋手，进退腾挪、攻守兼备，凭借着沉稳的招式，带领企业稳步前行。

一体化经营战略

明者因时而变，知者随事而制。20多年浸润于化纤行业的经历，使宋德武对吉林化纤的不断深化企业改革历史方位和现实的创新策略有十分清醒的认知，对于市场竞争中的质量、成本、效益之间的关系有更深的理解。

宋德武把创新驱动作为企业做强、做优、做大的第一着力点，创造性地提出并实施供产销一体化经营战略，形成战略思想一条心、战略规划一盘棋、战略实施一体化、战略执行一股绳。一体化经营战略把经营创新、管理创新和技术创新紧密地融合在一起，三者相互独立、相互促进、相辅相成。

于危机中育先机、于变局中开新局。越是在困难面前，越是在抉择决断时刻，一体化经营战略越是能显现出精准施策、果断执行、破解难题的巨大优势。

十余年来，一体化经营战略立足主业、深耕市场、日臻完善。在供给侧、生产线、销售端落地生根开花，结果影响深远。其有四大要素：统一市场分析、统一战略决策、统一资源调度、统一贯彻执行；有八大优点：结构扁平、程序精简、反应敏捷、站位高远、决策快速、施策精准、调整适时、发力持续。

十余年来，一体化经营战略锻造的创新思想体系海纳百川、兼容并蓄、日渐精深。针对如何持续创新动力、实施创新路径，宋德武倡导"以客户为中心型产品创新、效率驱动型创新、工程技术型创新、基础研发型创新"四型创新理念，利用自身研究所平台，着力培育并完善"双基工程、三全管理、四提工程、五动人才培养"等符合企业发展特点的具体实施举措和框架体系，描绘吉林化纤这幅气势磅礴的发展图景中最精彩的底色。

业务板块调整、质量同步升级、同心多元化……这一系列创新举措，为企业贯彻新发展理念、构建新发展格局、培育新质生产力、实现高质量发展奠定了坚实基础。吉林化纤这家老国企生机无限，让人们看到了昔日"吉纤精神"已经在市场经济的海洋中升华为保持吉林化纤基业长青的理念、智慧和责任。

早在2015年，吉林化纤就建设了200吨大丝束碳纤维碳化示范生产线。因为技术和市场原因，这条示范线一直处于亏损状态。但是吉纤人并没有放弃，即便是在企业最困难的那5年，宋德武也笃定，碳纤维是值得培养的"好孩子"。这条示范线是集团"同心多元化"战略实实在在的一个着力点，是吉林化纤新发展时期的基本点，同时也是整体效益的增长点。不离核心业务，又要开枝散叶，这就是吉林化纤对"丝"这个主业"同心多元化"的理解，也是战略定力上的理解。

"吉林化纤集团能取得今天的成就，源于我们坚持主业不动摇，坚持创新不懈怠！"宋德武说。在吉林化纤，创新是一种经年不变的传统。每届班子都在强调，要打破旧框架，开辟新思路；要研究新情况，采用新技术，探索新领域，开辟新市场；要先人一步，胜人一筹。

吉纤人正是靠着改革与创新，打牢了吉林化纤发展的坚实根基，正是有了他们身上不畏困难、勇于向前的气质，才有了"股份长丝短纤速度""奇峰腈纶奇迹""碳纤维产业一体化"所演绎出的吉林化纤在"丝"路上的强大竞争力。

"企业走到今天，可能有很多因素。"宋德武十分感慨。"但是，在任何时候都要加快创新的脚步。创新才是企业发展之首要。在这个时代，不创新是死，慢创新也是死。"比如，"传统产品黏胶长丝优质化，规模产品腈纶纤维差别化，新产品碳纤维产业链一体化"战略的实施，吉纤的腈纶产能提升至53万吨，占国内产能60%、国际产能40%。在产能优势基础上，扩大了产品差别化优势，企业市场话语权更具分量。

丝的帝国

如果你了解吉林化纤，你就会发现，在这个"丝的帝国"，一切创新都有实实在在的指向。

吉林化纤从20世纪80年代开始生产人造丝产品，但属于劳动、资金、技术和管理密集型产业。在我国由计划经济逐步向市场经济转轨过程中，没有什么可供参考和借鉴的先例和经验，一切的探索和实践都可能是创举。在这个过程中，吉纤人的探索精神既顽强又实在。

人造丝是传统产业，国内国际常规产品产能过剩，但功能性、高性能产品却存在很大缺口。吉林化纤以满足客户需求为核心，提品质、增品种、树品牌，不断地适应市场、满足市场、引领市场。

人造丝是替代天然蚕丝的高端产品。在2013年，吉林化纤人造丝产能仅

丝路领航：吉林化纤建成投产60周年（1964—2024年）

人造丝"四化"改造

为2.2万吨，毛利率仅在6%左右。企业通过深耕市场，着眼于高端市场和客户潜在需求，在"有中生新"上做文章，开展人造丝大型化、匀质化、连续化、细旦化升级改造。

"大型化"通过产品单重的增加满足纺织企业自动化生产需求。"匀质化"满足客户生产高端面料时对丝条均一性的需求。"连续化"满足高速纺和高产量要求，提高客户生产效率。"细旦化"满足客户对高端原料的使用需求，实现产品对天然蚕丝的真正替代。

吉林化纤大胆突破了世界人造丝制造史上的百年技术"红线"，实施"四化"技术改造，大丝饼升级，实现了效率提升和产品性能指标均一稳定。升级后的产品性能如天然蚕丝一般，深受下游客户欢迎。

国内常规腈纶产品市场需求趋于饱和，每年需要进口约10万吨差别化高端产品。为规避同质化竞争，在"无中生有"上做文章，加速对腈纶板块的差别化研发力度。吉林化纤相继开发出原液染色、阻燃、扁平、醋青、混纤度、抗起球等一系列高性能、功能性、高附加值新产品。

其中，醋青纤维实现了合成纤维与天然纤维的完美结合，为世界首创。扁平纤维以低于进口产品4000元/吨的价格拿回了10%的市场份额，大有光腈纶的市场占有率已达30%。超柔、超亮腈纶打破了国外长期垄断的局面，占据了国内市场四成份额。阻燃纤维成功打入澳大利亚市场。

靠这些差别化产品创新，吉林化纤成为"国家差别化腈纶研发生产基地"。

为实现腈纶差别化中"轻量化"，吉林化纤瞄准"绒、绒、绒，华之绒"的攻坚目标，让"华之绒"如棉绒那么软，如羊绒那么暖，如鹅绒那么轻。现在，国内保暖内衣原料60%用的都是华绒。

2024年6月，吉林化纤15万吨华绒纤维项目投产，这种新产品可用于棉纺领域，不仅拓展了腈纶的市场，而且将吉林化纤的腈纶产能一举提升到53万吨，大工厂、大企业、大品牌以及"四稳""三纺"策略的实施，进一步扩大了在全球市场的领先优势，把市场的话语权牢牢地掌握在自己手中。

吉林化纤创新升级的脚步并未停止，尤其多孔细旦、抗菌、着色等差别化人造丝的开发，进一步拓展了下游织造的应用领域。

一个新产品开发不易，得到市场的认可更是难上加难。在产品创新上，吉林化纤一直坚持走"存量优化升级，增量结构调整"路子。近年来，先后投产了15万吨原丝、2.5万吨碳纤维、600吨高性能碳纤维、1.2万吨碳纤维复材、6万吨腈纶、15万吨华绒等项目，新增产能30多万吨。

不驰于空想，不骛于虚声。1万吨细旦化长丝连续纺、3万吨高性能碳纤维、6万吨碳纤维、6.5万吨助剂、汽车轻量化复合材料等项目的开发，使吉林化纤资源配置更加优化，产业布局更加合理，实现了传统板块全球无可替代、新兴板块优势领先的主导地位。

常人眼里，纺织材料似乎和"高精尖"不沾边。但殊不知，高端的化纤材料，有着很高的技术含量。

普通面料在吸纳汗水后能够给人热感，而由高端的纤维材料纺织成的面料制成高附加值户外服装既防水又透气。

市场竞争激烈，普通化纤产品虽然用量大，但利润低、收益小，很容易陷入价格战。高端的化纤材料，利润高，但技术门槛也很高。

"唯有改革创新才能使企业永续发展。"宋德武说。

这些年，吉林化纤陆续淘汰了近10条落后生产线，花大力气向高端挺进，在优势领域"拔高"。"有中生新"的背后，是吉林化纤强大的技术支撑力。其院士工作站、博士后科研工作站、企业研究院持续围绕人造丝、腈纶纤维、碳纤维等领域进行技术攻关。

碳纤维材料，强度大、密度低，是一种高端材料，生产技术长期被发达国家垄断。从2006年开始，吉林化纤就开始了碳纤维产业链项目的立项，全力研发碳纤维原丝。研发团队成立之初，没有设备、没有技术、没有样品。一批年轻技术骨干埋头苦干，通过各种途径找资料、做测试，推进多项技术攻关。

碳纤维原丝需要连续生产，也就是纤维产出不能有断点，否则就要重来。50米、100米、200米……到能连续生产5000米原丝时，研发团队成员热泪盈眶。参与研发的吉纤人知道，过了5000米这个门槛，就意味着企业的碳纤维原丝产品达到了市场应用标准。

技术路线打通后，吉林化纤5000吨碳纤维原丝项目随即投产。吉林化纤确定了"大丝束、高品质、通用化"的发展方向，推动这项新材料产业加快成长。目前，吉林化纤碳纤维原丝产能超过16万吨，碳纤维产能达到5.5万吨。

吉林化纤还与下游企业联合开发碳梁、碳纤维气罐、碳纤维无人机等一批新产品，与一汽集团、中车长客在汽车和轨道列车轻量化方面开展技术合作。碳纤维板块成为企业新的效益增长点。

活下来靠改革　强起来也要靠改革

提及企业亏损那几年，每一个吉纤人都不会忘记。

2009年前后，化纤行业产能过剩，产品价格下行，吉林化纤陷入连年亏损的泥潭——下属A股上市公司戴上"ST"的帽子，面临退市风险。

财务负担沉重，资金链随时可能断裂，企业贷款无门，员工人均月收入不足2000元……那个时候，干部职工心里像是被压上了一块大石头。

"实体经济来不得半点假、大、空。"宋德武敏锐地发现，企业陷入困难，有全行业产能过剩的外因，也有自身冗员多、效率低、高端产品缺乏等内因。

市场不停在变，短期内拿出拳头产品并不现实。在最困难的时候，最紧要的是"活下来"，而这只能靠改革。

降人工成本、降采购和销售成本、降能耗成本，企业"铁腕"推进"三降"改革，为创新发展赢得时间。

对无效工作、无效岗位、无效人员进行全面清理，对低效岗位、低效劳动和低效人员进行优化，调整出的人员全部充实到生产和基建一线。

吉林化纤遵循工资与产、质、消挂钩的分配原则，核定各层级单位的薪酬总额，下放分配权限，由各子公司、车间、班组依据考核指标体系，按实际工作完成情况进行本层级的绩效分配。同时在部分区域、岗位实行员工承包制，鼓励能者多劳，给予适当奖励。

分配原则改革，增强了员工主动工作的责任心。两年时间，吉林本部员工从近万人整合优化为8000多人，而产值却提升了1.3倍。股份公司从原有员工7000多人、人造丝产能3万吨，优化到员工4000多人、产能突破8万吨，实现人员减半、产能倍增、效率倍增。

在销售环节，企业取消代理商、中间商，拿回了很大一块收益，有效降低了销售成本。

从严管理出效益；精细管理出大效益；精益管理出更大效益。效益，一直是吉林化纤不断改革的关键二字。

实行主辅分离，分灶吃饭。按照集中有限资源做强主业的原则。吉林化纤先后对实业公司、宾馆、北京办事处、医院、建安公司、进出口公司、技术发展公司实行承包管理，使其成为相对独立的经营实体，以增强市场竞争的主动性。同时，吉林化纤明确多劳多得的价值导向，提升过程控制精细化管理水平，充分调动员工工作积极性、提高成本节约意识、倒逼员工提高操作水平和服务质量。

压缩管理人员，实现管理机构扁平化。为了实现工厂从"人治"向"法治"转变，从"管人"向"管事"转变，从"以人定岗"向"以岗定人"转变，吉林化纤先后取消了教育干事、质管员、段长、材料员、计量员等职务，合并了劳资、统计员、核算员，分会主席和安全员等岗位，合并同性质的班组，缩短管理链条，使管理机构日益扁平化。这一管理模式的建立，直接在员工身上产生的三个提升：责任意识提升，效率和民主化程度提升，主动性、积极性和创造性提升。

优化人力资源结构，实现人力资源的合理流动。吉林化纤推行"发展决定用人，用人为了发展"的用人观念，按照"有用、管用、实用"的原则，不唯资历、不唯经历、不唯学历，选才用能。

2003年，本着"精干、协调、择优"的原则，吉林化纤对中层干部进行了建厂以来最大的一次调整，对不能胜任本职工作、岗位职责履行较差的现职中层干部给予降职、免职处理，同时大胆起用了有为、有识的年轻干部。对审计合同岗位、设备采购岗位、仪表采购岗位进行了公开招聘，竞争上岗。

以岗定薪，岗变薪变。变身份管理为岗位管理。吉林化纤优化按劳动、按贡献、按技术含量为主的分配机制，突出向工程技术人员和科技含量高的技术岗位倾斜。在工资调整中，工程技术人员提高幅度最大，最高可达以前的三倍。在绩效考核过程中，不断完善以"德、能、勤、绩、廉"为主的绩效考核体系，实行了淘汰转岗制度。扣罚排在末位人员的奖金，奖励给排在首位的人员。对连续多次排在末位的人员实行末位转岗，使人人都处在不进则退的竞争环境中。

经营改革，提升全要素生产效率。坚持基层、中层、高层与下游客户深层次融合，解决产品质量、技术开发、产业链合作这三个层次问题，实现产品与客户协同创新、同步升级，建立客户大数据系统，实施定制服务，准确把握、满足、引领客户的柔性需求，提高了生产效率及客户黏性。新项目不断释放产能，产销率始终保持100%。

"活下去"的问题解决后，吉林化纤以管理创新、科技创新、产业创新、产品创新为核心改革，目标直指"强起来"。

深挖内部潜力，让资源、资本发挥最大作用、产生最大价值。生产环节提速提产，人造丝单饼克重增加后，472台纺丝机纺速提高12%以上。腈纶纺丝、毛条持续提产，发挥了设备最大效率。坚持按订单组织生产，有效避免无效库存，核心产品毛利率显著提升。

采购环节坚持"招、评、比、议"的采购程序，促进规范采购和优质低价

吉林化纤的产品深受客户青睐

采购，取消代理商等中间环节，推行"强强对接"的"直采"模式，并引入供应商综合评价机制、保证金机制，对不良记录依合同严格处罚，保障采购质量和性价比，有效规避采购风险。

销售环节坚持"走货第一、风险可控、快速回款"的经营策略，强化技术型销售及增强对客户的技术服务。目前，吉林化纤外销产品直销比例已达到100%，内销产品直销比例达到80%以上，实现了市场份额与客户份额的双增长。

整合内部资源，最大限度发挥资产效率。公司通过内部资源跨界、跨区域、跨地域整合，盘活存量，升级增量。

整合技术资源，开展供应链合作。通过与油剂厂家的联合攻关，吉林化纤实现了油剂国产化，吨丝成本降低了1000元。同时，厂家、科研院所合作解决了废气、固废物处理难题。公司改革以往水、电、汽分车间、分公司的封闭循环、单独核算的模式，按照源头治理、清洁生产、过程管控、循环利用的原则，把更多的能源进行梯级循环，充分利用，实现了高效、节能、绿色生产。

吉林化纤加快推进智改数转，已启动操作自动化提效项目9项、生产管理数字化项目4项、经营决策智能化项目3项。传统板块实施机器代人自动化升级，战新板块实施全产业链数据体系建设、智慧物流建设；经营决策领域建设云底座平台、物联网。创新成果逐步惠及职工，有效降低了劳动强度，改善了工作环境，进一步和谐了劳动关系，也促进了用工结构、作业方式的改变，人均劳动生产率提高58%。

党建是企业的根

今天的吉林化纤恰如一艘正在驶向远海的纤维巨轮，而这领航者正是他们常抓不懈的党的建设。

宋德武说，在吉林化纤，党建是一切工作的根基，党建更是一切工作的指南。

吉林化纤将党的领导融入公司治理全过程，严格执行党委前置研究和"三重一大"决策制度，按照党的要求，配齐建强董事会及外部董事队伍，全面提升老国企治理现代化水平。

坚持政治引领，勇担国企社会责任。吉林化纤始终坚持党的领导不动摇，贯彻落实中央和省市方针政策，加强习近平新时代中国特色社会主义思想学习贯彻，始终从战略层面系统谋划党的建设，自上而下落实党建工作与中心任务，同部署、同检查、同考核、同奖惩，让党建工作由"软指标"变成"硬杠杆"。

作为企业的掌门人，宋德武受老厂长傅万才影响最大的是"经常下去走走。"他说，常在基层员工们中间，是一种教育、一种自省。在与他们的质朴的交流中，能慢慢地体会员工们的伟大。

在企业最艰难的时刻，吉林化纤以开展党员建功工程、创新工程、培养工程、凝聚工程为抓手，把党建深深融入传统产业抗压渡关工作，让党建为企业激发动力、创新活力、创造实力。

每一次项目建设，每一次创新攻关，吉林化纤都高扬党的旗帜。十余年来，吉林化纤开展党员攻坚献礼、劳动竞赛活动千余项，成立党员突击队、先锋岗、攻关组140个，完成党员创新课题1055项，获国家、省部级科技创新成果3项，创效33.5亿元。

被命名为吉林省"黄大年式科研团队"的吉林化纤碳纤维研发团队，集中攻克了碳纤维原丝规模化生产技术难题，使生产成本下降50%，产品国内市场占有率达到90%，这让国外碳纤维同类产品的价格直降60%。吉林化纤搭建的

吉林化纤庆"七一"文艺演出

"三站一基地"多维度培养平台，先后培养吉纤大工匠、国家和省市各类高端人才，为企业发展提供了坚实的人才保证。

建厂60年来，吉林化纤在红色精神的洗礼和淬炼中，形成了以"奉献、敬业、负责、创新、自律"为核心的企业精神，衍生出了"两人工作一人干，抽出一人搞基建""钱算分、时算秒，志坚精准保达标"的建设者精神，"精益求精，问题到我为止"的工匠精神，"天天琢磨，不停完善"的劳模精神，"像经营家庭一样经营企业、像爱护自己财产一样爱护企业财产"的主人翁精神。这些助推企业高质量发展的宝贵精神财富，无时无刻不在闪耀党的光辉、红色的光芒。

在吉林化纤里，优秀党员典型、生产一线典型、项目建设典型、科研攻关典型、道德模范典型备受尊重，营造了典型引领、创先争优、推动发展的浓厚

吉林化纤集团公司党委建立人才队伍，
为企业创新转型，加快发展，奠定坚实的人才基础

氛围。党员标兵、劳动模范、优秀青年、首席技师、改善达人、大工匠、排头兵等先进典型，引领带动了全员创先争优，为吉林化纤在丝路前行不断注入新能量。

姜子学是股份公司检修车间机加班班长，他在加工短纤纺练系统的集束辊里孔时，由于备件尺寸较大，车床加工能力受限，加工精度一直无法得到保证。姜子学看在眼里，急在心里。查资料、搞试验，吃饭时候想、睡觉时候也想，绞尽脑汁地寻找解决问题的办法。

凭借"干就干好，做就做精"的钻劲和韧劲，他利用"浮动双头光刀切削"的方法消除了集束辊长孔加工缺陷，保证了里孔的光洁度及公差要求，大大提高了加工精度和效率。他承担连续纺纺丝废旧泵桥修复攻关任务时，通过反复研究实验，以"改进加工内孔刀具，制作泵桥找正胎具"的方法，确保了加工泵桥一端里孔内的圆头接触凸面与纺丝泵圆头接触凹面的光洁度。他说："吉林化纤让我的一技之长有了用武之地，我就应该全身心地回报有恩于我的企业。"

长丝八车间纺丝升头岗位的齐爱东，是一名技术水平过硬、教帮带样样突出的"吉纤大工匠"。35年来，他一直勤勤恳恳地奋斗在长丝生产的最前沿。任何急难险重任务面前，他二话不说投入生产一线，无论是纺丝大班，还是纺丝升头，哪里最需要就冲往哪里，从没有怨言。

"五小工作法"是吉林化纤以人性化管理促进党建工作的妙招。"五小"就是讲清小道理，解决小问题，开展小活动，做好小事情，宣传小人物。通过"五小工作法"，吉林化纤把员工的政治工作思想做得扎扎实实，员工们也通过"五小"看到希望、得到实惠、找到归属、实现价值。

这些年，吉林化纤相继投入2000多万元开展"困难职工帮扶"700余人次，"金秋助学"受助200多人次。

"只要企业心里装着员工,员工的心里就会永远装着工作。"

创建学习型企业的根本,在于不断提高员工的素质。在学习上,吉林化纤倡导"学习工作化,工作学习化"。除了通过公司培训中心对全员进行分层次培训,还对一般工人进行适应性培训和一岗多能培训,以适应岗位轮换需要。对管理人员,在专业技术培训基础上,开设了英语、计算机培训班,以及成人高考补习班等。同时,吉林化工与吉林大学、吉林化工学院联合开办了研究生、本专科学历教育,并通过公开考试,选拔出10多名员工到天津纺织学院进修。

"操作设备不只是按几个按钮那么简单。现在我每天都要抽出时间来学习,不断更新知识储备,保证自己与时代同步,随时能跟上设备迭代更新的步伐。"在车间一线工作20余年的李强是学习的受益者。他说,现在车间自动化设备很多,每台设备都需要设置不同的参数,每一道参数又都有对应的指导书,引入新设备后,必须及时跟进学习,熟悉编程等知识。只有这样,才能打通产品生产工序,操作自动化设备。

吉林化纤坚持把"人"作为企业创新发展的第一资源,用人才振兴引领企业振兴。公司每两年召开一次"创新大会",每项科技成果奖励5万~100万元。在这个基础上,从2018年开始,吉林化纤又对全日制本科及以上人才实行每月500~1500元的津贴,并开办了大学生论坛,实行项目带动、攻关推动、论坛互动、统学促动、自学主动的"五动"培养措施,激发人才的创新创造活力,促进企业加快转型升级。

以人为本是吉林化纤治厂的根本理念。为了把这一理念落在具体行动上,吉林化纤从员工所需所想出发,广开建言献策渠道,迅速地拉近了与员工的心理距离。员工的心扉敞开了,各项合理化建议也便滚滚而来。为了让员工们的建议得到重视和实施,吉林化纤又在集团管理信息平台上开辟了"吉纤论坛""合理化建议"专栏、公司领导和部室信箱,进一步鼓励员工对公司的管理现状和未来发展建言献策。在企业局域网上设置了学习园地,建立了电子书屋,并增设了手机阅读终端,利用微信、QQ等论坛加强员工思想沟通。

为了适应信息化时代,吉林化纤组织并实施了工控系统及网络改造,自行设计安装了覆盖整个集团公司的以光纤为主的大型企业内部网,实现了在数据管理中心统一控制下的全公司成本、销售、生产、财务、工资、采购、人事及各种数据的信息化和网络化管理。借助这个平台,吉林化纤开辟思想政治教育园地,让信息化平台成为管理的好帮手,党建的新阵地。

领跑者的新使命

一个甲子过去了,在岁月的流逝中,记忆中的那片江滩草地,变成眼前这座名扬四海的现代大型企业集团。如今,在看不到边际的厂区中,几乎找不到企业初创时的任何痕迹。如果有,只能是老照片上的影像,或是后辈从先辈留下的昔日经历中感受的自豪。即便如此,今天的吉纤人依旧坚定地相信,过去的故事一定是生动的,充满了艰辛与困苦、信仰与力量的传奇。

一代人有一代人情感。

当吉林化纤的老一辈走进厂区而认不得路时,曾为之奋斗的那份骄傲,就尽显在他们满脸的笑意和欢快脚步中。

见证过企业跌宕的过去,又奉献于企业辉煌的吉纤人,他们的心神都是快乐的。他们的快乐在于自己投身于吉林化纤的建设,并合力铸就了今日的吉林化纤。

作为青工、学子的吉纤人,除了庆幸能在这样一个企业铺展自己的人生理想,还能够体验到像"喝一杯没有加糖的咖啡"的工作。虽然喝起来是苦涩的，回味起来却有久久不会褪去的余香和幸福。

吉林化纤的今天正在成为过去。如今吉林化纤的领军团队中，他们所想的是要用最大的努力面对过去，让吉林化纤60年积累的物质和精神财富传承下去；要用最大的智慧面对现在，让吉林化纤在市场大洋中走向远海；要用最大的智慧面对未来，让吉林化纤在无尽的丝路上实现自己的梦想。

进入新时代，吉林化纤以"要么做第一，要么做唯一"这样朴实无华而又掷地有声的誓言，尽显60年来"坚持主业不动摇、坚持创新不懈怠、坚持改革不停步、坚持党建打基础"的发展智慧和领跑者的荣耀，创造出一个老国企改革创新求发展的新标杆，创造出10年销售收入从50亿元增长到200亿元的新业绩，创造出传统产业企业向新技术、新材料领域成功转型的新奇迹。

丝路无尽，前行不止。在未来发展的道路上，吉林化纤"为人类低碳生活提供绿色材料、做先进材料的领先者、创世界一流专精特新企业"的新征程上，还要加快发展速度，为中国式现代化的实现提供贡献力量。

在吉林省发展战略的大局中，吉林化纤还要在自己的领域中，特别是碳纤维板块上，发挥"链主"企业的引领带动作用，以产业链一体化延伸，推动吉林省打造先进制造业集群，为全省打造千亿级碳纤维产业基地夯实基础，为全省培育"四大集群"、发展"六新产业"、建设"四新设施"再付扛鼎之力。

吉林化纤在丝路的远方，也在时尚的生活里。这，就是真实的吉林化纤。

文/邬洪亮　高海峰　贾云生

2024年7月

丝路领航：吉林化纤建成投产60周年（1964—2024年）

进取在欢快的脚下

第二部分
特　写

创新无界

"要么做第一，要么做唯一。"吉林化纤集团在市场战略的引领下，牢牢抓住创新这条发展的生命线，在激烈的国内国际市场竞争中行稳致远。

吉林化纤在人造丝、腈纶、竹纤维传统产业领域，不断提高产品质量、优化产品体系，带动下游织造企业共同提质增效；在碳纤维这个战略性新兴产业领域，不断突破产品性能、拓展应用领域，加快构建碳纤维全产业链。

60年前只生产黏胶短纤一种产品的吉林化纤，如今已成为全球最大最优质的人造丝生产企业，全球最大的腈纶生产企业，全球最大的竹纤维生产企业，全国最大、全球第二大的碳纤维生产企业。

吉林化纤主要纤维产品畅销市场，销售网络已经覆盖到全国20多个省、市及世界20多个国家和地区，铺就了一条国有纺织企业自立自强、开拓创新的"丝绸之路"。

做市场竞争的驾驭者

客户是第一资源，从集团一把手到车间班组长，每个人和上下游客户全天候无缝对接。吉林化纤每季度都会组织生产人员和销售人员联合走访客户，对客户进行技术支持和售后服务。基层、中层、高层三个层次定期走访客户，共同探讨提高质量的途径，明确客户的实际需求，科学合理调整生产工艺，不断完善产品性能。

好的产品质量，无疑是一块金字招牌。吉林化纤一直坚持全员、全面质量管理，始终把产品质量放在第一位。

人造丝是吉林化纤集团的传统优势产品，30多年的生产实践积累了丰富的技术、管理、人才和资源优势，目前产能已经突破9万吨。吉林化纤瞄准高端市场需求，从供给侧发力，通过大型化、匀质化、连续化、细旦化技术攻关，实现人造丝优质化升级，产品质量国际领先。

"大型化"的升级效果客户感观最直接。吉林化纤从2014年开始研发大丝饼，单个丝饼重量成倍提升。表面上简单的量变却包含很多内在的质变。为确保重量增加而不影响内在品质，企业研发人员对工艺参数进行逐项调整，对设备部件进行逐个优化。目前，大型化产品得到了客户的广泛认可。同样标准重量的丝筒由原来的6个丝饼络在一起到现在只需要3个丝饼，接头也减少了3个，这不仅提高了企业自身的生产运行效率，更满足了下游纺织企业自动化、高效率的生产需求。

"匀质化"是吉林化纤对标国际顶尖产品，对产品升级的重要举措之一。做到几十万米的丝条粗细均一，各种性能指标始终如一着实不易。吉林化纤采用匀质化数控调节设备，改进生产工艺及指标控制方式，最终实现了产品纤度和染色更均一。改造后的匀质化生产设备已达38%，生产的"白金马"牌人造丝匀质保染产品满足了高端面料对丝条均一性的需求，牢牢占据日本、韩国等高端市场。

"连续化"通过引进吸收国际先进连续纺生产技术，加快建设连续纺项目，大幅提高了生产效率和生产可控性。

"细旦化"人造丝细度与天然蚕丝接近，但是产品越细生产难度越大。吉林化纤细旦人造丝生产研发始终走在同行业的前列，不仅做到全球规模最大，而且做到全球质量最优。在细旦、扁平、着色等新产品规模化的基础上，吉林化纤不断开发人造丝新产品，提高产品附加值。

做终端需求的引领者

对市场的尊重就是生产出高性价比的产品，引领终端需求不断升级。

吉林化纤坚持按照终端客户需求定位研发新产品，站在客户的角度从外向内看，将生产与需求对应起来，实施定制服务，形成了产品与客户一体化管理的新模式，通过产品升级实现客户需求的升级。

吉林化纤瞄准国际前沿人造丝生产工艺，引进连续纺设备和先进生产技术，于2015年6月建成投产了5000吨竹长丝连续纺项目。这种连续纺的生产工艺属于一体化生产，产品质量更加稳定。该项目人均年产出由10吨增加到18吨，生产效率提高80%。连续纺产品从无到有，从第一条生产线投产后的标准化复制，到续建项目的精益化提升，一项项自主创新结果得以实施和转化，产品质量不断提升，产品在国内外市场供不应求。

随着市场特别是发达经济体对可降解"绿色纤维"需求的快速增长，吉林化纤于2024年启动了5万吨生物质人造丝项目。该项目投产后，人造丝产能将一举提高到14万吨，成为人造丝市场的"第一"和"唯一"。

吉林化纤的差别化腈纶产品通过产品升级推动应用升级，再用下游应用升级反推产品升级，不断进行调整，满足客户个性化需求，挖掘新的客户需求，创造新的产品价值。

为规避规模产品的同质化竞争，吉林化纤加大对差别化腈纶纤维的研发力度，目前已有功能保健、原生色、环保仿真、安全防护四大系列30多个品种，可针对市场需求变化，快速调整生产计划和产品结构，满足不同客户的需求。仿真动物毛皮的扁平纤维从研发成功到2万吨扁平项目投产，成功打造了国产人造毛皮的市场王牌。30余种原液染色纤维实现了按订单颜色的批量生产。大有光、超柔超亮等一大批新产品填补了国内外空白，从无中生有到出口国际。1D抗起球纤维、阻燃纤维打破国外长期垄断，实现了进口替代，并成功打入日本、澳大利亚市场。尤其多色系的阻燃纤维在电厂除尘方面也得到客户认可，极大拓展了产品销售领域。

2024年6月8日，吉林化纤年产15万吨华绒项目一次开车成功。华绒纤维是吉林化纤在美国孟山都公司原创科技、意大利蒙特公司生产技术的基础上，结合吉林化纤60年的纤维生产经验，通过集成创新研制的拥有自主专利技术的新型纺织材料。它比棉绒更柔，比羊绒更暖，比鹅绒更轻，弥补了其他纺织材料特性的缺陷与不足，可与各种纺织纤维进行混纺，广泛应用于家纺、床品等领域。该项目实现了装备自主加工国产化，是吉林化纤单体产能最大、建设时间最短、工艺流程打通最快的优质项目。吉林化纤以53万吨腈纶产能占国内60%、全球国际40%，在拓宽腈纶应用领域的同时，进一步扩大了市场领先优势。

不同的需求导致市场细分化，市场细分促进了产品差别化，差别化的产品又再度校准了目标市场……这就是吉林化纤的市场逻辑。今天的吉林化纤不但在国内市场上风生水起，而且也在国外市场深耕细作，让自己的产品引领市场需求。

做合作共赢的推动者

做不好产业，就做不好企业。吉林化纤四大主导纤维产能份额在国内首屈一指，发展的每一步都牵动着行业的脉搏。吉林化纤责无旁贷地擎起了行业发展的大旗，创新组建天竹产业联盟、吉林省碳纤维产业联盟，带动全产业链共同发展。

传统人造纤维的原料多为棉浆、木浆，吉林化纤为打破资源限制，增强可持续发展能力，取资源丰富的竹材为原料，研发了拥有自主知识产权的天竹纤维，广泛应用于家纺、针织、机织、医用等产品领域，形成从竹浆粕、竹纤维再到竹纱线的完整产业链。

吉林化纤牵头组建的产业链合作平台天竹联盟，开辟了产品接轨市场的新模式。经过20年运作，联盟企业由最初的24家发展到300余家，通过联盟内信息整合、咨询调研、经贸合作、市场营销、交流培训等，促进产业的协调发展。天竹联盟已经成为竹纤维产业发展的组织者、生产经营的协调者、产品市场的开拓者、深度开发的推动者，这一具有中国符号的全球产业链新型纺织材料创新联盟，有效促进了产品的出口。

在产业联盟的推动下，各种混纺技术全面开花，天竹纤维应用领域和市场认知从无到有、不断拓展。该联盟已与雅戈尔、阿迪达斯、耐克等知名品牌合作，出口纤维的终端产品涵盖纺织领域所有品类。

随着可替代棉花的华绒纤维产能提升、市场扩大，吉林化纤与国家纺织品开发中心联合建立了"华绒之链"立体化营销体系，在纤维、纱线、面料、成品及品牌开发上协同发力，市场前景广阔。

吉林化纤碳纤维的发展也是从市场需求入手，坚持生产经营、产业链一体化开发、终端拉动及产学研结合技术提升四条主线调整供给，推动了应用领域由军工向工业、民用领域拓展。

吉林化纤牵头组建吉林省碳纤维战略联盟，建立了产学研合作新机制，通过联盟内资源共享、优势互补，依托科研院校的技术支撑及下游企业的联手创新，共同研发"低成本、大丝束、高品质、通用化"碳纤维。大丝束碳纤维的生产效率高，生产成本也比小丝束低30%以上，将有效扩大在汽车、风电叶片、轨道交通等领域的应用，对国内碳纤维行业的发展具有重要意义。

自2011年5000吨原丝项目投产以来，特别是进入"十四五"时期，吉林化纤碳纤维产业加速发展壮大，目前原丝产能16万吨、碳丝产能5.5万吨、复材产能2.2万吨，产品品种从1~50K形成全领域全覆盖，复材生产覆盖编织布、拉挤板、C/C预制体、缠绕气瓶等主要应用领域。

党的十八大以来，吉林化纤年产值实现翻两番，从50亿元迈上了200亿元台阶。随着15万吨华绒纤维项目竣工投产，40万吨碳纤维全产业链项目、5万吨生物质人造丝等重大项目建设加快推进，吉林化纤正全力向着"做先进材料领先者、创世界一流专精特新示范企业"的远景目标阔步前行。

文/高海峰

2024年7月

丝路领航：吉林化纤建成投产60周年（1964—2024年）

延链、补链、强链，加快壮大碳纤维产业集群

管理无边

许多国有企业存在的主要问题是资源效率低。管理的本质就是提高效率。吉林化纤遵循"整合优化，提高效率，内拓外联，双轮驱动"的工作思路，通过优化机制，完善制度，提高工作效率、管理效率、经营效率、营销效率，全方位提升企业运营质量。

坚持问题导向　提高工作效率

基层自治，解决员工能进能出的问题。立足于人力资源集约化配置，坚决执行"清除三无、挤出三低"，清理无效岗位、无效工作、无效人员，挤出低效岗位、低效劳动和低效人员，减少生产一线的"南郭先生"。其中依靠的动能是基层自治，企业减员的同时不减工资总额，倡导"工匠精神"，通过给机遇、给待遇、给荣誉，让"专业的人做专业的事，高效的人高效工作"。由基层车间、班组自行组织岗位评价，优化出来的人员由集团层面统一调整，给基层留下更专业、效率更高、工作配合更紧密的人员，促进岗位人员优胜劣汰。近年来，先后有1800余名辅助岗位人员优化充实到一线岗位，工作效率和员工收入翻了一番还多。

坚持科学导向　解决干部能上能下的问题

坚持工作业绩指标化、业绩考核契约化、干部评议民主化，实现人岗相适。同时，坚持干部选拔"三不唯"、干部上升"三通道"，即不唯资历、不唯经历、不唯学历，构建岗位、职级、职称多条职业发展通道，有效盘活各类人力资源，真正将优秀人才选拔到重要岗位，通过正确的用人导向，激发了全体干部员工干事创业的精气神。

机制撬动，解决收入能多能少的问题。公司以"三全"活动作为分配杠杆，将全面质量管理落实到班组、全员成本核算落实到个人、全过程劳动竞赛落实到岗位，推动全员创新创效。通过薪酬总额承包、计件工资、竞赛奖励、创新激励，吉林化纤将收入与车间、班组、岗位的产、质、销指标以及个人的工作强度、质量、效率、科技含量紧密挂连，坚持能者多劳，多劳多得的原则，同性质岗位员工工资最高可相差1000元，充分调动了员工的工作积极性和主动性。

装备升级，解决岗位能增能减问题。随着自动化、数字化、智能化成为鲜明的时代特征，智能化+定制化转型成为化纤产业升级的方向。公司通过自主研发、引进创新和集成创新，实现了人造丝从络丝到成品装箱自动化生产线的全线打通。公司实现了腈纶纺丝后段的数字化，并自行设计安装了全球首条也是目前唯一一条全自动毛条生产线，以吉盟公司为试点，全力打造智能化工厂。随着装备的自动化升级，在优化岗位分工、降低劳动强度的同时，人均劳动生产率提高了1.5倍。

坚持持续优化　提高管理效率

吉林化纤高效管理体现于制度、决策、执行的全过程。

制度层面，以效率效益为基本取向，合理授权，不间断地实施ECRS优化，实行基层负面清单制，及时将流程设计、管理制度上影响效率的瓶颈问题解决。全力推进内控建设，不断查找关键风险控制点，陆续完善修订涉及企业组织架构、发展战略、企业文化、供产销人财物等内控制度，建立了覆盖全部业务和部门的《内部控制管理手册》及ERP系统，营造了规范有序、严谨高效的工作氛围。

决策层面，为避免因决策效率、效果导致工作等待和资源浪费，集团班子、经理层、经营层和各专业板块每年签订工作目标责任状，旬分析、月考核、季诊断；坚持每周"三会一议"，即班子碰头会、经理办公会、经营信息会、专业事项和专业管理的专题会议，及时沟通信息，统一共识，做到科学、民主、精准、迅速决策。在业务审批上，缩短流程，并实行"越签制"，限期内不审批，流程自动跳转到下一个环节，若审批出了问题，被越签的领导就要负责任，大大提高了决策审批的效率。

执行层面，强化工作跟踪督办，明确工作任务。坚持"定目标、定时间、定责任人、定检查、定奖惩"的"五定"原则，包括每位集团领导也都有接受督办的义务，形成了"重点任务周跟踪、月汇总、季度考核"的长效机制。通过督办使员工树立起了"成事思维、问题导向、倒逼机制"理念，企业形成了任务响应、流程审批、订单落实不超过24小时的高效机制。

坚持科学管控　提高经营效率

在资金管理上，有效盘活存量，利用上市公司平台先后成功运作三次A股增发，实施碳纤维板块股份制改造并在"新三板"挂牌，累计募集资金数十亿元，及时盘活了企业资本链、资金链，资产负债率降低20%，并为新项目建设提供了启动资金。用好增量，对于看准的项目，在技术合作的基础上拓展资本合作，通过引进外资、民营资本，先后新建项目4个，累计为公司增加产值近50亿元。保证余量，实施财务统一预算调控，资金集中调配，资本集中运作，风险多点监控，年降低财务成本10%以上，实现资本运作效益上亿元。

在采购管理上，最大限度发挥规模效应，强化招、评、比、议环节控制，通过统一招标、专家评标、对标比价、充分议标、集中采购，取消代理商等中间环节，打造直采直供模式，三年降低采购成本1.7亿元。坚持趋势分析，结合上下游市场情况及市场走势，把握采购时点，控制采购节奏。引入供应商综合评价机制、保证金制，对供应商不良记录依合同强化责任追溯，有效保证了采购质量和性价比，规避了采购风险。

在销售管理上，坚持"走货第一、风险可控、快速回款"的经营策略，提高直销比率，内销产品直销比例达到80%以上。在提速提产、项目新增产能不断释放的情况下，强化产销融合，驻厂跟踪解决客户提出的问题和诉求，始终保持满产满销。

在资源能源管理上，通过物料衡算，效率评价，综合管控，跨界、跨区域整合资源，实现了梯级循环综合利用，生产综合能耗显著降低。

加强协同链接　提升营销效率

营销是整个企业组织运营的核心，而营销的核心在于与客户交换价值。公司着力推进由传统销售向现代营销的转变，以产品为载体向以市场和顾客为载体转变，与客户讨论价格向讨论价值转变，提升为客户创造价值的能力。公司从理解客户，满足客户需求，加强与客户的沟通创造需求的维度出发，诠释客户导向营销理念，使产品和市场成为统一供销价值的灵魂和纽带。

创新营销理念体系。现代营销学之父菲利普·科特勒提出，"企业必须积极地创造并滋养市场。""优秀的企业满足需求，杰出的企业创造市场。"作为处于产业链上游的原料企业，公司积极创新营销理念，努力链接终端市场，指导营销工作，实现对接市场、巩固市场、创造市场、引领市场。对接市场，坚持以客户为中心，为客户创造价值，满足客户需求，在产品开发和产品升级上与客户互动，挖掘创造目标客户，力争产品和客户这对坐标构成的象限内创造最大的面积。巩固市场，坚持产销融合，基层、中层、高层与客户深度融合，对质量反馈及需求改善快速响应，并加强对客户价值和产品价值的研究，实现真正意义的定制化生产，把产品的价值真正做出来，实现双赢。创造市场，通过对重点客户和目标市场的分析及信息整合，精准定位关键市场和目标客户，解决产品升级、客户升级和产业链升级等深层次和系统性问题，开发新客户，增加客户黏性，最终提升客户份额和市场份额。引领市场，不但做好自身的产品开发，还要做好下游应用的开发，用自身产品的升级推动下游开发应用领域的拓展，通过渠道开发、走产业链、走集群的方式，引领和带动市场开发。

广泛链接，创建商业联盟。化纤产品是工业品，工业品做品牌很难，将工业品嫁接到终端消费品上需要一个过程。所以在新产品的市场推广上，吉林化纤采取产业联盟链接终端的新型商业模式，改变"单打独斗搞开发"的传统观念，将单纯的企业经营管理转变为纵向的产业链联动。为规范市场运作，联盟建立了完善的管理体制、严格的吊牌发放制度、完善的检验检测体系和诚信公正的市场打假活动，保障联盟企业利益最大化。比如，天竹联盟企业以竹纤维为原料开发产品，可以免费共同使用"天竹"品牌，吉林化纤根据下游企业使用的纤维量和开发的产品品种，发放"天竹"吊牌，实现了对竹纤维制品的统一规范管理。

联盟定期对市场上的天竹纤维制品进行抽测，及时通报和清理，保证联盟企业利益和品牌形象。通过联盟这种独特的经济组织模式及整体力量的整合，利用群体效应形成了"区位品牌"，使许多中小企业有限的资源被有效地整合到品牌产品的生产上；同时，通过产业链同性质企业的横向联合，实现有限资源的最优化配置，将技术优势迅速转化为产业优势，带动了客户升级。目前，联盟成员由最初的24家发展到300多家，密切合作伙伴发展到600多家。资本的集聚促进了产业的开放共享。天竹联盟发展成为具有中国元素、中国符号、中国文化的新型纤维全球产业链创新联盟，不仅开创了行业组织创新的先河，也开创了全新的商业模式，荣获首批"全国纺织行业管理创新成果大奖"。2018年在北京举行的全国企业管理创新大会上，吉林化纤的《化纤龙头企业以纵向联盟为载体的竹纤维产业培育管理》荣获"国家级企业管理现代化创新成果"一等奖。

积极参与"一带一路"，提升国际影响力。"一带一路"是我国实施高水平对外开放的重要载体，为中国企业深化国际合作、拓展市场空间提供了有效途径。吉林化纤本着"共建平台、共享资源、共同发展"的理念，每年组织印度、日本、韩国、巴基斯坦等各国行业企业参加的全球产业链论坛，以及天竹联盟大会、碳纤维产业大会，搭建新产品产业化推广平台，密切产业链上下游的沟通，促进行业企业共同发展。组织开展四大主导纤维下游应用创新设计大赛、产品链接会等，促进纤维混纺技术的发展及产品风格多元化，拓展了应用领域。尤其是碳纤维下游应用创新设计大赛，通过产学研互动、行业协会指导，实现了对多个应用领域的拓荒，对推动我国碳纤维产业发展具有至关重要的意义。为增加产品在"一带一路"沿线国家的出口份额，吉林化纤携手联盟单位连续多年参加国内外知名展会，开展海外巡展，组织开展社会责任认证、绿色认证等，有效提升了中国纺织行业在全球的影响力和美誉度。

文/高海峰

2024年7月

创建世界一流专精特新示范企业

文化无价

数字与业绩只表明企业的现实状态，文化才是企业生命力的本质体现。对于这一点，经历了市场沉浮起落的吉林化纤有着比别人更深刻的理解与体会。

在吉林化纤的领导团队看来，企业走出泥淖、重新独步于市场之上，除了运营企业技术层面的改革以外，最核心的驱动力就是来自吉林化纤长期积累形成的，并在重新振兴中不断丰富和发展的企业文化。

吉林化纤注重企业文化，就如同他们注重发展战略一样。在企业60年的发展历程中，虽然经历了不同的发展环境与发展阶段，不同时期的文化特点亦有不同的表述，但吉林化纤每个人都坚信，"人"始终是不曾改变的文化之灵魂。

吉林化纤的企业文化常常以"系统"的状态表现出来，因为在企业的各个层面、各个岗位，文化的力量像"灵魂"一样，把每个人的行为方式统一到企业的目标上来。

吉纤人以甘于奉献为行为特征。许多人认为在市场经济环境中，甘于奉献似与对"人"的利益诉求不相匹配，对此颇为困惑。

其实，思考吉林化纤企业文化的最好切入点是吉林化纤发展历程中吉纤人不辞劳苦的各项行动。

"两人工作一人干，抽出一人搞基建""钱算分、时算秒，志坚精准保达标"，这些豪言壮语激励了吉林化纤人艰苦创业、共创辉煌的斗志。6万吨碳纤维、15万吨腈纶、3.5万吨人造丝等项目建设中，吉纤人激发出的无形动力，使吉林化纤在困境之中创造了一个又一个建设奇迹。

文化基因能传承下去的原因在于文化在不断创新与升华中凝聚精神力量。走进吉林化纤，人们很容易就发现员工身上普遍存在的"奉献、敬业、负责、创新、自律"精神。而这五种精神，从价值观和其行为表现上都明显地指向了一个字：家。

这是吉林化纤企业文化的精髓吗？

从几十年前，一块插在荒野中"吉林化纤厂筹建处"的木牌，到今天引领行业的龙头企业，企业经历了不同的发展时期，但"家"始终作为吉林化纤文化继承与发展最强大的基因传承下来，从未改变过。从"爱厂如家"升华为"以人为本，人企共赢"。说明"主人翁"的责任更重大，企业与"人"的关系更密切。

关于吉林化纤企业文化特征的成因，吉林化纤的决策层这样解释，企业从计划经济进入到市场经济，虽然经营环境和管理方式发生了巨大的变化，但是吉林化纤几代员工骨子里对企业的情感没有变。相反，在企业陷入低谷时，这种"家"的情结反而得到了强化。吉林化纤能在很短的时间重新进入发展的快车道，在很大程度上得益于文化这种"软实力"的强大，没有全体员工的团结一心，共同奋斗，就没有今天的吉林化纤。

"软实力"有多强大，只能用员工的行动来丈量。

近10年，吉林化纤项目建设以年均建筑面积10万平方米的速度增长，到2023年建筑面积高达30万平方米。10年间建设的数十个项目，绝大部分建设周期不超过1年。

投资2亿元建设的5000吨竹长丝连续纺研发项目，仅用时10个月便一次试车成功。试运行仅半个月，产品各项技术指标达到工艺设计要求。相比项目预期用一半的时间、一半的投资、一半的人员力量，完成了两倍的建设任务，创造了企业历史上项目建设的新纪录。新纪录诞生离不开吉林化纤的"软实力"。

项目建设"百日会战活动"，公司领导现场指挥，当场解决项目建设过程中出现的各种问题。工程技术人员在现场完善设计及施工方案。采购中心紧盯项目进度，全力以赴保证材料及设备的及时供应。

80天，建筑面积1.2万平方米的厂房实现了暖封闭。员工们为了节省资金，加快进度，自行承担了旧设备拆除改造、新设备安装等大量工作。在没有大型钢结构制作安装经验的情况下，检修车间采取地面预制、整体吊装的方式，只用21天就完成了纺丝车间180米钢结构桁架制作及管道安装任务，吊装焊接各种钢材60余吨。投资至少要4亿元的项目，吉林化纤只用了2亿元。

吉林化纤在发展过程中，形成了切实有效的管理体系。20世纪90年代，"严爱相济"的管理，使吉林化纤成为国企改革的一面旗帜。作为那个时代的亲历者，吉林化纤集团董事长宋德武很看重企业经年累月形成的无形财富。但他认为，企业文化是发展的文化。企业文化自身也必须不断地发展。所以，他和他的管理团队，不仅要根据企业的发展实际不断完善管理体系以适应升级转型的需要，把吉林化纤带入高质量发展的快车道，还必须努力把管理上升到文化，把制度约束变成员工的行为自觉和思想自觉。

无论是国企还是民企，无论是新兴企业还是转型企业，要走到这种境界十分不易。但是吉林化纤却能凭借深厚的文化底蕴、前瞻性极强的文化战略以及逆境中勇于创新的精神，不断看到许多有关奉献与责任这一主题的"文化"风景。

休息日深夜，电力系统故障造成车间紧急停车。员工们接到通知后，有的从市内乘出租车赶回工厂，有的刚下夜班就留在了岗位，有的离开了需要陪护的病患赶到了车间……深更半夜，工厂门前车水马龙、灯光通明。车间内34

名休班的纺丝工，全部返回工厂恢复生产。

在企业中，采购、物流和销售的责任重大。采购中心通过招评比议的方式，显著降低采购成本。物流中心在大幅减员基础上，千方百计提高货物吞吐量。销售中心转变销售方式提高人造丝、腈纶直销率和出口量。

"家"的概念在吉林化纤看来是广义的，它是企业，是产业，是社会，也是员工。

吉林化纤不仅在道德层面培育员工的奉献精神、家的情怀，还在不同层面弘扬传承企业文化。

员工爱企如家，企业爱员工如家人。20世纪90年代至21世纪初员工收入年均实现稳健增长。困难帮扶结对、金秋助学、大病救助、医疗保险补贴等帮困扶贫活动使员工切实感受到了企业发展带来的温暖。

在社会层面，吉林化纤10年产值翻两番，为社会提供可降解绿色纺织原料，用几十种纤维扮靓人们生活，吸纳就业4000余人。

在产业层面，吉林化纤构建天竹联盟，扩大"以竹代棉、以竹代木、以竹代石油"的行业规模，开辟纺织产业绿色发展新路。吉林化纤创新发展碳纤维产业，从5000吨碳纤维原丝起步，10年间将原丝产能发展到16万吨、碳纤维产能发展到5.5万吨，40万吨碳纤维全产业链建设初具规模，为我国先进制造业发展提供急需的"强国之材"。

在企业层面上，吉林化纤建设百年企业和世界一流专精特新示范企业的梦想，正在转型升级的战略实施中、在强有力的创新措施中一步一步得以实现。

在采访宋德武时，他不经意中说过的一句话让我们印象十分深刻。他说："只要有空，我们班子成员就去车间看看，但是目的不是检查监督，而是让一线员工能看到我们。"这让我们联想到他说的另一句话，"企业要创造环境和方便条件，让员工把他们的愿望和想法变成现实，发挥作用，推动工作"。

丝路领航：吉林化纤建成投产60周年（1964—2024年）

把这两句话放在一起，人们会发现吉林化纤对文化软实力的重视程度和培育方式。用一句话解读他们这样做的目的就是百年企业一定要有百年文化。

文/高海峰

2024年7月

奉献、敬业、负责、创新、自律——吉纤"五种精神"

党建铸魂

党建是国有企业的一项长期工作，坚持不懈将党建工作做实、做深、做细，牢记"国之大者"的初心，树立"强国有我"的雄心，永葆"强企富民"的信心，不断夯实企业稳健发展的基础。

在吉林化纤集团党委书记、董事长宋德武看来，吉林化纤无论什么时候、什么情况下，都毫不动摇坚持党的领导，贯彻中央和省市的方针政策，这是企业发展的"根"和"魂"。企业党建工作要牢牢地和企业的中心任务挂钩，把党建融入集团生产经营全局，全力促进企业发展。

党的十八大以来，吉林化纤集团党委坚持以高质量党建推动企业高质量发展，着力构建"12345"党建工作体系，坚持以生产经营为中心，发挥党组织战斗堡垒作用和党员先锋模范作用，以标准型、特色型、先进型基层党组织建设为载体，实施党员培养、建功、创新、凝聚"四项工程"，全面发挥党组织把方向、管大局、保落实作用，切实将党建融入公司治理、创新发展、人才管理、思想引领、工作效能等方方面面，为集团公司培育新质生产力、高质量发展护航赋能。

强化政治建设　将党建融入公司治理

加强自身政治建设，充分发挥国有企业党组织的政治核心和领导核心作用，扛起主责、当好主角、抓好主业。

对标世界一流，加快完善公司治理体系。坚持党委把方向、管大局、保落实。严格遵循公司章程和管理制度等法律法规，严肃落实党委前置、民主集中制等规章制度，确保党组织在决策层、监督层、执行层有效发挥作用。严格落实"双向进入，交叉任职"的领导体制。形成权责法定、权责透明、协调运转、有效制衡的治理机制，推动所属企业党组织全部实现党建入章、穿透落实，强化党建工作主体责任。动态优化党委前置研究讨论重大经营管理事项清单。与"三重一大"事项政策制度有效衔接，清晰界定"研究决定"和"研究讨论"，对不适宜的标准及时做好调整。推进上市公司专业化整合，将两个上市公司按照业务板块进行规范，将碳纤维原丝、碳化板块整合到碳谷公司，人造丝、竹纤维、碳纤维复材板块整合到股份公司，腈纶和化工能源作为集团公司的重要支撑板块，加强独立运作，提高融资能力。计划培育1~2家上市公司，择机实施股权激励和全员持股。

加大改革力度，进一步健全完善绩效管理体系。继续推行三层次正向激励。薪酬分配突出价值和科技贡献导向，将企业年度指标层层分解到事业部和各子公司，实行刚性考核、刚性兑现，探索实行中长期激励和科研人员薪酬专区。经理层实施超额利润奖励和增收奖励，核心技术骨干实施创新成果转化利益分享机制，一线岗位和劳模工匠实施岗位增值激励，促进经营提效和科技成果转化。持续深化三项制度改革。干部选拔全部实行竞聘上岗，岗变薪变，全面推行末等调整和不胜任退出制度。推动科技创新，打造原创技术策源地。采取协议工资制"一人一策"，加大特殊性补充式人才引进力度；柔性引进高校、科研院所专家及博士团队，实行兼职兼薪。加大战略性新兴产业研发投入力度，推动与高校联合研发课题，加快实施智改数转，以"国有企业数字化转型试点"为带动，聚焦岗位操作自动化、生产管理数字化、经营决策智能化、办公移动化、园区智慧化升级。

强化组织建设　将党建融入创新发展

坚持以高质量党建引领企业高质量发展，强化科技创新主体地位，着力提升原创性、引领性科技攻关能力，推动企业转型升级迈上新征程。

规范组织生活，助力企业固本夯基。严格落实"四同步""四对接"，进一步规范开展"三会一课"、主题党日等活动，严格履行支部换届选举。规范支部、党员之家阵地建设，明确党建工作中党委主体责任、书记第一责任和班子成员"一岗双责"，层层签订《标准化堡垒型党支部建设目标责任制》，将党建工作与中心任务同部署、同检查、同考核、同奖惩。

加强组织引领，助力企业智改数转。以党支部为试点单位，全面推进"三化"建设。推动决策管理智能化，开发数据决策平台和数字化办公分权管理系统，实现业务数据整合和可视化展示，提高决策效率。推动生产运行数字化，开发生产管理大数据平台，实现碳纤维全线数据自动采集、生产质量全程追溯，提高产品质量稳定性。推动岗位操作自动化，开发自动标签、精密件自动检测、自动压洗装车和自动打包等装置，提高生产效率。

强化组织凝聚，助力企业创新蝶变。一是打造"三个平台"，提升创新能力。按照"党建搭台、部门统筹、项目共建、成果共享"的工作模式，建设自主创新平台、产学研用联合创新平台以及产业链上下游联合开发平台，主动对接一汽集团、中国航天、中航工业等行业领军企业，开展碳纤维应用领域开发性研究，提升攻坚质效。二是严格落实容错纠错机制，充分发挥纤维研究所、支部立项创新课题、党员攻关组等各种创新载体作用，不断突破"卡脖子"核心技术难题。

强化队伍建设　将党建融入人才管理

坚持"党管干部、党管人才"原则，突出人才强企，注重引育留用，不断增强企业高质量发展源动力。

多措并举，千方百计引人才。柔性引进高端人才，按照《集团公司高层次人才招聘管理办法》，围绕公司六大板块业务积极引进行业技术领军人才、优秀青年科技人才，特别是高性能碳纤维及复材和制品领域的紧缺人才。专业引进高学历人才，通过深化与高校、科研院的产才对接，组建科技产业人才联合体。对新兴产业板块大力引进专家、教授来企兼职兼薪，实现人才、企业与项目的深度绑定、双向奔赴。

顶层设计，五动培养育人才。实施"千人培养计划"，精心培育出100名专业精湛、具有基础研发能力、能够领衔关键核心技术攻关的"专业领军人才"；300名勇于创新、具有较强工程技术转化能力的"专业工程师"和"大工匠"；600名技术技能精通、具有较强认知、转化、执行能力的"一线管理骨干"。落实"五动人才培养"。坚持系统育才，本着一岗一备、补短板、强弱项的原则，建立大学生、专业技术人才、优秀管理干部三层次重点培养人才库，深入实施项目带动、攻关推动、论坛互动、统学促动、自学主动的"五动人才"培养。

特效激励，激发干劲留人才。推行三层级正向激励机制。经理层全部实行任期制和契约化管理；子公司经理层实施超额利润奖励；核心技术骨干实施创新成果转化激励；对于持续创效的重大创新成果，实行创新成果转化激励；一线岗位和劳模工匠实施岗位增值激励，层层分解指标，逐级下放考核分配权力。推行科技成果转化激励机制。实行科技人才项目全周期激励，在科研项目初期按市场薪酬水平保障科技人才收入，在成果产业化阶段实施研发收益共享机制。

成长晋升，序列畅通用人才。畅通管理序列，大胆使用优秀年轻干部，提升大学生在各层次管理骨干中的比例，为大学生发放津贴。畅通科研序列，根据课题+论文+专利成果聘任研究员，享受中层正职待遇。畅通技术序列，依据能力、业绩、贡献评聘主任工程师，在享受中层正职待遇的基础上实行职称津贴递增制度。畅通技能序列，评聘吉纤大工匠，实行技能大工匠津贴、延迟退休或返聘制度。

强化文化建设　将党建融入思想观念

坚持推进文化自信自强，加强企业文化建设、培育企业精神、树立标杆典型，以文化育人兴业。

突出党建引领，党的建设与企业文化相融合。思想引领提高站位。开展"六讲六进"活动，讲好吉纤故事，即宣讲员讲精神、讲形势，干部讲发展、讲任务，班长讲班组、讲领悟，大工匠讲专业、讲技术，老党员讲经历、讲故事，新员工讲感受、讲体会，进公司、进支部、进车间、进工段、进班组、进岗位开展宣讲。先锋引领形成氛围。定期开展党员干部学习培训，发挥好党员干部这个"关键少数"的特殊作用，引领企业文化在鼓舞干劲、凝聚人心、促进发展方面发挥重要作用。

追求文化认同，吉纤精神与企业文化相互融合。传承好企业精神。"奉献、敬业、负责、创新、自律"的吉纤五种精神、"两人工作一人干，抽出一人搞基建，钱算分、时算秒、志坚精准保达标"的建设者精神、"天天琢磨，不停完善"的工匠劳模精神、"像经营家庭一样经营企业"的主人翁精神已成为吉纤精神谱系，要持续做好这些宝贵精神财富的赓续传承。打造"线上线下"文化空间。线下以"试点"形式推行"一廊一角一册一团",利用车间长廊、党员之家、职工之家,建立文化长廊、文化广角,制定企业文化手册,组建企业文化宣讲团;线上利用微信公众平台、QQ、抖音等新媒体平台,加强企业文化、吉纤精神宣传展示,营造文化氛围。积极整合媒体资源,与人民网、新华网等媒体长期合作,掌握新媒体宣传的话语权和主动权,提升社会影响力。

强调文化内化,个人理想与企业愿景相融合。加强思想政治教育。坚持以员工为中心,把解决员工难题作为支部开展思想工作的重点,坚持"三必访五必谈"、季度员工思想动态分析,开展员工"微心愿",建立"心声交流群""问题反馈群",积极开展"讲清小道理""开展小活动""解决小问题""做好小事情""宣传小人物"的"五小工作法"。发挥示范作用。深入挖掘基层员工先进典型事迹,发挥先进典型示范带动作用,推动形成浓郁的"比学赶帮超"氛围,弘扬正气,凝聚正能量,让先进标杆的示范带动作用全面显现,激励员工自觉把个人理想与化纤发展事业和民族复兴紧密联系起来,将吉纤精神转化为推动企业发展的强大动力,在平凡的岗位上实现人生理想和价值。

强化廉政建设　将党建融入工作效能

层层传导压力,压实"两个责任"。健全全面从严治党体系,坚持责任落实,压紧压实管党治党政治责任,明确党组织主体责任、一把手第一责任和班子成员"一岗双责",持续加强党风廉政建设,推进"三不"体制机制建设更加深入。

严格"四项监督",释放监督效能。坚持落实中央八项规定,深入整治形式主义、官僚主义突出问题,弘扬"严新细实"工作作风,深化"我为员工办实事"活动，反对特权主义思想，以上率下、严格执行。把对"关键少数"和"三重一大"决策事项放在监督工作的首要位置，以高质效的日常监督抓早抓小、防微杜渐，推动监督工作下沉，落地落实。

强化执纪问责，推进全面从严治党。坚持依法从严治企方针，依规依纪依法行使职权，实施严肃问责、规范问责、精准问责。完善信访举报受理、问题线索转办、典型案例分析等制度，精准运用"四种形态"及时核查、处置和反馈。积极推进"以案为鉴、以案促改"工作，用典型案例抓好员工警示教育。

文/高海峰

2024年7月

丝路领航：吉林化纤建成投产60周年（1964—2024年）

坚持党建融入中心，充分发挥载体作用

第三部分
观 察

吉林化纤的价值密码

吉林化纤是一家在"丝"路上一直奔跑的企业,直到60年后的今天,义无反顾地进军化纤"无人区",加速高质量发展建设步伐。

外人看吉林化纤的目光多是钦佩的,这个当初年产量只有3400吨黏胶短纤维的小厂,走到如今已经成为全球化纤领域龙头。

这么一个拥有吉林化纤、吉林碳谷两家上市公司,产品版图已由单一的黏胶纤维拓展至人造丝、腈纶纤维、竹纤维、碳纤维及复材制品等多个业务板块的大型企业仍在不停地奔跑。

"终点"是一路向前

无论是产品概念中的丝,还是文化意义上的丝,柔韧似乎是他天然的标签。所以,命系一"丝"的意思,吉林化纤的每个员工都要比常人理解得更透彻。在丝路上,只有加快脚步发展,才会安全无虞。常思忧患,这可能也是吉林化纤独具特色的一种文化特征。

吉林化纤在丝路上奔跑的终点在哪里?从数字可以说明的终点来看,并没有终点。"要么做第一,要么做唯一"这个目标是动态的,要视竞争对手的情况而变。这也就是说,在吉林化纤的发展战略中,如果"第一"与"唯一"算是一个"终点",那这个"终点"就会让吉林化纤在发展的丝路上一路向前,不停地跑下去。

领跑行业的背后又有怎样的强大动力？

坚持是发展力的底蕴

吉林化纤为什么会这样奔跑，这个问题外人在问，同行也在问。

吉林化纤在纺织材料这个传统领域深耕60年，时至今日，吉林化纤集团旗下拥有吉林化纤、吉林碳谷两家上市公司，产品版图已由单一的黏胶纤维拓展至人造丝、腈纶纤维、竹纤维等纺织先进材料和碳纤维及复材制品、化工能源6大板块。

吉林化纤碳纤维原丝生产线

其中，人造丝生产线成为全球唯一全指标通过欧洲EU-BAT认证的人造丝生产企业，国际高端市场占有率高达50%。腈纶纤维全球产能最大，拥有11项国家发明专利，创造出生产工艺上的"唯一"和产能上的"第一"。

吉林化纤持续攻关25年，成为全球最大的竹纤维生产基地。其联盟化运作模式，实现了天竹纤维全球可检测、全产业链可追溯、全生命周期可管理，开创了全产业链绿色发展的新通道。碳纤维是吉林化纤以新质赋能传统产业，向全领域纤维制造商进军的一个里程碑。凭借取得47项专利成果和40%以上的市场占有率，吉林化纤一举成为国内规模最大、牌号最全、产业链条最完整的碳纤维产业龙头企业和原创技术策源地。

生于国有，长于市场的吉林化纤如此能跑，原因就在市场。在经济体制转型以后，市场就是企业的"生死符"。企业的生存发展离不开市场。

求生本能会让一个生命集聚体内全部的能量而做最后一搏。生命如此，企业也如此。但吉林化纤的一搏，充满了理性、智慧与情怀。从20世纪80年代中后期起，老厂长傅万才就把他倔强而又充满理性的品质，在共产党员责任意识中熔铸出了吉林化纤及吉纤人身上独特的精神底蕴。

今天，人们从不同视角去品味吉纤人深信不疑的"坚持主业不动摇、坚持创新不懈怠、坚持改革不停步、坚持党建打基础"的工作方针时，都会感叹，吉林化纤的基因竟如此强大。

这"四个坚持"是以情激志的文化，是以高望远的定力，是以新求进的策略，也是以变求准、求进的大法。

这可能就是吉林化纤奔跑不已的动力来源，也是吉林化纤体现企业价值的途径。

定力也是价值的实现力

纺织材料市场正如东北的一年四季，春夏秋冬风景不同。

现在的吉林化纤正走在春风里。其实，自企业从计划迈向了市场，这个企业就无时不为如何度过冬天而居安思危，未雨绸缪。

老一辈吉林化纤的带头人傅万才曾说："企业一帆风顺是个梦想，塑造百年企业也是个梦想。"前一个梦想是不切实际的梦想，后一个梦是可以实现的远大目标。如何让企业爬坡过坎，向既定的目标前进，要看企业有没有危机意识，更要看企业有没有爬坡过坎的策略和办法。

随着历史的脚步走到今天，当年，吉林化纤瞄准市场加速扩张，在今天看来虽带有时代的色彩。但没有老一代人打下的根基，没有他们的创业精神所凝聚传承的文化，人们就不会看到今天如沐春风的吉林化纤。

从10年前的岌岌可危，到今天的稳健领跑。吉林化纤在股市增发，资产运作，聚焦市场，抢抓机遇，拓展丝路这一系列操作中的每一个策略、招法，总在印证这样一个道理，在不确定的市场中，企业的战略定力，就是企业的生存力、增长力和企业价值的实现力。

这么多年来，吉林化纤坚守主业，醉心"一丝"，坚持到底，看似是企业无畏奋进的顽强，实则是竞争性企业不可缺少的发展智慧。

2008年以后的三四年间，无论是在人们的口碑中，还是在市场上，多年风头不减的吉林化纤跌入前所未有的低谷。企业连年亏损，生产经营举步维艰。以宋德武为首的新管理团队接过带领吉林化纤这家老国企走出困境的担子。

坚守主业，丝中求生。宋德武及团队做出的这个战略选择，在今天看来是不可度量的价值存在。没有这个战略定力，吉林化纤不可能借助资本市场的力量，为主业注入新鲜的血液，并在资产运作上强化主业；更不可能在纺织材料及碳纤维市场上拥有举足轻重的话语权。

如此坚定的战略定力，其背后的逻辑就在于吉林化纤对企业自身的认知与发展方位的远见之中。

宋德武认为，吉林化纤要成为价值企业，一定要在世界纺织材料领域的竞争中确立自己的优势，特别是需要在价值链中拥有技术优势、品牌优势，而这些优势的形成都依靠企业坚守主业、深耕主业，站上行业的制高点。因为，只有把既有的优势转化为新的发展优势和竞争优势，企业才能不偏航、不失速，走得正、行得远。同时，做强主业也可以有效规避盲目的多元化扩张，大大减少资金成本和运营风险。

"坚守主业，对我们来说也是一把双刃剑。现在看，吉林化纤还是民生领域内的产业。所以，吉林化纤在坚守主业中追求企业自身效益，为企业创造价值的同时，也会对民生事业及相关产业有所促进，大大提升企业的社会价值。"

在审慎地评估与解构市场之后，把保持战略定力的具体举措放在提升竞争力与规避风险之上，必然会成为吉林化纤加速向价值企业奔跑的道路上最具价值的元素。

价值的本质是创新

如果吉林化纤在丝路奔跑的方向感来自企业决策者的战略眼界，那么持续不断的创新注定会成为支撑企业跑向世界的现实动力。

在许多人看来，吉林化纤是一个备受尊敬的老国企。在老厂长傅万才领导的时期，吉林化纤开始大步扩张的时候，其独到的市场眼界和项目建设速度便给人们留下这样的印象。当宋德武执掌这个中国化纤巨子"帅印"的时候，吉林化纤除了备受尊重之外，还变得更加令人"畏惧"。他们知道，看似温文儒雅的宋德武，却在化纤领域是个"剑道与剑术"俱精，又能把握"亮剑"时机的高手。

业内对他有如此印象，大概原因是，他创立的"天竹联盟"以全新的价值营销方式，把300多家上下游企业系于共同的价值链上，让竹纤维快速走上了世界的舞台。也是因为在十年前吉林化纤几乎翻身无望时，宋德武凭借资本运作和资产运营就让刚刚打通血脉的吉林化纤快速启动建设了5000吨竹纤维连续纺、1万吨人造丝细旦化改造等项目。从此，吉林化纤满血复活。所以，同行们的"畏惧"，全在于他领导的吉林化纤可能又在不经意间领先他们一大截。

其实，吉林化纤真正令人畏惧的是无处不在的创新。比如，吉林化纤的"四化"升级，人造丝大型化、匀质化、连续化、细旦化是当时吉林化纤走向世界关键一招，也是吉林化纤在产品价值上直指用户的一个实例。对消费者个人，"四化"升级能让人们体验到人造丝与天然蚕丝一样的舒爽。对下游企业，可满足他们对自动化、智能化升级的需求。

"四化"中的大型化是指丝饼单重增加。在当时，540克是国际"惯例"，全世界还没有哪家化纤企业在此有所突破。但是，吉林化纤通过自己强烈的创新意识和强大的创新能力，不断增加丝饼单重，硬是把长丝生产效率提升了80%。

宋德武认为，价值的本质在于"稀缺"。有价值的企业也在于"稀缺"这两个字，只不过它有具体的含义，比如规模能力突出、技术装备领先等。说到底，最具价值的就是创新。不断创新才是企业价值的精要。要创造"人无我有"和"人有我精"的价值稀缺性。但创新需要苦其心智，劳其筋骨，需要登高望远、顽强坚守。

正因如此，吉林化纤才有胆略在碳纤维领域坚守十几年。即便是在谷底挣扎的那几年，吉林化纤仍以大量的资源投入其中，并坚定地认为，碳纤维的将来一定是个"有出息"的孩子。

有创新品质才有价值空间

如果短期有不确定性，那就用长期的确定性来倒推。吉林化纤在碳纤维上的执着，就是源于这个逻辑。

如今，吉林化纤已然成了全球最大的碳纤维原丝企业，其湿法两步法原丝生产工艺及大量的技术专利，也成为追求"第一"和"唯一"最有力的佐证。

在吉林化纤的"创新经济学"中，无论是积累型创新，还是突破性创新，都不是只有象征意义的口号，而是赋予产品和企业更多价值、更多内涵的灵魂。

60年中，在创新灵魂的引领下，吉林化纤构建了从企业技术部门到高校研究院，从普通技术人员到博士、院士，从实验室到生产现场，从原丝到碳纤维、复材的全维度新技术创新体系，优化了科技创新组织机制，进而形成了吉林化纤一种独特的精神品质。

"在这个时代，企业在制度变革中释放的发展动能越来越少了。吉林化纤在这个传统产业领域要保持强大，需要方方面面的创新，只有技术和人才创新全面融入企业的各个环节，才可能实现企业从价值链低端向中高端跃升，才可能形成一种高效的增长模式。"很明显在宋德武的心中，创新早已不再是吉林化纤的一个选项，而是为传统产业赋予新质生产力，以碳纤维开辟企业全新价值空间的必然选择。

领导力的"最大价值"

无论在什么时候，企业家及其团队都是极具价值的存在。

宋德武领导的吉林化纤管理团队成员说："整个吉林化纤都在享受他一个人的红利。"如果抛开员工对他的尊敬与情感，这句话要讲的是，企业家的价值是不断为企业创造价值与价值机会。但这只是其价值的一个方面。

十余年间，宋德武把一个挣扎于谷底的企业带入了高速发展的新阶段，这本身就是不可估量的价值。

然而，当人们把宋德武心中吉林化纤的未来蓝图与他的理想、他的责任统一看待，并理性分析他在推动企业发展的作为时，不难发现，作为企业家，他的最大价值在于他无时无刻不在解决影响吉林化纤发展的那些本质性问题。所以，他才会以多种角色出现在员工面前。

一有空他就愿意在厂里转一转，除了情感因素以外，他想把他对吉林化纤的信心传递到每名员工，借以形成集体的信心与决心。

企业处于生死关头之际，他也没有表现出随遇而安的无奈而是如将帅一样地保持着从容镇定，按照早已成熟于胸的策略，带领吉林化纤向高处跋涉。这或许就是他备受团队信任的强大领导力。

在一些时候，他是专家。在出差的路上，前沿专著就是他最好的陪伴。在一些时候，他是文人。哲人诗客创造的意象空间是他拓展思维空间、保持思想活力、规划企业未来的最好助手。而在另一些时候，他是商人，敏锐的市场意识和大刀阔斧的风格让他在一笔笔交易中屡屡胜出而备受员工钦佩。他笃信，团队领军者的活力就是团队的活力。更多的时候，他是企业战略家，吉林化纤未来要走的每一步，每个打法在他心里推演过无数次。

然而，作为企业家，他最心心念念的是如何领导吉林化纤始终保持进取的状态以及面对不同发展条件能主动适应的能力。

他对"如果下雨，那就打伞"这句经典管理名言有他自己的理解，企业不老的基因不是以一种办法固定存在，而是因时而动地调整创新机制与文化。

在宋德武看来，好的企业，必须要有这种自适应能力。在外部发展环境常变常新的情况下，企业内部能快速以变应变，变中求进。这种能力需要企业具备以下特征：积累充分，预判迅速，方向明确，决策准确，行动有效，主动作为。

显然，吉林化纤要具备这种能力的唯一途径就是改革与创新。因为，改革能推进创新，创新也会赋能改革。

最大价值是自觉进取的文化

从改革中寻求动力，一直是吉林化纤白手起家、安身立命的本领。

多年来，企业通过不断地改革，形成了适合本企业的一系列制度与机制，并实现了全覆盖。厘清了各个治理主体权责边界，明晰了决策程序和运行规则等系列配套制度。员工们也在制度约束与机制激励中，不断践行和丰富着以"奉献、敬业、负责、创新、自律"为主要内涵的企业精神。

"任何改革释放的能量总是带有时代的烙印。企业以创造财富为天职，在这个外部环境不断变化的时代，企业要不愧于这个天职，必须不断地深化改革，全面、全方位创新，为自己创造出最有利的经营空间。"宋德武把改革要因时而进，说得十分清楚。

实际上，十年前吉林化纤为了低谷起跳，在资本市场、资源整合、资产重组方面打出的改革组合拳，正是吉林化纤因时而进，因兴而"退"的重大改革举措。可以说，这次在"三资"领域改革的大手笔，开辟了吉林化纤的一个全新时代。

  为了寻求更大的发展动力，吉林化纤以此为契机，进行了一系列的改革。在改革中，吉林化纤以创建世界一流专精特新示范企业和世界先进材料领军者为导向，坚持党委把方向、管大局、保落实，持续完善公司治理机制，优化集团管控体系，实施集团对子企业的差异化管控模式，厘清权责边界，充分激活各级经营主体的创新活力。同时，建立科技成果转化利益分享机制，对于突破性、颠覆性、前瞻性的重大创新成果加大奖励力度，逐步推行职务科技成果赋权改革试点，赋予科研人员科技成果长期使用权，并实行科技人才项目全周期激励。

  梯度推进数智化升级、极限式推进要素效率升级……当这一系列的改革创新成果，把吉林化纤推向一个全新的发展境界时，不难发现，吉林化纤在改革推动下，以机制创新，科技创新为主导的全面创新实践，已经把企业对外部环境变化的"适应性"，转化为更主动、更强大的"引领性"。

  企业存在的价值是创造财富、回报社会。但是，能让企业永续发展，持续奔跑在创造财富、回报社会的路上才是吉林化纤所要实现的最大价值。

  无须多言，这个最大价值就是宋德武和吉林化纤孜孜以求的，无惧任何困难与挑战，能在任何时候都会释放强大力量的进取文化。

文/陈景辉
2024年7月

丝路领航：吉林化纤建成投产60周年（1964—2024年）

为人类低碳生活提供绿色材料

第四部分
报 告

锚定"五个一流"
以昂扬姿态加速奋进

——吉林化纤提级管理发展情况报告

2023年7月3日，吉林省委、吉林省政府召开支持创建世界一流专精特新示范企业座谈会，明确对吉林化纤实行省级统筹、提级管理。吉林省委书记景俊海对吉林化纤发展寄予厚望，要求其向世界一流专精特新示范企业发起冲击，研究有效政策举措，支持和帮助吉林化纤快速做大、做强、做优。吉林省省长胡玉亭多次到吉林化纤调研指导工作，听取项目建设、综合改革、战略规划等情况，并现场办公推动问题解决。近日，省委政研室成立专题调研组，以座谈会、看项目、访一线等方式，详细了解吉林化纤提级管理后发展情况，经梳理提炼形成此报告。

站高谋远，锻造一流战略谋划能力

提级管理后，吉林化纤牢牢把握转型数字化、服务智能化、社会共享化、产业高级化趋势，围绕服务全省"一主六双"高质量发展战略、构建"464"新质生产力发展格局，积极调整优化发展战略，着力打造与世界一流专精特新示范企业相适应的战略支撑体系。

一是高起点谋划总体战略，发展方向更加明晰。吉林化纤深入贯彻落实吉林省委、省政府部署要求，以打造世界一流专精特新示范企业为牵引，对标世界一流、全国领先、行业领军，明确做成全球最优的人造丝生产企业、全球最大的差别化腈纶生产企业、全球唯一的全产业链竹纤维生产企业和国内头部、全球有影响力的碳纤维生产企业的战略定位。在对各业务及产业进行系统分析、全面梳理的基础上，组织编制了《吉林化纤集团有限责任公司高质量发展战略规划（2023—2030年）》，提出以"为人类低碳生活提供绿色材料"为使命，以"做先进材料领先者，创世界一流专精特新示范企业"为愿景，瞄准"纤维材料、复材制品、化工医药、绿色能源"四大领域，着力推动传统产业先立后破优化升级、战新产业创新驱动集群发展、未来产业产学研用融合布局，为高质量发展明确了方向、提供了遵循。

二是高效率推进业务战略，发展布局更加合理。吉林化纤把各业务板块提质、提速、提产、提效，作为实现"2026年突破400亿元，远景达到1000亿元"既定目标的总抓手，有序推进"一核、两企、三资、四新、五化"战略布局。即，加快做强碳纤维这一核心主业、抢占新材料发展高地，依托吉林化纤、吉林碳谷2家上市公司，推进资金、资本、资产整合，通过产品创新、资源效率创新、工程设计创新、原始创新，力促人造丝优质化升级、腈纶差别化调整、竹纤维联盟化运作、碳纤维一体化开发、复材制品多元化拓展。目前，吉林化纤正在加快推进零碳产业园项目建设，重点打造的工业制品、风电产业、中间制品、轨道交通、航空航天、体育休闲6个产业园，24栋标准厂房已全部建成，正在陆续安装复材生产设备，届时将具备批量化生产碳纤维制品能力。预计2026年实现产业链全覆盖，碳纤维板块营业收入达到250亿元，其中复材及制品100亿元。到2030年突破610亿元，辐射带动域内碳纤维产业链营业收入超1000亿元。

三是高质量落实职能战略，发展步伐更加稳健。为确保总体战略、业务战略落实落地落细，吉林化纤明确坚持主业不动摇、坚持创新不懈怠、坚持改革不停步、坚持抓好党建打基础，结合集团公司基本职能，制定了科技创新、人才智力、智改数转、深化改革、"双碳"战略、财务战略、法律风险防范、党的建设等8个支撑方案，并逐一明确了发展目标和实施路径，为早日达到千亿级规模、展现更大作为提供了有力保障。紧扣规划目标，今年，吉林化纤将续建及新建重大项目16个，总投资200.72亿元，全部投产后预计新增营业收入276.2亿元。其中，3万吨高性能碳纤维项目已开车调试，向T800、T1000碳纤维生产迈出了关键性的一步；1万吨超细旦连续纺长丝项目和15万吨差别化腈纶项目都将于2024年6月开车投产；3.5万吨生物质新型人造丝项目于2024年5月17日启动。未来两年，规划建设项目18个，总投资344亿元。

深化改革，锻造一流企业管理能力

改革是提升价值创造能力、建设世界一流企业的关键一招。吉林化纤作为提级管理后的省属重点国有企业，深入实施国企改革深化提升行动，不断优化建立与新质生产力发展相适应、更有利于激发各类要素活力的现代企业制度，管理效率持续提升，发展活力不断释放。

一是重塑组织架构，集团管理循"新"出发。近一年，吉林化纤相继制定董事会战略委员会工作细则，完善董事会议事规则，充分发挥外部董事和专业管理委员会作用，董事会建设迈上了新台阶。完善现代公司治理，将公司制管理创新调整为事业部制管理，成立纤维素纤维、腈纶纤维、碳纤维原丝、碳纤维碳化、碳纤维复材、化工能源等6个事业部，采取集团管资源、管决策、管风险、管党建、管考核，事业部管研发、管协同、管技术，子公司管运营、管管理，将管理层级控制在三级以内，压减二级管理处室10个，合并车间10个，2023年全员劳动生产率同比提高了3.5%。同时，积极推进子公司优化整合，年初整合了吉林市国兴新材料产业投资有限公司和吉林宝旌炭材料有限责任公司，注销了吉林纤维公司、吉林化纤建筑安装工程公司2个"两非""两资"企业，为更加聚焦主业、深耕主业创造了条件。

二是重组资产布局，资本管理向"新"而行。吉林化纤充分发挥上市公司融资功能，持续优化股权结构，2023年通过吉林碳谷定向增发，募集资金8.04亿元，完成湖南吉湘资产梳理评估及处置工作，回收资金4514.95万元，截至2024年4月，金融机构融资总额达176.27亿元，较提级管理前增加37.41亿元，为后续发展奠定了坚实基础。积极引入战略投资者，与吉林省股权基金投资有限公司共同投资设立吉林绿纤高科纤维有限公司，计划引入资金5亿元，用于新建年产5万吨生物质新型人造丝项目。主动对接域内金融机构，协调九台农商银行将贷款利率由6.9%下调至6%，吉林银行由6.5%下调至6%。目前，吉林化纤有息负债综合融资成本由5.57%下降到5.09%，长期贷款比例由13.22%提高到16.97%，每年节约财务费用7081万元。

三是重置成本控制，运营管理谋"新"而兴。在采购成本方面，坚持按图索骥找规律、广泛开源拓渠道、锚铢必较降成本，2023年新增采购渠道115家，直采率达到83%，节约创效6.52亿元。在生产成本方面，建立原辅料、成品、消耗统计信息化台账，实施能耗"日跟踪、周分析、月总结"，做到消耗异常及时反馈、及时调整，2023年降本增效3.9亿元。在时间成本方面，通过丝饼大型化改造，全面运行高速络筒机、空捻器机台，在自身生产效率提高30%的同时，带动下游织造效率提高20%，实现了大型化产品在国内高端梭织领域的不可替代。在人力成本方面，将作业方式由倒班制调整为巡检制，压减机关、辅助岗位非生产性管理人员，向一线岗位调整分流2000人，新建项目减少用工编制四分之一。

四是重建"上下"通道，人力资源管理创"新"求进。吉林化纤持续深化"三项制度改革"，坚持干部向能力聚焦，新提拔干部全部实行竞聘上岗，今年已有19名干部通过竞聘进入中层管理岗位；在"能下"上动真碰硬，全面推行末等调整和不胜任退出制度，12名干部受到了降职降级处理。坚持薪酬向业绩聚焦，全级次推行经理层任期制和契约化管理，对子公司经理层实行超额利润奖励，对研发人员、工程技术人员实行突出创新成果奖励，对销售人员实行"底薪＋提成＋市场开发奖励"，对一线员工实施岗位增值激励，极大调动了全体职工的积极性、主动性、创造性。

拓展事业，锻造一流市场营销能力

营销是企业生存发展的命脉。吉林化纤实施供产销一体化联动，供应链、产业链、资金链层层发力，企业营销取得新突破。2023年，实现销售收入231.4亿元，同比增长10.2%；2024年1～4月，实现销售收入76.9亿元，同比增长10%。

一是紧盯客户拓市场，"朋友圈"越来越广。吉林化纤围绕客户需求开展定制化服务，集团公司管理层带头加强与客户交流和走访，实施从打样、试制到批量生产全过程跟踪，与下游客户共同完善性能指标，产品应用领域持续拓宽、产业规模持续扩大、客户满意度持续提升。提级管理后，新签约客户超270家，其中碳纤维板块新增129家，国内市场占有率超过42%。积极开拓国际市场，成功挺进立陶宛、巴西、摩洛哥、乌兹别克斯坦等四国市场。腈纶、竹纤维领域分别与土耳其、越南的大型纺织企业实现无缝对接，竹纤维成功从内贸转为外贸。全力抢占国内市场，与红豆家居、三枪、江苏亨睿、福州诺信等行业头部企业深入合作，客户已延伸至甘肃、四川、安徽、广西、新疆等地，2023年人造丝库存创十年来最低，吨丝综合毛利率同比增长9%；腈纶棉纺销量同比增长32.68%，创历史新高；天竹联盟成员突破260家，竹纤维销量同比增长33%；碳纤维板块实现产量11.1万吨，同比增长38.3%，实现了由"卖原丝、碳丝"向"卖复材制品"的转变。

二是深度挖掘找市场，"产品库"越来越丰富。吉林化纤主要产品包括生物基人造丝、腈纶纤维、竹纤维、碳纤维和碳纤维复材，产品种类多达600多种。目前，湿法T700碳纤维在无人机、航空航天、军工领域正实现逐步放量，35K碳纤维及12K GX700进入高端预浸料领域，25K碳纤维实现了预制体领域的全覆盖。以复合材料应用带动碳纤维全产业链协同发展，不断丰富体育休闲、建筑补强、汽车轻量化等碳纤维应用场景。吉林化纤在体育休闲领域已与深圳喜德盛、厦门一诺得、泰山体育等多家国内自行车企业深度对接，将逐步替代东丽、三菱等进口碳纤维份额。同时，通过固定客户、固定应用领域、固定产品的靶向替代，持续拓展25K碳纤维在中复神鹰12K产品应用领域的市场份额，复材层压板到年底有望实现月销量20吨，初步实现市场化。

三是打造品牌抢市场，"知名度"越来越高。吉林化纤大力实施提品质、增品种、树品牌"三品"战略，先后通过FSC、SA8000社会责任、Oeko-Tex国际生态纺织品标准、欧洲EU-BAT等认证，与国际品牌企业之间建立了绿色产业生态链，进入Inditex集团的Best fibers供应商名录，Canopy纽扣增加到31个，保持最高等级深绿色衬衫，成为全球唯一全指标通过的人造丝生产企业，荣获了2023中国纺织服装品牌竞争力优势企业称号。提级管理后，创新推出"华绒"高端品牌，建立了完善的吊牌管理体系，利用具有优异性能的腈纶替代棉花、黏胶等同类纺织品，下游客户遍布全球。碳纤维板块正在打造GX、GT全系列、全牌号产品，并加快推动市场的广泛应用。

锐意进取，锻造一流创新发展能力

　　创新是企业发展的不竭动力。吉林化纤持续强化科技创新主体地位，着力提升原创性引领性科技攻关能力，优化创新生态环境，大力培养引进人才，从技术供给和需求牵引双向发力，促进了产学研用有效贯通和科技成果高效转化。

　　一是打造"三个平台"，创新能力大幅跃升。吉林化纤依托自身科研力量，开展碳纤维原丝质量提升、大丝束降成本等18项重大课题攻关，着力攻克一批"卡脖子"关键技术。建设自主创新平台，立足东北辐射到京津冀、长三角和珠三角，成立吉林、石家庄、南通和深圳4个碳纤维应用研发中心，借助地方人才、技术、产业集聚优势，开展新产品研发、产业链对接和市场推广。建设产学研用联合创新平台，在绿色化工原料及树脂、纤维特性等方面，与吉林大学、北京化工大学、大连理工大学和长春应用化学研究所等高校院所加强合作，吉林大学王登峰教授团队、韩奇钢教授团队的研发项目已取得实质性进展。建设产业链上下游联合开发平台，主动对接一汽集团、中国航天、中航工业等行业领军企业，开展碳纤维应用领域开发性研究，不断扩大应用场景，加快科研成果转化落地。

　　二是开展"三化"建设，智改数转步伐加快。推动决策管理智能化，开发了数据决策平台和数字化办公分权管理系统，实现了业务数据整合和可视化展示，提高了决策效率，节约了管理成本。推动生产运行数字化，以吉林国兴碳纤维有限公司为试点，开发生产管理大数据平台，实现碳纤维全线数据自动采集、生产质量全程追溯，有效提高了产品质量的稳定性。推动岗位操作自动化，人造丝生产实现了自动标签、精密件自动检测、自动压洗装车和自动打包；腈纶生产系统通过AGV改造，结束了依靠人力推车的传统操作时代。

2024年2月，吉林化纤入选国务院国资委"国有企业数字化转型试点企业"，是全省唯一入选的地方国有企业。

三是抓好"外引内培"，集聚专精特新人才。创新人才引进方式，对碳纤维复材和制品领域紧缺人才及专精特新人才，采用"一人一策""长租短借"等方式，柔性引进3个博士团队、17名高端人才，聘任了38名研究员、主任工程师，对4名高校教师和9名科研人员实行兼职兼薪。畅通管理、技术、科研、技能多序列并行的人才成长和薪酬晋升通道，进一步提升大学生在各层级管理骨干中的比例，为科研人员落实中层正职待遇，对核心技术骨干实行职称津贴递增和创新成果转化激励，按创效金额的1%连续奖励三年。建立"五动"培养机制，通过项目带动、攻关推动、论坛互动、自学主动、统学促动，培养专业技术人才和优秀管理干部，实现了人才和创新工作"双提升"。

强根固魂，锻造一流党建引领能力

吉林化纤坚持党的建设与提级管理同步谋划、同步推进，推动党建工作与业务工作深度融合，确保党的领导在提级管理过程中得到充分体现和加强。

一是严格标准，党的领导全面加强。吉林化纤以高质量党建引领高质量发展，坚持高标准学习，把党的政治建设放在首位，以习近平新时代中国特色社会主义思想凝心铸魂，加大"第一议题"和三级党组织政治理论学习制度的执行力度。坚持高标准议事，完善了党委决策、"三重一大"、定期议党等规章制度，动态优化党委前置研究讨论重大经营管理事项清单，使党组织在决策层、监督层、执行层的作用得到有效发挥。坚持高标准建设，制定《党支部工作标准化手册》《标准化堡垒型党支部建设目标责任制》，规范党支部、党员之家阵地建设，全面增强了各级党组织的政治功能和组织功能。

二是思想建企，勇争一流成为共识。吉林化纤牢牢把握思想建企这条主线，组织召开了提级管理动员会、工作部署会等各类会议，全面深入解读提级管理的目的和意义，对新形势、新任务进行了深入分析研判，全体党员干部职工迅速统一了思想、凝聚了共识。加强对外宣传，协调吉林市电视台每周开办一期"吉纤新闻"，开设"坚决打赢碳纤维质量攻坚战""我为百日攻坚做贡献"等专题栏目，吉林化纤生产经营、科技创新、项目建设成果多次在中央电视台、新华社、人民日报和吉林电视台、吉林日报等主流媒体刊发报道，营造了爱岗敬业、勇争一流、融入发展的浓厚氛围。

三是干劲十足，精神面貌焕然一新。调研组在与吉林化纤管理层座谈时，得知其为了抢工期、抢进度，将重点项目推进会时间安排在了每周二、周五的晚上8点半，前一天晚上研究碳纤维项目的会议开到晚上10点半，会后相关业务部门连夜部署落实。一名职工在与调研组交流时说，我们董事长几乎每天早上6点就会到生产车间和项目工地了解进展情况，集团公司勇争一流、抢前抓早的氛围已经形成，很多员工周六周日都自愿加班。调研组在实地走访一些项目工地时，看见"战雨天、抢白天、向夜晚要时间"等字样的条幅，发现很多参建人员一个月吃住在工地，真切感受到了吉林化纤的新担当和拼出来的加速度。

文/吉林省委政研室专题调研组

老树新花俏争春

——关于吉林化纤升级转型创新发展的情况调查

受国际金融形式影响，全球纺织行业增长乏力，下行压力加大。2012年以来，全球人造丝生产企业退出3家，腈纶纤维生产企业转产、停产5家。销售价格也严重下滑，人造丝下降17.6%，腈纶下降29%，黏胶短纤下降38.9%，正可谓"量价齐跌"。占据世界纺织原料三分之二份额的中国化纤行业，受要素成本上升、节能减排标准升级等多重因素影响，企业生产经营更显困难，竞争更加激烈。

疾风知劲草，吉林化纤逆势崛起。面对多重不利因素影响，吉林化纤集团领导班子抓住主要矛盾，解决深层次问题，发掘自身优势，攻坚克难，精准发力，扭转了被动局面，企业生机勃发。数据显示，2013～2015年，吉林化纤净资产年均增长23%，销售收入年均增长8%，产品产销率达100%。2016年1～5月，企业工业总产值同比增长9.7%，销售收入同比增长9.2%，利润同比减亏3473万元（其中：吉林本部净利润4709万元，同比增长206%），上缴税金4145万元。一连串傲人数据，真令人刮目相看。

吉林化纤为什么能够逆势崛起？通过调研，我们发现根本原因在于企业能够把握市场趋势，从产品结构调整入手，以创新为主线，驱动"技术创新"和"管理创新"两个轮子，抓好资本运作、机制改革、企业文化三个支撑，加强国企党建工作，走出了一条供给侧结构性改革的成功之路。

技术和管理是企业生产经营活动的两大永恒主题。吉林化纤作为一家具有52年建厂历史的老牌国企，近几年能够在市场经济大潮中破浪前行，主要是做足了技术创新和管理创新两篇"大文章"，减少无效供给，扩大有效供给，提高产品对市场需求的适应性，提升了企业核心竞争力，抢占了行业发展制高点。

技术创新让企业厚植发展新优势

吉林化纤传统产品在国内同行业中占有较大比例，但企业效益长期在低位徘徊。在分析市场信息的基础上，他们认识到化纤行业面临的主要问题是常规品种产能过剩，产品结构性矛盾日益突出。针对这个问题，他们在去除无效和低效产能基础上，通过技术创新转变产品研发、生产方向，掀起了一场"品质革命"。

改进生产工艺，老产品实现"质的提升"与"量的优势"双丰收。人造丝是吉林化纤的传统产品。2013年，该产品产能为2.2万吨，毛利率仅在6%左右，通过与客户反复深入沟通，吉林化纤发现客户对人造丝的关注点主要集中在品质、成本、效率三个方面。为此，2014年以来，他们做好"有中生新"文章，采用KR-HD340连续纺设备和意大利生产技术，实施人造丝匀质化、连续化、大型化技术改造，通过匀质化让丝饼内外层单丝粗细均一，满足客户生产高端面料时对丝条纤度均一性的需求；通过连续化实现纺丝、处理、烘干加工一体化、无接头，实现高速纺和高产量目标，提高客户使用生产效率；通过大型化实现饼重、筒重增加，实现减少纺丝落丝频次、减少处理丝饼个数、减少加工接头个数、减少包装材料消耗、减少运输成本等"五个减少"目标。技术改造后，2015年人造丝A级品率达到95.8%，AA级品率达到55%，深受下游厂家的欢迎，产品的毛利率也提升至15%~18%，在国内市场占有率跃升至14.7%，在国际市场占有率已达11.1%，较2014年均提高了3%。随着新项目的相继投产，吉林化纤在人造丝方面的产能年内将达到4万吨，分别占国内、国际产能比重的20.6%和15.7%。

走差别化路线，新产品的市场竞争力不断提高。吉林化纤拥有国内1/3以上的腈纶产能，但由于新产品开发不足，导致企业效益远远低于发达国家同行业水平。基于作为世界上最大的人造毛皮生产国，我国的扁平纤维却长时间依赖进口的现状，为了满足市场需求，同时也为了规避同质化竞争，吉林化纤做好"无中生有"文章，加速对腈纶板块的差别化研发力度。2014年6月，吉林化纤成功开发出了国产扁平纤维，2015年11月底，2万吨扁平腈纶纤维项目建成投产。扁平纤维的进口价格约2.6万元/吨，吉林化纤的价格是2.2万元/吨，吉林化纤凭借优势夺回10%的市场份额，市场"王牌"地位逐步确立。除扁平纤维外，吉林化纤相继推出10余种高性能、高附加值新产品，其中，大有光腈纶的市场占有率达到30%；超柔超亮型腈纶打破了国外长期垄断局面，占据了国内市场四成份额；阻燃纤维成功打入澳大利亚市场。2016年1月到5月，新产品的销售占公司销量的7.5%，占整个腈纶市场的4.5%。

加强创新平台建设，自主创新能力显著提升。在引进先进技术装备的同时，吉林化纤加大投入，提升自主创新能力，助推升级转型。2012年，吉林化纤成立了吉林省首家中国工程院院士工作站，围绕碳纤维原丝品质提升、碳化和制品三个方向进行科研攻关，相继成功开发出24K、48K大丝束和高性能碳纤维原丝，产品等级达到T400水平。2013年，他们又成立了博士后科研工作站，围绕黏胶纤维、腈纶纤维、碳纤维等领域，确定了可降解塑料级醋酸纤维素、竹材莱赛尔纤维、醋青纤维等课题。目前，世界首创的醋青纤维已经研发成功，具备批量生产能力。为克服大生产线新品开发试验的弊端，吉林化纤新增3条小试验线，有效降低了新品研发的成本，为集团公司走自主创新道路提供数据支撑和坚强保障，打通了科技成果转化之路的"最后一公里"。2013~2015年以来，吉林化纤共实施技术创新、技改、攻关项目1508项，取得优秀创新成果552项，开发新产品25个，获得新专利11项，自主创新能力在国内同行业中居于领先水平。

管理创新让企业激活发展新动能

老吉纤以"严格管理"著称，严格的制度保障了企业快速发展，同时，"严爱结合"增强了员工对企业的归属感、向心力。新时期，吉林化纤立足提高各环节运行效率，更加注重规范化管理，实现了从"严格管理"向"科学管理"的跃升。同时，强化"人本化管理"理念，实现了员工由被动管理向自主管理的转变，激发出企业的潜能。

整合资源，合纵创新，发展思路更加清晰。对内，围绕发挥资产的最大效能，吉林化纤完成了"长丝北上（人造丝和腈纶产业在吉林本部）、短纤南下（把短纤产业移到河北藁城）、原料西进（竹浆、棉浆产业向湖南和四川转移）、终端东拓（把下游产业链向东南拓展）"的布局调整。调整后，长丝生产效率比2012年提高25%，腈纶产能较历史最高水平提高2.4万吨。

对外，为拓展企业发展空间，吉林化纤创新发展模式，通过组建产业联盟实现产业创新，由单纯的企业经营管理向纵向的产业链整合迈出了坚实一步。

吉林化纤竹纤维是拥有自主知识产权的首创产品。在市场化过程中，不乏存在一些以次充好、以假乱真的现象。为规范市场，吉林化纤于2005年推出"天竹"品牌，并于当年11月发起并成立天竹纤维产业联盟。经过十余年的积极运作，加盟企业由最初的32家发展到目前的105家。在产业联盟的推动下，各种混纺技术全面开花，天竹纤维应用领域和市场认知从无到有、不断拓展，已与雅戈尔、阿迪达斯、耐克等知名品牌联姻，进入巾被、床品、面料等相关产业。在巩固天竹品牌的过程中，吉林化纤的竹纤维在全国市场份额也达到70%。

在天竹联盟成功运作的基础上，吉林化纤又围绕碳纤维原丝提质及碳化制品研发应用，联合国内36家高校、科研院所、下游企业组建了吉林省碳纤维产业技术创新战略联盟，共同解决同行业间信息交流不畅、上下游技术不衔接等诸多问题，加快科研成果在联盟间的转化和应用。目前，他们正在实施以"低成本、大丝束、通用化"为方向的技术攻关和扩能改造，原丝产能将突破10000吨，碳化产能将达到2000吨，同时积极联合终端生产商研发下游制品、拓展应用领域，尽快将技术优势转化为产业优势。

精准决策，严细落实，企业运行质量显著提高。吉林化纤近三年来发展形势越来越好，精准决策发挥了至关重要的作用。做好信息收集工作，设立专门调查部门，跟踪产业动态，了解竞争对手，把握市场走向；对有价值的市场信息，组成专门调研组实地考察，并进行深度可行性分析；形成初步分析报告后，调动全公司各层面力量进行反复论证；取得共识后，提交班子会议研究最终拍板决策。

2015年，部分人造丝生产企业，纷纷限产、减产甚至关停生产线退出市场，由此造成市场缺口3万多吨。吉林化纤敏锐把握这一重大契机，当机立断上新项目扩大产能，并于当年达产达效，一举拿下市场空白期的大部分份额。吉林化纤坚持每周一召开党政联席会议、经理办公会议，对"三重一大"事项进行集中讨论决定；每月组织召开财务和经营部门资金平衡会议，在集团层面对资金进行调配，提高资金利用效率，仅2015年集团公司财务费用就同比下降4969万元。为确保决策落到实处，企业坚持"成事思维、问题导向和倒逼机制",通过定责任人、定任务目标、定时间、定检查、定奖惩的"五定"原则,加强跟踪督办工作,及时发现落实过程中遇到的问题和梗阻,调动各方面力量及时解决,使执行和落实固化为长效机制,仅2015年就落实了1893项督办事项。

完善制度,严密流程,生产经营全过程规范运行。结合公司发展需要,吉林化纤全力推进内控建设,不断查找关键风险控制点,提出相应控制措施,重新设计业务流程,完善修订涉及企业组织架构、发展战略、企业文化、供产销、人财物等的18项205个内控制度,建立了覆盖全部业务和部门的《内部控制管理手册》,为公司内部控制体系建设、运行和维护,提供了政策依据和制度保障。同时,以企业信息化管理平台为依托,以业务流程为纽带,以权责清晰的管理制度为核心,投资1200万元建立了MIS系统,形成了数据管理中心统一控制的掌控一体化、制度化、规范化体系,让企业决策和管理运营更精准、更科学、更高效。

吉林化纤视产品质量为生命,实行全面质量管理,相继通过Oeko—Tex Standard 100(国际生态纺织标准100)认证、ISO 9001:2000质量管理体系认证、ISO 14001环境管理体系认证和OHSMS 18001职业健康安全管理体系认证,率先在同行业开创了质量、环境、安全(QES)三体系整合认证的先河,为企业的规范化管理奠定了良好基础,树立了公司良好的国际形象。在体系运行过程中,按照体系标准规范的要求,对现有的管理制度进行有效梳理,建立了管理手册、程序文件和操作指导文件三层次文件30多个,进行全员教育培训,真正体现文件规定和实际操作的高度一致性,有效避免管理与操作脱节的"两层皮"问题。

通过体系运行,员工的质量意识、环保意识和安全责任意识得到提高,三废处理率达100%,污染物总量排放下降25%,人身伤害率下降10%,现场管理水平明显提高,物品定置定位得到落实,杜绝了长明灯、长流水和跑冒滴漏等现象,检修现场做到了"工完料净场地清",厂区实现了"绿美净"和桁架、管线与设施、设备标识规范,真正体现了"事事有人管,人人有事干""工作能量化、效果有评价"。

紧盯一线,节支增收,成本控制成为企业全员的工作习惯。吉林化纤遵循成本效益原则,推行全员成本核算,优化、减少各流程中间环节,以合理的控制成本达到最佳的控制效果。在生产环节,对设备进行提速改造,提升生产效率;加强对水电热气等资源的整合使用,降低产品单位能耗,间接提高收益。2013~2015年,集团公司通过提产降耗累计增益24509万元。在采购环节,完善"招、评、比、议"采购程序,促进规范采购和优质低价采购。引入供应商综合评价机制,对不良记录根据合同严格处罚,推动供应商拓展服务领域,提高服务水平,实现优胜劣汰,有效规避采购风险。仅2015年一年,集团公司降低采购成本高达6641万元。在销售环节,推行"定制服务",实现机台与客户的直接对接,满足客户的柔性需求。近两年来,吉林化纤通过建立销售客户"大数据"系统,外销产品直销比例已达到100%,内销产品直销比例也已达到80%以上。

在车间基层一线,吉林化纤将各项管理工作下沉到班组,将班组作为落实和强化管理的重要手段,深入贯彻"零缺陷"意识。同时,把员工素质提升作为衡量班组管理成效的重要标准,通过"一岗多能"培训、新员工素质提升、大学生专项培养、课题攻关锻炼等方式,提高员工综合能力水平;鼓励员工提合理化建议,参与小发明、小创造和班组QC攻关,促进基层班组在企业发展中发挥重要作用。2015年,公司员工共提出合理化建议9329条,创效2970万元。有5个班组荣获"郝建秀小组式全国纺织先进班组"荣誉称号。

资本运作为升级转型提供资金支撑

抓好资本运作、机制改革、企业文化三个要素支撑，让企业的创造力和张力发挥到极致。升级转型，要靠项目；项目建设，要有资金。2013年，当吉林化纤决意捕捉市场机遇、开展扭亏攻坚时，数十亿贷款的财务成本已经让企业发展不堪重负，再通过银行获得巨额资金几无可能，此时上项目，如同一个无解的方程式。

在市场竞争最激烈、生存处境最艰难时期，摆在化纤决策层面前的唯一出路就是股市增发直接融资。对于负债累累、处于退市边缘的吉林化纤股份有限公司（以下简称A股公司）来说，要增发首先要卸下包袱、轻装上阵。在吉林市委、市政府的大力支持下，A股公司将盈利能力差、远离核心业务的下属公司实施资产剥离、企业改制，减轻了企业负担，为集中力量发展主业、加快升级转型进程奠定了重要基础。

2014年11月18日，A股公司首次获准定向增发，成功募集9亿元资金，降低公司资产负债率20%，降低年财务费用3000万元，当年实现A股公司盈利。在充足资金的支持下，吉林化纤在10个月内建成5000吨竹长丝连续纺项目，将竹纤维技术优势转化为市场优势。2015年1月8日，A股公司再次获准定向增发，此次募集的17.2亿元资金，将注入1万吨人造丝细旦化升级改造、1万吨/年可降解生物质连续纺长丝、10万吨/年高性能生物基竹纤维等项目，进一步扩大主业优势，提高市场占有率。

A股增发的成功，让吉林化纤对资本运作更加从容自信。2015年，吉林化纤对碳谷公司进行股权改造，成立了吉林碳谷碳纤维股份有限公司，正式登陆"新三板"。这一新的融资平台将募集7000万元资金，用于扩大碳纤维原丝和碳丝产能，为碳纤维产业链延伸提供动力。

机制改革为长远发展提供制度支撑

吉林化纤针对企业内部存在的机制不活问题，深化机制变革，释放改革"红利"。

改革用工机制，解决员工能进能出的问题。吉林化纤立足人力资源合理配置，一方面，坚决"清除三无、挤出三低"，即清理无效岗位、无效工作、无效人员，挤出低效岗位、低效劳动和低效人员，减少生产一线的"南郭先生"和管理岗位的"东郭先生"；另一方面，倡导"工匠精神"，让高效的人做高效的工作，加大对优秀员工的培养力度。对作出突出贡献的17名骨干员工，直接晋升为"技师"，每月享受200元津贴；对爱岗敬业的603名劳务派遣工，破格转为正式员工，增强了劳务工对企业的归属感。通过优胜劣汰、择优使用，使员工生产积极性、劳动主动性得到充分调动。A股公司原有员工7000多人、人造丝产能2万吨，现有员工3000多人、人造丝产能接近4万吨，产能几近翻番。

改革用人机制，解决干部能上能下的问题。吉林化纤坚持日常考核与任职考核相结合，规范并严格执行干部选拔任用程序，在民主推荐、组织考察、集体讨论的同时，坚持新提拔干部任前公示，确保干部选拔任用公平、公正、公开。每月由各子公司对干部绩效进行考核评定，运用分配杠杆体现奖优罚劣；每年由公司党委开展基层领导班子及干部年度考核。近三年，先后对责任心不强、组织能力弱、群众威信较低的14名干部进行了降职、免职和限期改正提高处理，及时调整、任用干部86人次；同时，不唯资历、不唯经历、不唯学历，真正将政治素质好、工作能力强、作风素质硬的干部选拔到重要岗位。七纺车间主任魏全东同志就是一名从技术员岗位成长起来的中层干部。在5000吨连续纺项目试车期间，为实现由半连续纺向连续纺的顺利过渡，他每天与员工一起吃住在车间，一边抓生产，一边抓培训，连续攻克技术难题，99天实现达产达效，3个月内吨耗成本下降28%，A级品率由初期的46%提高到97.5%，产品质量获国内外客户的广泛认可，为迅速占领市场作出了巨大贡献。

改革分配机制，解决收入能增能减的问题。吉林化纤遵循工资与产、质、销挂钩的分配原则，核定各层级单位的薪酬总额，下放分配权限，由各子公司、生产车间、基层班组依据考核指标体系，按实际工作完成情况进行本层级的分配奖励。以A股公司长丝一车间为例，各项生产指标考评在管理人员队伍、车间工段、基层班组三个层面进行，根据额外工作任务情况，拿出工资总额的10%~20%进行二次绩效分配。为确保公开、透明，指标完成情况和考核明细实行日公开、月统计，人人都能看得见，个个心里有本账，推动员工变被动工作为主动工作。从2016年3月相关指标来看，该车间非计划停车和空锭率实现"双零"目标，每名员工收入较2015年有3%~10%的增长，生产效率和员工收入同步提高。同时，在部分区域、岗位实行员工承包制，鼓励员工完成生产基础工作的同时，结合新项目建设等重点工作承接额外任务，并给予适当奖励。在人造丝新设备安装过程中，由业务精、责任心强的老员工组成9支安装队，承包了276台纺丝机安装任务，既确保了设备安装速度质量，节约了外协安装费用500余万元，又为每名参与安装的员工带来每月3000元的额外收入。在企业经济效益增长的同时，2014年员工人均月收入同比增长25.5%，2015年增长17.26%，实现了双赢目标。

企业文化为凝聚合力提供精神支撑

20世纪60年代初，吉林化纤的第一代创业者凭借着责任与梦想，靠着人拉肩扛，硬是让一座现代化化纤企业在荒原上拔地而起。建厂五十多年，一个地方性企业成长为全国纺织行业标杆。

在转型升级发展的新时期，百尺竿头，如何再进一步？是摆在新一代吉纤人面前的一道难题。承载着光荣的使命，在50年传统积淀和历代吉纤人奋勇实践的基础上，他们总结凝练出了"奉献、敬业、负责、创新、自律"的新吉纤精神，并将这五种精神贯穿于生产经营的全过程。

目前，"80后""90后"员工已经成为企业的中坚力量。吉林化纤通过抓业务和抓文化"双管齐下"，让新吉纤精神在年轻一代的头脑深处扎根，成为企业发展的强大动力。

在日常工作上，充分发挥基层车间班子老员工传、帮、带的榜样示范作用，让新入职的年轻员工在业务上尽快成长、成熟起来。

在新项目建设过程中，所有的人都争先恐后地冲在第一线，紧锣密鼓地开展"百日会战""百日攻坚，七一献礼""百日竞赛"等活动，发起了加快振兴发展的一轮又一轮冲锋。2万吨/年醋酐项目140天一次开车成功，5千吨/年竹长丝连续纺项目3个月达产达效，2870吨/年长丝技改项目、2万吨/年扁平纤维项目7个半月建成投产……一个又一个建设奇迹令同行业刮目相看，吹响了吉林化纤再铸辉煌的冲锋号。

在日常工作上，吉林化纤注重从细节入手，通过实施"五小工作法"，让员工从企业的发展过程中得到利益、见到实惠、找到归属。"五小工作法"，即："讲清小道理"，用群众语言说理，用通俗语言说事，帮助员工理顺情绪、平和心态；"解决小问题"，员工家里有个大事小情，由公司免费出车，公司投入数十万元开展困难帮扶、金秋助学、大病救助等工作；"开展小活动"，组织"吉纤达人秀""最美吉纤人"《唱给奉献者的歌》等活动，烘托员工的主人翁地位；"做好小事情"，全面改善休息室、洗浴室、更衣间的硬件环境，让员工上下班都能心情舒畅；"宣传小人物"，相继推出以李奎为代表的最美建设者、以李洪梅为代表的最美纺织女工、以李海燕为代表的江城好人等先进典型，用身边的好人好事提振员工队伍的精气神。正如董事长宋德武所说的那样，"只要我们心里装着员工，员工的心里就会永远装着工作"。2014年8月，因雷击造成生产线紧急停车，在家休息的员工纷纷自发赶到公司参加开车会战，长丝一车间除了身在外地2人外，36名休息的纺丝工来了34人，整整奋战了一天一夜；锅炉车间干部员工群策群力，连续工作4天4夜抢修电站机组；各级干部身先士卒，24小时跟踪在升车现场不离开。通过上千名员工的共同努力，生产线在最短时间内恢复运转，把损失降到最低程度。

  国有企业的成长壮大离不开党的正确领导。近年来，吉林化纤实施"融合"工程，将党建工作融入企业生产经营全过程，确保党建工作与业务工作同研究、同决策、同部署、同落实。充分发挥政治核心作用。凡是公司涉及重大事项决策、重要干部任免、重大项目安排、大额度资金运作等重要工作安排，决策前都要提交党委会按照民主集中制原则讨论决定，形成党委会对重大问题的意见。公司决策后，党组织发挥"组织者"和"协调者"的双重作用，切实做到生产经营活动延伸到哪里，党的组织和监督工作就做到哪里。充分发挥党支部战斗堡垒作用。加强车间一线支部建设，实现业务工作与党建工作有效融合。2016年初，面对腈纶产品供不应求的市场现状，吉盟纺丝车间将春节长假变为"生产黄金周"，党支部成员带头加班，全体车间员工主动放弃休假，春节期间平均日产量407吨，一天的产值就达到500多万元，充分发挥党员先锋模范作用。在化纤厂区大院，随处可以见到佩戴党徽的员工，公司的党员标准是：平时工作看出来、关键时刻站出来、危急关头豁出来。2015年新项目建设过程中，面对工期紧、人员少的实际，共产党员们直面困难、主动出击，通过党员突击队、党员先锋岗等"党员工程"，带动广大干部员工总计加班32

万工时，为项目开车成功奠定坚实基础。

面对机遇与挑战，吉林化纤之所以能够胜券在握，不仅在于有一个坚强有力的领导班子，更在于有一位敢于决策、敢于创新的领头人——吉林省劳动模范、吉林化纤集团董事长宋德武。这个有着20余年吉林化纤工作经历，从基层做起、土生土长的吉纤人，在2013年受命于危难之际。三年来，他应权通变，通过资本运作畅通了"金融血脉"；首创竹纤维和碳纤维战略联盟加速了"弯道超车"，上马醋酐项目开启了"创新转型"之路，以人为本的管理方式提升了员工的"幸福指数"；提出"五种精神"实现了"人企共赢"……一系列有效举措让企业逆势突围。未来几年，吉林化纤将朝着高科技、高竞争力、高效益的百亿规模目标阔步前进。

文/吉林市委调研组

迎难而上务实担当
引领吉纤创新发展

——关于吉林化纤集团有限责任公司发展情况的调研

吉林化纤曾经是我国国有企业的一面旗帜。步入21世纪，市场行业竞争激烈，公司面临5年连续亏损的困境，发展陷入了低谷。在这种不利情况下，吉林化纤迎难而上，勠力同心，紧紧围绕"整合优化、提高效率、内拓外联、双轮驱动"的工作新思路，打出一系列漂亮的组合拳，踏上了夯实主业、加快升级、轻度转型的新征程。2015年1～8月，公司实现产值35.7亿元，实现销售收入32.9亿元，出口创汇11719万美元。

直面困境求创新，以改革增动力

围绕企业发展战略，持续推进技术创新。一是上下游携手合作，产业链共同创新。吉林化纤自主研发竹纤维之后，于2005年首创了天竹联盟经营模式，联合纺纱、织造、染整、终端加工等产业链各个环节及家纺、针织、服装、产业用四大领域的企业组成全产业联盟，致力于天竹纤维的品质提升和下游市场开发。二是产学研广泛结合，实现合作创新。在腈纶纤维生产基础上，公司与北京化工大学、中科院化学所等高校和科研院所共同研发、攻关丙烯腈基碳纤维原丝技术。三是坚持引进来、走出去，实现消化、吸收、融合再创新。在引进国外技术的基础上，公司通过不断地消化吸收，抓住国家振兴战略性新兴产业发展的契机，自主开发了湿法二步法生产碳纤维原丝技术，开创了国内原丝规模化生产工艺的先河，从源头上扭转了我国碳纤维产品供应受制于人的局面。

围绕活力提升，不断推进人才培养机制创新。吉林化纤作为以生产化纤为主的先进制造企业，对科技的依赖程度更高，对该领域的高精尖人才求贤若渴。公司果断实施"筑巢引凤"策略，通过创新平台，吸引业内高精尖专家入驻、加盟。利用碳纤维和竹浆溶剂法项目建立了院士工作站和博士后工作站，建设了3条小装备线、2条中试生产线和1个国家级技术中心、2个省级技术中心。鼓励专业技术人才承担课题，大胆实验，推进创新成果转化，通过选送优秀人才到高校深造、设立"技术进步奖""拔尖人才津贴"等各种激励方式，培育一批科技带头人。

围绕改造升级，深入推进融资创新。吉林化纤利用2个上市公司融资平台，创新资本运作，把资金、资本、资产融通，努力实现产融结合。继第一次A股增发成功募集9个亿资金之后，公司又启动第二次A股非公开发行工作，拟进一步募集资金，目前已通过省政府国有资产监督管理委员会的审核，现相关增发申报材料已报至中国证监会等待初审。融资创新使吉林化纤资金有了保障，公司发展步入快车道。

瞄准市场调结构，以发展增实力

突出项目建设，抓好投资增长。一是项目与市场相结合。利用原短纤生产线的土地，新建5000吨/年竹长丝连续纺项目。通过试运行，8月产量达到

300吨，9月之后可达到350吨，最终达到月400吨的产能；1万吨/年人造丝细旦化升级改造项目于7月18日开工，预计11月1日前实现暖封闭；2870吨/年扩能改造大丝饼项目是基于目前的均质化、连续化、大型化、优质化升级改造基础上进行的，9月前投产。二是项目与结构调整相结合。2万吨/年醋酐项目生产的醋酐，可广泛应用于医药、化工等领域，由醋酐生产的可降解塑料级醋酸纤维素，将成为吉林化纤新的利润增长点。三是项目与节能降耗相结合。近两年先后投入1.62亿元，实施了行业及全国领先的废水综合处理再利用工程、长丝系统余热回收再利用工程、给水泵由电动机驱动改为汽轮机驱动项目、污水生化系统改造项目等，提高资源的综合利用率，有效减少了煤炭、水、蒸汽等资源的消耗，大幅降低了企业生产成本。

　　加速三化，抓好产品结构调整。"三化"即传统产品黏胶长丝进行升级做优质化；规模产品腈纶纤维加快调整做差别化；新产品拓展延伸做产业链一体化。一是管理与技术结合，实现传统产品优质化升级。通过强化源头及过程质量控制，实施原料、原液、纺丝、加工、客户一体化管理，围绕匀质化、连续化、优质化和大型化开展系列质量提升攻关，黏胶长丝产品质量稳步提升。2015年1～8月优级品率达到95.5%，同比提高3.1%。二是创新与市场结合，实现了规模产品差别化调整。吉林化纤腈纶总体产能可达到27万吨，占国内产能的39%。目前开发的扁平、高强、细旦、双抗、原液染色、超柔超亮、大有光纤维，已先后投放市场并得到客户的广泛认可。三是资源与产业结合，实现了新产品产业链一体化延伸。竹纤维从浆粕到纤维再到终端市场，实现了产业链的延伸发展，目前正在通过改变原料配比、调整工艺参数、添加纺丝助剂等措施，全面推动天竹纤维从物理指标和使用性能方面的提升。

　　寻求突破，抓好产品市场开拓。公司一手抓生产，一手抓市场开拓，促进生产和市场的良好互动。在加大腈纶产品的反补贴、反倾销力度的前提下，公司加大直销比例。一是加大直接出口力度，2015年1~8月腈纶直接出口数量为11269吨，较去年同期增加出口2004吨。二是不断开发国外市场，扩大产品市场占有率。2015年，成功开发了巴基斯坦、越南、印度尼西亚等南亚和东南亚市场，并逐渐扩大市场份额。三是不断向国际市场推销产品附加值较高的差别化产品，如向韩国市场销售抗起球毛条，向澳大利亚市场销售LOTAN阻燃纤维，向巴基斯坦市场销售大有光丝束，同时向美国市场推介原液染色产品等。

围绕中心抓党建，以党建增合力

突出抓基础，发挥保障作用。一是加强班子建设，推动企业科学发展。制定班子成员"十多十少"行为准则，同时，进一步完善落实"三重一大"、两个责任等十几项制度，对涉及企业改革发展全局的重大决策、干部人事任免、涉及员工利益的重大问题，都经集体商量研究，确保了决策的科学性和民主性。二是加强队伍建设，增强企业前进动力。每年开展基层领导班子及领导干部年度工作考核，对考核情况召开干部大会进行通报，对评定为基本称职和不称职的干部分别做出组织处理。根据企业发展需要，制定了《专业技术人才培养及梯队建设方案》《大学生人才培养方案》，加强后备人才队伍建设，选拔推荐优秀人才参与项目建设，为企业升级转型提供了人才支撑。

突出抓结合，坚持党政同心。一是开展服务型党组织建设，促进党员干部作风转变。制定了《建设服务型党组织的实施意见》，着力强化各级党组织和党员的服务理念，努力营造机关服务基层、组织服务党员、组织和党员服务员工、党建服务企业改革和发展的工作格局。二是开展机关干部联系基层活动，促进机关部室作风转变。组织开展机关部室包联基层工作活动，机关各部室干部每天深入包联车间、班组和岗位了解生产情况，增强与包联车间、员工的沟通，听取意见和建议。活动开展5个月以来，机关6个部室累计下基层755次，协调解决问题65项，有效促进了包联车间目标任务的顺利完成。

突出抓传统，形成核心价值观。 结合老吉纤精神，总结出"奉献、敬业、负责、创新、自律"的新吉纤精神，并组织开展"弘扬五种精神，提升三效"大讨论活动、"百名最美吉纤人"评选，"凝聚正能量，共铸吉纤梦"百条格言警句等活动，使员工积极参与到企业文化建设中来，特别是在演讲比赛、优秀党员事迹汇报、情景剧表演等活动中，坚持用身边人讲身边事、身边事教育身边人，形成了"人人为生产经营、项目建设贡献力量"的向上氛围，使"五种精神"成为员工自觉遵循的核心价值观，达到了企业文化入脑入心的效果。

吉林化纤面对困境，通过务实创新的举措、坚韧不懈的努力、科学精准的决策、与时俱进的理念、敢于作为的担当，结束了长达45个月的亏损局面，其做法和经验具有样板意义，给人启示、引人思考。

一是精准决策，让企业牢牢把握发展主动权。公司领导层在瞬息万变的市场中高瞻远瞩，科学决策，聚焦重心，精准发力，使公司的每一项重大举措和抉择都贴近实际，符合市场大势，牢牢把握发展的主动权。

二是不断创新，为企业发展注入不竭动力。吉林化纤集团能持续创新，保持技术领先，增强核心竞争力是成功的关键。公司始终坚持以创新为企业发展的灵魂，实施"创新驱动发展"，走出了一条以人才为支撑，以信息化建设为依托，以技术创新、管理创新、制度创新为带动的国有企业自主创新之路，以创新培育推动发展的新动力，以创新强化行业引领地位。

三是务实求实，以新吉纤精神引领公司砥砺前行。吉林化纤集团在发展过程中，一切的决策、一系列的举措都紧紧围绕公司实际，不空谈，不浮躁，讲实干，求实效，脚踏实地，稳扎稳打。公司上下弘扬"奉献、敬业、负责、创新、自律"的新吉纤精神，不折不扣地贯彻落实"三严三实"的要求，以求实的态度、务实的作风、守土有责的精神、从严从实的劲头抓发展，一举扭转生产经营的不利局面，摆脱困境，踏上逆袭之旅。

四是党政同心，使公司凝聚起促进发展的强大合力。公司领导班子以身作则，以上率下，集中智慧，凝聚共识，凤夜在公，谋事干事。党委充分发挥党组织的战斗堡垒作用，把支部建在生产一线，通过开展丰富多彩的活动，使公司上下一心，形成了激流勇进、攻坚克难的战斗力和无坚不摧、无往不胜的合力。

五是敢于担当，让企业能够攻坚夺隘、破除万难。面对纺织行业增速逐步放缓的宏观经济环境和背负债务的困难处境，公司上下并没有被困难吓倒，而是振作精神，直面困难，不等不靠，主动出击，主动突围，主动作为，逆势而上。2014年吉林化纤工业总产值和销售收入均实现两位数的同比增长，2015年4月又一举扭亏为盈。

文/吉林市委政研室

丝路领航：吉林化纤建成投产60周年（1964—2024年）

为用户创造价值，助用户走向成功

第五部分
见 证

"行进中国"调研行

——品牌吉林丨化纤"老大哥"逐"新"碳纤维

你见过这样的"线"吗？直径仅为发丝的1/12，含碳量达90%以上，强度却是钢的7~9倍。

"这就是碳纤维，比钢强度大、比铝重量轻，小到钓鱼竿、羽毛球拍，大到新能源装备、航空航天，都有它的身影。"吉林化纤国兴碳纤维公司生产处处长鲁明说。

氧化、低温碳化、高温碳化……走进吉林化纤碳纤维车间，400多米长的碳化线上，一束束碳纤维原丝历经数小时"奇妙旅程"，由白变黄、变棕，最终变身为黑色的碳纤维。

从有着60年历史的化纤"老大哥"，到拥有全国最大碳纤维生产基地的"新秀"，吉林化纤紧盯碳纤维全产业链，持续擦亮碳纤维"黑金"品牌。

碳纤维技术门槛高，国外长期技术封锁，如何破局？吉林化纤下"笨功"。2008年，吉林化纤成立研发团队，开始全力"破冰"。在无资料、无图纸、无设备的"三无"挑战下，历经无数次试验，终于摸索出一套切实可行的工艺路线。

"我们就天天琢磨，不停完善。"鲁明介绍，"首创的35K、48K、50K大丝束填补了国内空白。定制化生产模式所生产的1K、3K、12K等多规格、多性能碳纤维，已广泛应用于下游的11个领域。"由碳纤维材质制作而成的自行车，重量轻到一只手就可以轻松拎起。

作为做人造丝、腈纶纤维等的传统制造业企业，吉林化纤既能"无中生有"，在碳纤维原丝领域突破一系列技术屏障，拳头产品T700强度碳纤维性能不断提升；又能"有中生新"，加快"智改数转"建设，持续推进生产线自动化、数字化、智能化升级改造，在运丝、打包、毛条等高强度岗位都实现了机器代人，进一步提高生产效率。

"眼下，我们全面布局碳纤维下游制品，规划汽车轻量化、新能源、热场材料、体育休闲等终端制品领域的产业园区。"吉林化纤集团副总经理庄晓东告诉记者，"力争在新材料、新能源领域作出更大贡献。"

一丝纤维的背后，是传统产业"新跃迁"。近年来，吉林老工业基地不断向"新"升级，在装备、能源、材料等优势产业的基础上提升含"新"量，布局抢占新赛道，打造未来产业发展高地培育新质生产力。

设备更新、工艺升级、数字赋能，以科技创新推动产业创新，传统制造业"老树发新芽"；创新引领、绿色发展、生态优先，以智慧驱动塑造未来，新兴产业"小苗初露尖尖角"。吉林新型工业化的道路越走越宽。

文/人民网"行进中国"吉林调研采访团

2024年5月

江城吉林"中国碳谷"加速跑

发源于长白山的松花江蜿蜒穿城而过，江城吉林被一分为二：一边是主城区，一边是工业区。工业基因根植于这座老工业基地城市的发展血脉，中华人民共和国的第一桶染料、第一袋化肥、第一炉电石都是从这里产出。

近年来，吉林市创新发展理念，推动化工产业向高端、循环迈进，依托吉林化纤集团等龙头企业，着力打造碳纤维全产业链条，擦亮碳纤维"黑金"品牌。如今"吉林系"碳纤维原料和产品已经成为我国碳纤维产业中富有竞争力的佼佼者。

紧密围绕党的二十大作出进一步推动高质量发展、发展实体经济、建设制造强国等重要部署，吉林正着力做大碳纤维新材料的"蛋糕"，加速打造"中国碳谷"。

老国企领军突围"黑金"行业

党的二十大刚刚胜利闭幕，党的二十大代表、吉林化纤集团有限责任公司党委书记、董事长宋德武就马不停蹄地回到吉林化纤集团。

"作为吉林省代表参加党的二十大，确实非常自豪和振奋……"几天前，宋德武为吉林化纤集团干部员工做了一场精彩的党的二十大精神学习宣传报告。

"党的二十大报告指出,高质量发展是全面建设社会主义现代化国家的首要任务。吉林化纤集团将贯彻党的二十大报告精神,按照吉林省'一主六双'高质量发展战略和吉林市'四六四五'发展战略,实现碳纤维质量的提高和成本的降低,同时继续拓展下游的应用领域,实现全产业链一体化发展,将碳纤维产业做强做优做大,逐渐向世界一流的碳纤维生产企业的第一方阵迈进……"宋德武在分享了参会感受和学习体会时说。

作为企业的领头人,宋德武经常会深入生产一线,只要有时间,宋德武几乎都会走访车间,了解企业的生产情况。

"过去十年,企业的产值翻了近两番,员工收入翻了两番多,这一切都是坚持党的领导、坚持深化改革开放带来的成果。"宋德武说。

和许多东北国企一样,始建于1959年的吉林化纤也曾面临低谷,员工人均月收入一度不足2000元……要站稳市场,就要有过硬的产品。化纤行业市场竞争激烈,普通化纤产品虽然用量大,但利润低、收益小,很容易陷入价格战。高端的化纤材料,利润高,但技术门槛也很高。

唯有改革创新才能使企业永续发展。吉林化纤把改革创新的角度瞄准到了碳纤维领域。"企业腈纶产能比较大,碳纤维则是在腈纶工艺基础上创新出来的一种新型纤维,我们具备向下游'无中生有'的能力。"宋德武说。

凭借企业十几年DMAC湿法两步法生产腈纶的技术经验和公用工程优势,借助企业技术人员和高校专家组成的碳纤维创新团队,从2013年开始,吉林化纤在原有碳纤维原丝生产的基础上,加大科研力度,冲击"高精尖"的方向。

"原丝是生产高性能碳纤维的前提和关键,一些发达国家一直对我国采取碳纤维生产技术封锁和产品禁运。吉林化纤的研发团队与高校联合攻关,逐渐摸索出技术工艺流程短、质量稳定、产量高的国内首家独创技术。"吉林化纤

"黄大年式科研团队"研发人员陈海军说。

近年来，吉林化纤已累计投入数十亿元进行技术革新，研发团队先后攻克了多道难关，突破了一系列技术屏障，真正实现了碳纤维原丝市场化，国内市场占有率达90%以上，也让进口碳纤维原丝价格随之下跌40%。吉林化纤开创了我国碳纤维原丝规模化生产的先河，正式走上了碳纤维原丝产业化之路。

创新引领老工业基地　成为新材料领军者

近年来，吉林化纤坚持产学研用和产业链一体化开发，用小丝线带动大产业链，相继成立了吉林国兴碳纤维有限公司、吉林国兴复合材料有限公司，将产业链延伸至碳纤维复合材料领域。

在吉林化纤集团国兴碳纤维公司的碳化生产线上，一束束雪白的原丝，缠绕在滚筒型装置上"翩翩起舞"，碳纤维原丝在生产线上再经过数小时、历经300多米生产线的奇妙旅程，最终变身为黑色的碳纤维。

"化工原料需要经过约100道工序才能变成原丝，我们生产的原丝可以细过头发丝，说起来简单，但是这个技术许多企业多年攻关都未成功。原丝经过碳化才能变成碳纤维，举个不恰当的例子，这个过程就像做烘焙，极其考验火候，小细节做得不好，就做不出好的碳纤维产品。"吉林化纤集团国兴碳纤维公司技职人员鲁明说。

在原丝技术不断突破的同时，吉林化纤也在向下游碳化生产延伸，从2016年产仅200吨的第一条碳化线"中国工程院碳化实验示范线"投产，到600吨、6000吨、1.2万吨、1.5万吨、6万吨碳纤维项目开工建设陆续投产，吉林化纤已成为全国最大的碳纤维生产基地。在碳丝产能充分释放的同时，经过不断的创新研发，公司的产品质量也在不断提升，1K、3K、6K、12K等小丝束产品做到专业化、高性能，25K、35K、50K等大丝束产品实现通用化、高品质、高效率，其中，12K、25K等多个规格产品达到国内领先的T700水平，35K大丝束碳纤维产品广泛应用在三一重能、上海电气、明阳电气等国内知名的风电叶片制造企业，有效带动了下游制造效率的提升。

"在大型风电叶片上，我们就应用了碳纤维产品，碳纤维强度大、质量轻的特点在装备制造方面就能很好地得以体现。我们正结合吉林省'六新产业'发展规划，加快碳纤维产品在汽车、轨道交通等领域的应用。"吉林化纤集团国兴复材有限公司生产车间负责人牛经敏说。

宋德武说，吉林化纤坚持创新驱动发展，人造丝、腈纶纤维、竹纤维在细分行业都走在了世界的前列。下一步，我们将认真贯彻落实党的二十大精神，加快推动战略性新兴产业融合集群发展，积聚力量实施原创性、引领性科技攻关，积极与中国航空工业、长春一汽战略合作、紧密对接，共同研发拓展碳纤维在汽车轻量化领域的广泛应用，坚决打赢关键核心技术攻坚战，加快推进建设吉林碳纤维轻量化产业园，为助推碳纤维产业成为我省新的经济增长引擎，加快"六新产业"和"四新设施"建设注入强劲动能。

做强"吉林系"碳纤维　叫响"中国碳谷"品牌

记者从吉林市相关部门了解到，在吉林化纤、吉林碳谷等龙头企业的带领下，目前吉林市已聚集25户碳纤维及复合材料生产企业，其中规上企业12户，已实现规模化生产碳纤维下游制品4个系列、10余种终端产品。在资本市场上，已经有投资者用"吉林系"来称呼吉林碳纤维相关企业。

然而吉林的目标和决心不止于此。吉林市相关负责人表示，吉林市将沿着产业链上下游顺藤摸瓜、招商引资，接续谋划建设一批重大项目，持续拓展碳纤维材料在汽车轻量化、航空航天、轨道交通、新能源、体育休闲等领域应用，把碳纤维产业做强做优做大，不断向产业链、供应链、价值链高端迈进，真正把吉林市打造成"中国碳谷"。

"十四五"期间，仅吉林化纤就规划了24个碳纤维产业项目，"如果这些项目都能够如期完工达产、释放产能，碳纤维这一新材料将促进吉林省碳纤维产业的升级和快速发展，对整个吉林省的产业规划和产业发展具有重大意义！"宋德武说。

2022年7月，国家碳纤维高新技术产业化基地吉林化纤6万吨碳纤维项目在吉林市正式启动。国家碳纤维高新技术产业化基地沿着碳纤维全产业链方向布局了助剂产业区、碳纤维装备研发制造区、编织预浸基材产业区、风电复材产业区、能源装备产业区、交通运载产业区、体育休闲产业区、航空航天产业区、C/C热场材料产业区等九大产业园区和碳纤维及复合材料公共服务平台。其中吉林化纤6万吨碳纤维项目总投资103亿元，将建设18条自主研发的智能化碳丝生产线，形成年产6万吨碳纤维生产能力。

时任吉林市政协主席、市碳纤维产业链链长王德胜表示，围绕推进国家碳纤维高新技术产业化基地建设，吉林市将加大科技攻关和产品开发，拓展应用领域，谋划重点项目，开展定制化招商，更好延链、补链、强链，加快壮大碳纤维产业集群。

走进吉林化纤园区，生产线隆隆作响，碳纤维熠熠生辉，新项目建设鏖战不休……吉林打造"中国碳谷"的决心更加坚定。

文/马晓成　颜麟蕴　新华社
2022年11月

第五部分 见 证

整合优化，提高效率，内拓外联，双轮驱动

吉林化纤专注碳纤维研发生产
——碳丝变身"黑黄金"

今年3月，吉林化纤集团有限责任公司（以下简称"吉林化纤"）凭借在碳纤维领域的创新突破，被国务院国有资产监督管理委员会评选为"创建世界一流专精特新示范企业"。

近年来，吉林化纤碳纤维板块迅速壮大。今年一季度，集团实现工业总产值48.4亿元，同比增长19%，其中碳纤维板块增长1.8倍。目前，吉林化纤正加快推进40万吨碳纤维产业链项目，力争到"十四五"时期末形成33万吨原丝、10万吨碳纤维、6.5万吨复合材料的生产能力。

咬定青山攻碳丝

走进吉林化纤子公司吉林凯美克化工有限公司的碳化线车间，只见424米的生产线上，一束束白色原丝经过氧化、低温碳化、高温碳化等工序，被加工为黑色碳丝。七八根单丝合在一起才有一根头发丝那般粗细，一束1.2万根单丝的碳纤维丝束竟可以承受两三个成年人的重量。

碳纤维被誉为"黑色黄金"，它比钢的强度大、比铝的质量轻，可用于新能源装备、汽车轻量化、航空航天等领域，性能好、附加值高。

吉林化纤意识到，普通纤维产品用量大，但利润低、收益小；高端纤维材料的利润高，但技术门槛也高。吉林化纤在进行一番市场调研和专家研究后，瞄准高端纤维材料赛道，于2006年10月开始研发碳纤维原丝。

吉林化纤研发人员陈海军告诉记者，碳纤维原丝的技术含量约占碳纤维生产技术含量的70%，原丝的好坏在很大程度上决定了碳丝质量。生产出高质量的原丝，是第一步要解决的问题。

凭借十几年二甲基乙酰胺（DMAC）湿法两步法生产腈纶的技术经验和工程优势，吉林化纤借助由企业技术人员和高校专家组成的碳纤维创新团队，自主设计实验装置，通过70余项技术改进、设备改造和上百次反复试验，在2007年4月生产出第一批碳纤维原丝。

为尽快研发出合格产品，研发人员翻阅大量文献资料，几乎天天扎在实验室和生产现场。2008年1月，通过对生产线的工艺优化和技术改造，吉林化纤生产出100轴共500千克碳纤维原丝，经碳化测试超过相关指标等级，获得两项国家发明专利。

掌握了核心技术后，吉林化纤集聚公司资源加快推进碳纤维产业化生产，于2011年9月建成投产5000吨碳纤维原丝项目，碳纤维原丝实现规模化生产。从2013年开始，吉林化纤在碳纤维原丝生产的基础上，加大科研力度，向"高精尖"的碳丝方向冲刺。

"当时，碳纤维的市场应用不像今天这样广泛，公司还常常出现亏损。"回想起当年的艰难，陈海军历历在目。他说，集团看准行业发展趋势，坚持用百亿产值支撑和撬动碳纤维的科研与发展，全体员工发扬"宁可黑发变白发，也要把白丝变黑丝"的精神，实现碳丝规模化生产。

去年11月18日，吉林化纤1.2万吨碳纤维项目第一条碳化线开车成功，这条生产线拥有8项技术专利，实现更便捷的操作控制、更安全的氧化工艺、更环保的排废系统。如今，吉林化纤已累计投入数十亿元进行技术革新，攻克了一系列技术难关。

形成产业全链条

在碳丝产能充分释放的同时，吉林化纤已形成从原丝到碳丝再到复合材料的碳纤维全产业链，成为大丝束原丝市场化企业，其大丝束产品已实现通用化、高品质、高效率，小丝束产品也已做到专业化、高性能。碳纤维产品质量也在不断提升，多个规格产品达到国内领先水平，一款大丝束碳纤维产品为知名风电叶片制造企业供货，有效带动了下游制造效率的提升。

走进吉林化纤下属的吉林国兴复合材料有限公司生产车间，只见盘曲成卷的黑色拉挤板整齐码放着。车间主任王普顺告诉记者，这些拉挤板就是用吉林化纤的碳纤维制成的，主要用在风电叶片主梁上，可以发挥其强度高、质量轻的优势，使机组更加轻盈高效。

吉林化纤与国内多家知名风电主机厂家形成战略合作关系，成为碳板采购供应商，并与下游企业联合进行海陆叶片大型化低成本碳板开发。

除了用于风电叶片制造，碳纤维复合材料还在各种拉挤型材、建筑补强、热场材料等领域得到广泛应用。吉林化纤积极拓展碳纤维市场应用场景，比如碳纤维预浸料可用于生产碳纤维鱼竿、自行车、网球拍等体育休闲用品；碳纤维编织布在建筑补强领域应用广泛；碳纤维缠绕体可生产天然气、氢气储气瓶等。

在今年春季举行的开工仪式上，汽车板簧项目、缠绕气瓶项目、碳纤维助剂项目等5个项目被列为吉林化纤2023年重点新建项目。这些都是碳纤维产业高端化、产业链一体化发展的关键项目。截至目前，吉林化纤原丝产能达16万吨，碳化产能达4.9万吨，复材产能近2万吨，碳纤维全产业链已初具规模。

顽强拼搏为创新

在走向技术前列的过程中，吉林化纤研发团队顽强拼搏、不懈奋斗，攻克了一个个科研难关，战胜了一个个技术难题。

纺丝车间高级主管郭甲东在公司大丝束产品升级遇到瓶颈时，在生产线上连续摸索调整20天没有回家；负责生产线智能控制系统的郎健慧在进行有关碳化线安装时，因为时间紧、工期短、人不足，没图纸、没经验、没示范，几乎每天工作到凌晨，200多个回路、500多个端线在她的指挥下无一接错，碳化示范线一次开车成功……

吉林化纤始终把人才和创新工作放在企业发展中的突出位置，坚持"人才强企、科技兴企"战略，依托主要业务板块成立8个研究所，通过建机制、搭平台、攻课题，有效激发了人才创新能力。

以碳纤维原丝自主研发为例，吉林化纤发挥企业腈纶生产技术和人才优势，发挥人造丝生产精细化管理优势，在碳纤维原丝生产中深入开展"提质、提速、提产、提效"四提工程，倡导围绕全过程清洁生产，开展提高洁净度攻关，减少系统杂质70%以上；利用"高校—企业—客户"产学研用技术交流平台，以匀质化攻关为切入点，大刀阔斧进行工艺优化和设备改造，提高原丝产品质量稳定性；通过原液系统深挖潜能，动力系统核定升级，关键部件精准优化，开展提速增锭改造，原丝纺速提高了17.6%，单线产能达到原来4条线的设计产能之和。目前，吉林化纤每年都与国外企业签订上千吨的出口订单。

不断进步的生产技术，日益拓展的应用场景，快速增加的市场订单，让吉林化纤上上下下越发忙碌起来，厂房等基础设施建设也在提速。近几年，吉林化纤大力推进碳纤维项目建设，每条生产线的建设周期不超过一年，安装时间不超过3个月，调试时间缩短，达产达效时间提前，不断刷新同级别生产线的建设周期。

吉林化纤集团有限责任公司党委书记、董事长宋德武表示，"十四五"时期，吉林化纤规划了24个碳纤维产业项目。吉林化纤将不断推动碳纤维质量提高和成本降低，继续拓展下游应用领域，实现全产业链一体化发展，将碳纤维产业做强做优做大，向世界一流碳纤维生产企业的第一方阵迈进。

文/马洪超 《经济日报》

2023年6月

探索传统产业改造升级新路径

化纤"老大哥"
有了闪亮"新标签"

依托原有的产业优势，老国企全力培育战略性新兴产业，开创了我国碳纤维原丝规模化生产的先河，同时积极建设产业链上下游联合开发平台，不断拓展碳纤维的应用场景，一条战略性新产业带正徐徐隆起。

氧化、低温碳化、高温碳化……走进吉林化纤集团有限责任公司碳纤维生产车间，只见400余米长的碳化线上，一束束雪白的碳纤维原丝历经数小时奇妙旅程，变身为黑色碳丝。

拥有60年历史的老国企吉林化纤，是一家聚焦人造丝、腈纶纤维等领域的传统制造业企业，也是目前全球最大的人造丝、腈纶纤维生产基地。如今，这个"化纤老大哥"又多了一个闪亮的"新标签"——规模大、单线效率高、规格牌号全的碳纤维生产企业。

近年来，吉林化纤依托原有的产业优势，推动传统纤维板块实现高端化、智能化、绿色化升级的同时，全力培育碳纤维产业，通过突破一系列技术屏障，重塑竞争新优势，开创了我国碳纤维原丝规模化生产的先河，进一步明确了传统制造业转型升级路径。相关数据显示，2023年，该企业碳纤维板块产量同比增长38.3%，拉动整个企业销售收入逆势同比增长10.2%。

开创国产碳纤维规模化生产先河

"目前，碳化后的产品质量可达到T700级的高水平。这是什么概念？100克的T700碳纤维就能吊起一台小轿车……"穿梭在设备轰鸣的纺丝车间，企业工艺乙班班长齐巍一边查看工作台上的参数，一边对记者说。

碳纤维被誉为"新材料之王""工业黄金"，强度比钢大，质量比铝轻，耐腐蚀耐高温，导电导热性能优异，是用途广泛的国家战略性新材料。

此前很长一段时间，由于化纤行业竞争激烈，行业利润率较低。特别是2005年前后，受产能过剩和原材料价格上涨的双重挤压，整个行业普遍承压。为此，该公司大力优化业务和产品结构，一边"有中生新"，不断升级现有产品功能和性能，向高端化人造丝、腈纶领域挺进；一边"无中生有"，把目光投向新材料领域——碳纤维产业。

吉林化纤集团有限责任公司党委书记、董事长宋德武说，"碳纤维是在腈纶工艺基础上创新出来的一种新型纤维，企业腈纶纤维产能大，具备向下游'无中生有'的能力"。

虽然碳纤维产品附加值高，但由于生产技术门槛也高，加之国外长期实行严格的技术封锁，我国始终未能实现碳纤维的规模化生产。

没有核心技术，只能受制于人。为了真正掌握竞争和发展的主动权，2006年，吉林化纤成立研发团队，开始全力"破冰"。

"化工原料需经过约100道工序才能变成碳纤维原丝，原丝质量的好坏直接影响到碳丝质量的好坏。"齐巍告诉记者，研发团队从原丝入手，在无资料、无图纸、无设备的"三无"挑战下，携手高校联合攻关，历经无数次试验，终于摸索出一套切实可行的工艺路线。

依托自有核心技术，2011年9月，吉林化纤5000吨碳纤维原丝项目建成投产，第一根碳纤维原丝在齐巍手中成功纺出，该项目也开创了国产碳纤维原丝规模化生产的先河。自此，国内市场"一丝难求"的局面一去不返，进口碳纤维原丝价格随之下跌40%。

誓将白丝变黑丝

"碳纤维极细，七八根单丝合一起不过头发丝粗细，碳化的过程就像做烘焙，十分考验火候，小细节做不好，就做不出好产品。"吉林化纤集团副总经理张海鸥说。

在"原丝战场"收获首捷后，吉林化纤科研团队再接再厉，开始向碳丝领域发起冲锋。为有效推动科技成果转化，加强原创性科技攻关，吉林化纤成立集团公司科技创新委员会，下力气打造自主创新平台。一方面在企业内部设立8个研究所和博士后科研工作站；另一方面在京津冀、长三角、珠三角等区域相继打造5个研发中心。此外，该企业还不断深化与多家科研院校的合作，成立了碳纤维联合攻关体。

在健全科技创新组织体系的同时，吉林化纤不断加大人才引进力度，持续加强人才队伍建设，完善落实"揭榜挂帅"等科研攻关机制，还通过劳动竞赛、技能比武以及劳模工匠选树等活动，持续激发全员创新创效活力。

"迄今为止，集团已累计投入数十亿元进行技术革新，企业良好的创新生态环境，加上大家'宁可黑发变白发，也要把白丝变黑丝'的干事热情，攻克了一道又一道技术难关。"吉林化纤研发人员陈海军说。

2016年，吉林化纤第一条碳化线"中国工程院碳化实验示范线"投产，当第一束碳丝缓缓流出时，白与黑的转换从设想变成现实。

依托"誓将白丝变黑丝"的精神，吉林化纤通过持续创新，还实现了原丝和碳丝生产装备的完全国产化。

指着身边一条单线产能万吨级的生产线，吉林化纤15万吨原丝项目负责人吕宏宇告诉记者："这就是我们自主研发、自主制造的生产线，突破了技术瓶颈11项、解决'卡脖子'难题23个、申报专利35项。"

小丝线带动大产业链

"几乎每个月都有生产线建成投产，随着产能的加速释放，企业正快马加鞭挺进碳纤维复合材料领域，形成了从原料、原丝、碳丝到复材制品，再到下游应用的全产业链布局。"吉林化纤集团副总经理孙小君说。

记者了解到，目前吉林化纤3万吨高性能碳纤维原丝项目已进入设备安装阶段，项目建成后，企业将成为全球唯一自主研发并拥有干、湿法纺丝双路线自主知识产权的企业。"十四五"期间，该企业规划建设的碳纤维产业项目达16个。

走进吉林化纤集团下属的国兴复合材料有限公司生产车间，记者看到，由碳纤维制成的黑色拉挤板盘曲成卷，被工人码放得整整齐齐。

"它们主要用于制造风电叶片主梁，碳纤维重量是钢的1/4，强度却是钢的5～7倍，其复合材料减重可达到60%～80%，可使机组运行更加轻盈高效。"车间主任王普顺告诉记者，目前集团已与明阳智能、三一重能等国内多家风电主机厂家建立战略合作关系。

当下，吉林化纤正以复合材料应用带动碳纤维全产业链协同发展，积极建设产业链上下游联合开发平台，不断拓展碳纤维的应用场景，如可用于生产自行车、网球拍、鱼竿等体育休闲用品的碳纤维预浸料；广泛用于建筑补强的碳纤维编织布；用来生产天然气、氢气储气瓶的碳纤维缠绕体……

据了解，企业还在全力拓展碳纤维材料在汽车轻量化、轨道交通、航空航天等领域的应用。

"目前，我们已形成16万吨原丝、4.9万吨碳丝、2万吨复材制品的产能规模；原丝、碳丝国内市场占有率稳居首位，国兴复材拉挤产品国内市场占有率达到80%。"孙小君告诉记者，随着碳纤维板块井喷式发展，10年来，吉林化纤企业总资产翻了两番，销售收入增长3倍。

值得一提的是，2023年，吉林化纤被国务院国资委确定为首批"创建世界一流专精特新示范企业"。在该企业的带动下，当地聚集了一大批碳纤维及复合材料生产企业，一条战略性新兴产业带正徐徐升起，成为当地经济高质量发展的重要引擎。

文/彭冰　柳姗姗　《工人日报》

2024年5月

丝路领航：吉林化纤建成投产60周年（1964—2024年）

吉林化纤大丝束碳纤维生产线

解码天竹创新基因

一种被誉为纺织界"第五元素"的新型纤维,一个首开行业先例的产业联盟,天竹纤维和天竹纤维产业联盟在中国纺织工业的视野中创造了传奇。是什么让天竹纤维十年间保持30%的年增速?是什么让天竹产业链企业结盟而行?天竹联盟将带给天竹事业怎样的未来?通过对吉林化纤集团执行副总经理、天竹产业联盟掌门人宋德武的访谈,天竹纤维及天竹联盟的创新基因获得解码,同时,因为不断地创新,天竹纤维未来也值得期待。

人物篇

优秀是一种习惯

热爱思考,也热衷行动;富于理想,又现实理性;注重细节,也善于掌控大局……亚里士多德说过:优秀是一种习惯。回顾宋德武的成长,不知是习惯成就了优秀,还是优秀成为习惯,优秀已经成为他的标签。正直、朴实、坚毅、勤奋、公正……这些宋德武认为来自基因的品质,在宋德武经历的每个工作岗位都闪耀光芒。

思考的行动派

"我爱思考"——在回答"认为自己有什么优点"时，宋德武不假思索地说。他认为，思考不受时空限制，是"成本较低的劳动"。事实上，作为一个不折不扣的行动派，在旁人看来宋德武几乎无时无刻不在思考。但是，他坚持思考，因为"思考往往成为行动的指南"。

2012年5月的某一天，吉林化纤集团生产现场工人发现车间来了一位"不速之客"，来者自称集团办公室人员，因为撵不走，拗不过，工人只好让其将车间巡视了个遍。第二天，这位"不速之客"又来到车间，此时，工人说的是："宋总，您又来了。"自此以后，这位"不速之客"成为常客，只要在集团，每天早上六点都要出现在生产第一线。

"集团是八点半上班，我闲着也是闲着，用两个小时走一圈，再用半个小时做记录，时间刚刚好"，宋德武对每天早晨这样的安排很满意，他已经习惯了这样的工作状态。在河北吉藁化纤有限责任公司工作的6年中，他的早晨就是这样开始的。"工人们很愿意跟我说，我能获得非常多的信息。"宋德武说。

在吉藁工作的岁月中，宋德武写下了几十本工作日记，离开时，当工作人员不解地问，"这些破笔记本您还要带走"时，宋德武玩笑道："这些本子比你还重要呢，我一定要带在身边。"

每天高密度的工作通常要到晚间才结束，即便如此，宋德武坚持抽出时间学习。也许，学习带来的乐趣与成就感已经让他忘却疲劳。在访谈中，宋德武花了很大一部分时间和记者分享读书的快乐，那种神采奕奕的面貌，让记者感受到了什么叫作"求知若渴"。

"读书已经成为我生活中重要的一部分。"宋德武说。宋德武的办公室里，最引人注目的就是书籍。每次搬家，最多的行李也是书本。如果说文学、史籍阅读是一种调节，那么管理、技术方面的钻研是否可以看作宋德武工作的一部分？喜欢思考，喜欢提笔写心得的宋德武，把许多思路与想法写在阅读过程中。翻开宋德武看过的书，会发现不少地方记录的就是对工作的思考。在彼得·德鲁克的著作上，宋德武的批注随处可见。如德鲁克说"需求是创新之母"，宋德武会写上"天竹的路怎么走"；德鲁克说"已经发生的未来"，宋德武写下"天竹的未来会是什么样"……

"看到一些观点，我会把它和工作中的现实结合起来，认真思考一下。这样重要的观点就能在我脑子里留下来，在遇到现实情况时，我又会加以巩固。这样，别人的观点经过多次巩固，就能成为我的知识，能够指导行动、纠偏价值。"宋德武说。

喜欢足球运动的宋德武，用这一项运动参悟企业经营的哲理。"一个企业的竞争就像一支足球队。"宋德武说。他认为，采购供应好比后卫，要扎实，这一环节没做好，就输在了起跑线上；生产、管理部门好比中场，给销售提供好的产品；而销售就是前锋，必须锐意进取，销售打不开局面就像一支球队进不了球，难以在竞争中获胜；企业的管理者犹如场边的教练，随时调整战略，掌控全局。

正是在思考中行动，在行动中思考，思考带来的智慧升级着行动的效果，行动的经验又提升了智慧的空间。宋德武的思考与行动，让他在工作的每一步都发挥良好。

理想照进现实

"应该把天竹纤维做成中国化纤行业的品牌，做成中国纺织业的民族品牌。"在2010年中国纺织行业创新人物颁奖论坛上，宋德武说。

十年前，不要说天竹纤维，就是竹纤维，还是一个微弱的新生事物，竹原还是竹浆之争纠缠了多年。而今，无论是产品还是联盟，作为独立产业门类，作为品牌，天竹都已经形成不可小觑的力量。

从一开始接触竹纤维，宋德武就下了决心，要做成，要做大，要做出品牌。他就是这样一个富于理想的人。理想如果止步于想象就沦为幻想，只有付诸行动才能称为理想。宋德武又恰恰是个实干家。

在工作的每一个阶段，他都感觉到，路还长，一定要把眼下这一步走好。这种"永远都在出发中"的心态，让宋德武一路上都在创造惊喜。

16年前，作为大学毕业生来到车间实习，与工人同吃同住的时候，宋德武想的是"以后路还长，现在是和工人接触、了解第一线的最好时候"；在2005年，宋德武来到出口丝生产线，连续三四个月吃住在公司，很快解决了生产中的问题，当时他想的依然是"路还很长，生产线管理工作让我深刻读懂吉林化纤这本书"；2005年，宋德武来到吉藁，毅然把吉藁的竹纤维拉出来做，想的是"天竹纤维的路还长，一定要想办法团结一切力量做起来"；对于天竹的品牌建设，宋德武说："春天里，在路上，埋下的种子正在发芽……"；对于天竹联盟的现状，宋德武说："联盟的建设还在完善中，远远算不上成熟，联盟的路还远，我们才刚刚开始……"

2005年11月，天竹纤维产业联盟在杭州正式成立，32家企业入盟。那时，距离宋德武到吉藁履职才短短几个月。那一年，宋德武34岁。没有掌声，没有鲜花，有的是实干。"那时候我们就那么二三十人参会，会议没有什么形式，就是讨论怎么把天竹做好。"宋德武说。联盟企业的负责人大多数年岁高于宋德武，可宋德武却赢得了他们的尊重与信任。"宋总就是联盟的核心人物，这么些年，宋总风尘仆仆带领大家为共同的事业奋斗，天竹才有今天的局面，联盟或者企业之间有什么事，宋总出面，大家就会觉得放心。"深圳贝利爽有限公司的董事长马浩然说，他认为宋德武深具联盟统筹平衡的能力。

对于联盟这样的产业链同盟，能平衡各方利益固然重要，但更重要的是信任度的建立。能够平衡，源于信任。宋德武用理想的愿景召集了志同道合者，用坦诚真实经营联盟事业。天竹联盟在他的运筹帷幄下，版图迅速扩展，目前已有78家成员企业，涵盖原料、织造、终端产品等产业链各个环节。

"有志者，事竟成。"宋德武不断在理想指引下创造新的成绩。

天竹品牌建设在路上，而宋德武，一直都在出发状态，干劲十足。

企业篇

创新DNA决胜未来

"没有联盟，不要说天竹，竹纤维在中国恐怕都难以长存；只要联盟在，天竹事业就能发展壮大，一定要把联盟强大起来。"宋德武说。基于这样的认识，天竹联盟在诞生的那一天起，就被植入了创新的基因。对于创新的执着，让天竹联盟在风雨征程中，不断开拓局面。天竹的未来在哪里？在创新中。

产品持续创新

彼得·德鲁克在《管理新领域——明天决策取决于今天》一书中说道，产品一出世，就意味着正在过时。克服产品过时最好的方法就是不断创新。

吉藁化纤的科研人员从1999年就萌发了"把竹做成浆粕应用于黏胶纤维的制造"的想法，但是直到2001年才生产出竹浆粕。又经过2年的试验、5次试生产，吉藁化纤的科研人员攻克了反应性能、过滤性能、可纺性能差等关键技术问题，并在第一次试生产5吨浆粕中生产出900公斤竹纤维。

这样的成功在最初并没有带来一鸣惊人的效果，和当时其他企业的竹纤维一样，在业界更多地被认为是一种概念，而没有得到市场认可。2005年，宋德武来到吉藁，职业敏感让他捕捉到了竹纤维这种新型纤维背后的商机与前景，天竹纤维应运而生。随之而来的是天竹联盟的诞生。

天竹纤维走向市场，被誉为纺织界的"第五元素"。可是，如果没有产品的创新，不管是第几元素都无法立足，特别是对一种新型纤维来说。纺织业中新型纤维的起伏沉落早已不是新鲜事，多少新型纤维上演了"来也匆匆去也匆匆的"剧情。天竹纤维却与众不同，因为从原料开始，天竹纤维的产品都在不断更新之中。而且，当天竹联盟成立，这种创新，成为全产业链的创新。

在天竹联盟的努力尝试中，各种混纺技术全面开花，天竹纤维应用领域不断拓展。目前天竹纤维普遍应用于毛巾、袜类、内衣、床品等领域，市场发展已经成熟。天竹纤维还成功应用于西服、女装、衬衫、牛仔、时装、休闲运动等系列产品中。

天竹联盟不断加大对竹纤维工艺的研究和应用的开拓，提高纤维的耐磨性，改善纤维的缩水性能，并成功研制出了天竹纤维与多种纤维混纺的梭织面料。这些面料在保留天竹纤维光泽、抑菌、吸湿等性能的同时，也提高了诸如强力、耐磨等性能，更具市场潜力。

2010年天竹联盟与国家纺织品开发中心合作，串联国内各大品牌优秀设计师进行面料开发，取得不俗成绩。

联盟内企业的创新激情不断迸发，创新成为一种集体行为。如四川天竹竹资源开发公司通过竹材分类，细化工艺，使竹材浆粕质量稳步提升，现在每月可生产竹材浆粕800吨，可纺性优良，各种规格竹材长丝质量达标，竹材纤维的特性更加明显。吉林化纤股份有限公司在王进军董事长的亲自指导下，自行设计研发了高强差别化黏胶短纤生产线，不仅可以提高纤维强力，而且可以实现丝束精练，干法切断，使得生产一浴多色及毛型、毛条竹纤维成为现实；河北天伦公司成功推出竹/涤混纺纱线，该纱线制成的梭织面料风格、质感等同于Lyocell纤维面料，在市场上迅速放量；陵县宝鼎纺织公司细分产品结构，成功开发了TB纤维纱线，在巾被及床品领域更具竞争力……

宋德武介绍，2011年继续加快高强竹纤维的开发，使有色竹纤维、阻燃竹纤维尽快市场化，在细旦和超细旦竹纤维开发上投入更多精力。2011年2月初，高强纤维生产出50吨。2011年3月底除现有黑色天竹之外，再生产中国红、蓝、黄3个产品。天竹长丝系列2010年批量生产以后，2011年产品开发有成果，年初已经与德棉股份联合下游品牌企业推介宽幅床品面料的应用。

加强品牌练功

"当时虽然没有现在那么明确，但是要把天竹做成品牌，做成独立的一个产业，就是注册天竹纤维品牌，成立天竹联盟的初衷。"宋德武说。

自从吉藁将自己生产的竹纤维命名为"天竹"之后，一直在品牌之路上修炼功夫。随着修炼的深入，品牌的功力自然也在不断提升。

"消费者消费的是产品，选择的是品牌。"宋德武说。他认为，品牌源于分化，汇于聚焦，是创新成果的检验标准。在这样的品牌意识影响下，宋德武带领天竹联盟在品牌建设上不遗余力。推广"天竹"吊牌维护质量、参加国内外展会扩大影响、走进集群挖掘品牌动力、与品牌合作推动"天竹"发展……正是天竹联盟在品牌路上孜孜不倦地上下求索，天竹品牌得以迅速成长，如今在业内，天竹不仅是纤维的品牌，也是联盟这一商业模式的品牌标签。

中国纺织针织工业协会会长杨世滨曾在参加天竹会议时提出，任何一种新型纤维产品、一个新生的纤维品牌能够得以推广的基本动因在于它的高质量，而非低价格。天竹联盟在推进品牌时深知此意。

竹纤维在市场化过程中，不乏以次充好、以假乱真的市场局面，这种局面不消除，产业难逃断送前程的厄运。为了防止假冒伪劣产品扰乱市场，吉藁推出了"天竹"吊牌。只有"天竹"纤维成分占50%及以上的制成品，才可申领天竹吊牌。所有"天竹"吊牌的发放是由河北吉藁化纤有限责任公司直接提供给"天竹"纤维的成衣制造商、贸易商、品牌公司等，而非纱厂、布厂、布经销商。天竹联盟还定期对吊牌使用企业的产品进行抽查，确保品质。

2008年，吉藁携天竹纤维产品走进了世界顶级面料展——法国PV展，成为国内第一个拿到PV展展位的化纤企业。法国PV展上2012春夏流行趋势发布中专门提到了竹材纤维素纤维，将竹纤维作为SS流行趋势的首选材料。

目前，国内外各大专业展览上总能看见天竹联盟的身影，这种持续的"出镜"，不仅让企业与市场有效对接，也快速树立了天竹纤维的品牌形象。北京、上海国际纱线面料展、深圳国际内衣展、上海针织展、中国海博会、中国国际进出口商品交易会等展会上，天竹联盟的组团参展总是成为亮点。在法国PV展、美国拉斯维加斯MAGIC国际时装面料展览会、巴基斯坦纺织展览会、印度纺织面料展、韩国2009春夏大邱国际纤维展览会等展会上，天竹联盟的亮相更是展示出民族产业的风采。

天竹联盟的足迹还遍布多个产业集群。联盟先后走进山东巾被、高阳毛巾、广东针织、绍兴梭织、南通床品、诸暨袜类、石狮面料、厦门衬衫等产业集群，巩固了天竹品牌。

天竹联盟除了打造自身品牌，还通过加强与知名品牌的合作来推广和深化品牌。据介绍，天竹联盟目前已经实现了与铜牛、雅戈尔、梦狐、如意、江苏AB、阿迪达斯、耐克、三枪、歌迪、蝶安芬、李宁、贝利爽、七匹狼、恒美、利郎、洁丽雅、水星家纺、海澜家纺、梦洁、九牧王等知名品牌"联姻"。消费者将在消费这些品牌产品的同时接触到天竹联盟。

天竹联盟还在深圳、绍兴等地设立"天竹体验馆"，展示天竹文化、宣传天竹产品和生活方式。

中国纺织产业占据"纺织大国"位置已久，如何变为"纺织强国"成为全行业思考。在纤维领域，中国迫切需要拥有自己的像兰精、杜邦、陶氏一样的世界级纤维品牌。"将天竹产业做成中国最大，乃至世界最强的竹纤维生产集群"——这句话出现在天竹联盟"十二五"规划中。天竹联盟作为拥有自主知识产权的民族特色纤维,多年来在品牌建设上迈出的坚实步伐,让我们对天竹打造成中国人自己的世界级纤维品牌充满期待。

渠道精耕细作

"创新只有市场化才能发展,创新能否体现价值,就看与市场结合的紧密程度。"宋德武说。

得渠道者得天下。德鲁克认为一个企业的职责是创造客户,而渠道就是产品通向顾客的道路。对于天竹联盟而言,渠道的重要性同样不言而喻,在品牌建设的铺垫下,天竹联盟以产业链联合开发渠道的模式,让天竹产品的市场化效率大为提升,使品牌与渠道相得益彰。

短短数年,天竹联盟的终端品牌连锁店超过8000家。这些连锁店遍布全国,让更多类型、多层次的消费者接触和享用到天竹产品。加盟店质量不断提高,除了传统的袜子、毛巾、内裤三小件之外,家居服、T恤、保暖内衣、礼品包等纺织品应用逐渐增加。

超市、商场等渠道将成为联盟渠道拓展的重点领域。目前,在超市、商场,竹纤维产品可谓比比皆是,但是天竹品牌凸显力度还有待提高。对此现状,联盟将在产品分级定位、统一形象等方面进行整合。"天竹产品不一定只定位于高端,应该在大众消费方面也下功夫,让更多老百姓也享受竹纤维带来的好处。"河北天纶纺织有限公司的副总经理皇甫铭立说。他认为,天竹产品应形成高中低档产品系列,应大举进入超市发展普通消费,进入商场发展中高档消费,在品牌专卖实现精英定制消费。

"在销售模式上,我们选择'集中进入,集中出现'这样的方式。"宋德武透露。在日前召开的联盟六届四次理事会议上,理事成员代表也就联盟整体形象设计提出建议,为集体进入商超做准备。据了解,联盟现在跟几个大的商场如上海的百联、山东的银座已经商定，联盟内的企业集中进入卖场，形成天竹专卖区。

网购业务也在逐渐开展中。联盟内一些企业已经在网售中"尝到不少甜头"。为了提升联盟电子商务的幅度，联盟将通过"天竹高校行"活动，吸引大学生群体参与，既培养了网络推广势力，又培育了消费新生代。

值得关注的是，2010年9月联盟积极推进集中采购模式。如今，竹之花、竹兰朵、天竹生活馆经常一起谈订单，一起采购，极大地降低了成本。集中采购不仅使得联盟内整个产业链生产成本、非生产要素以外的成本都得了控制，降低了终端消费者的采购成本，还丰富了连锁加盟店的产品品类，为渠道的进一步拓展打下坚实基础。

引领消费心智模式

"通过天竹纤维联盟，我们要将原有的技术领先，市场领先和资源领先要变成真正的消费者心智模式领先，我想这是品牌真正扎根到终端消费，能够被记住的一个关键。"宋德武说。

形成消费者心智模式领先，不仅要把握消费心理，还要引领消费方向，让天竹纤维消费成为一种生活模式与导向。

在日益严峻的生存环境面前，绿色成为所有流行色中的主色调，如何更"绿"成为全球追求。天竹纤维在"天然、绿色、环保"上占领了先机。加之千百年来，中国人与竹之间形成的亲密关系，使天竹在低碳经济舞台上如鱼得水。伴随产业营销，社会责任得以彰显。

在资源紧缺的当下，如何提高资源利用效率，加大纺织纤维的开发力度，拓展可再生纤维资源，成为纺织产业发展的重中之重。天竹纤维原料资源来自天然竹材，我国是竹资源丰富国家。竹子生长期短，2~3年即可成材，而且一次种植可长期经营，具备原料资源的广泛性和可用性。应用天竹纤维制成的产品可在土壤中自然降解，并且竹子在生长过程中不需施用农药化肥，宋德武告诉记者，吉藁实现了黑液零排放。

可以说，天竹纤维的特性不仅贴合消费心理潮流，也代表着当前和今后纺织原料领域发展的方向。

"消费者看到天竹吊牌，就能放心消费，会把购买天竹产品看作低碳环保生活的一种方式，这是我们所追求的，联盟成员也要为此付出更多努力。"宋德武说。

永续联盟动力

"联盟机制的完善是下一步工作的重点。如果因为我个人的变动造成联盟运作受影响，这将是我的失败。真正的联盟应该离开谁都能正常运转，这才是联盟的内生力量。"宋德武说。

说这些话，并非宋德武在淡化自己对于联盟的作用和感情，恰恰相反，他对联盟有太多的感情，寄予太多的期望。

从24家发起企业，到32家组建企业，再到目前78家联盟企业，"十二五"期间将发展到100家，天竹联盟的快速成长并不是轻松顺利的。联盟成立6年，规范市场、树立品牌、拓展渠道，步步艰辛。经历金融危机市场变化，联盟优势得以突出体现，成员之间更加团结。

但是这些，只是开始。"联盟从组建到发力，用了5年时间，我认为联盟的路才刚刚开始，如何保持联盟的生命力是我们要重点考虑的。"宋德武说。

默契已经在磨合中逐渐建立，如何保持、如何提升，这将是联盟面临的常态任务，也是长久发展的方向。

从表面上看，天竹联盟从理事长单位到秘书处、下设研发等四大中心，一应俱全。但是不得不面对的现实是，联盟目前离社会化公益组织还有一定距离，联盟的运转机制尚未健全，联盟组织机构的机制建设、功能细化、文化建设……有待进一步完善，这是一个需要深耕的大工程。

"天竹联盟自身存在着如何转型、生存发展的问题。我们也在想，但现在还没有想好。但是我坚信联盟会发展下去，发展好。联盟应该把天竹这个民族品牌做好，也一定能做好。"宋德武真实而坚定地说。我想，这种真实就是一种力量，联盟自带的创新基因也给宋德武和关注联盟的人们同样的信心。

记者手记

真的力量

就像六月雨后的东北平原，宽广平坦却不一览无遗，朴实却并不无华，宋德武和他所领导的天竹纤维联盟给笔者最大的印象就是：真，精彩。

喜欢李白和毛泽东奔放、浪漫的诗歌，喜欢研读《三国演义》，喜欢汉武帝创造的盛世，通过这些可以看出——宋德武是个有豪情壮志的人。一般豪情多的人，往往偏于浪漫虚幻或鲁莽冲动，但是宋德武并非如此。作为一个管理者、领导者，宋德武长年精读、学习各种管理及专业技术著作，加之经过了吉林化纤"铁军"式的多年培育和个人良好习惯的养成，在工作、生活中严谨理智、脚踏实地。热衷思考，又能付诸行动；富有理想，却能抓住现实——宋德武具备这样素质，也演绎了别样的精彩。

当旁人在研究他为何出彩时，宋德武在对自己的总结中充满了感恩，在他看来——自己不过是个受到偏爱的幸运者。他感谢父母给了他正直、坚韧的性格，感谢妻子直接、朴实的"敲打"，感谢傅万才、王进军等领导正派风格的影响，也感谢联盟并肩作战盟友的敢说真话……

"我珍惜所走的每一步，也得到了偏爱，我感觉我很幸福。"宋德武说。

听到这样的表达，我想了解宋德武的人更多的不是羡慕，而是感动——他读懂了人生的馈赠，并用行动报答。

宋德武的妻子会因为觉得应酬中的浪费发出质疑——工人那么辛苦收入却不高，你们却这么浪费！搁一般人，这种牢骚也许引发的是夫妻争吵，而宋德武的感受却是这样："我非常感谢我的妻子，除了生活伴侣的角色，我还把她当作生活在身边的一个普通工人，时刻鞭策、警醒自己。"

熟悉宋德武的人都能对什么叫"大忙人"深有体会，他在工作中是完全忘我的。无论是理事会议、展会现场还是正常工作日，笔者看到的宋德武真是忙得没有一丝空隙。即便如此，每天早晨六点，他依然保持着巡视车间的习惯。

再看看宋德武倾注心血建立的天竹纤维联盟。不得不承认，联盟和宋德武有着太多相似的风格：直接、实干、真诚。联盟内部给人的感觉并不总是一团和气，理事会会因为联盟的发展有所争论。但是，争论过后，成员企业经常说到的话是，我们还是坚定不移地做天竹，把天竹做好。对于天竹，无论是经营顺利还是经营遇到困难时，成员企业都表现出理想者的决绝，他们对天竹的坚守和畅想，让人觉得天竹有希望和未来！也正是这种敢说真话、真做实事的作风，让天竹联盟历经风雨，渐入佳境。

没有言语上的圆滑，却秉持着骨子里的真诚开放；没有形式上的华丽，却拥有执行上的质朴坚韧。简单朴实有时候比复杂深刻更值得品味。认真、务实、真诚，精彩来自真的力量。宋德武和天竹联盟都拥有真，拥有最朴素的力量。

文/徐海云 《中国纺织》
2012年3月

丝路领航：吉林化纤建成投产60周年（1964—2024年）

像经营家庭一样经营企业，像爱护自己财产一样爱护企业财产

吉林化纤集团以独到的眼光破解发展的难题，以特殊的打法开创现在的良好局面，以先见之明铺垫未来的发展基础。这一切都具有重要的现实意义……

重新崛起　傲然领跑
——吉林化纤创新发展转型升级纪实

领跑，隐含着对化纤行业发展大格局的通盘考量。

龙头摆起来，龙身才能舞起来。

近年来，吉林化纤酝酿着行业的一次次腾飞和嬗变，审视的目光汇聚下，任何一场市场之战表面看来是一场利益争夺之战，本质上是观念博弈之战。

一项项产学研结出的硕果，一件件企业发展的利器，几项行业创新的大手笔……共同铸就了吉林化纤作为行业领跑者的成长基因。

2017年4月20日，时任吉林省委书记的巴音朝鲁到吉林化纤巡查项目时说，"吉林化纤的发展前景十分广阔，作为一个老工业企业、老国有企业的发展很有典型性，老工业基地转型升级、华丽转身是完全有可能的！"

内需和创新双驱动，供给侧和需求侧双升级，行业领跑和产业带动双发力……近年来中国化纤行业发展征途中，见证着吉林化纤从起初的跟跑、中场的并跑到如今重新崛起、傲然领跑的矫健身形！

创造历史最高水平！今天，吉林化纤人更用一组亮眼的数据提供了强有力的印证——今年一季度，企业实现工业总产值19.29亿元，同比增长14.6%；销售收入20.76亿元，同比增长36.4%；纤维直接出口量14455吨，同比增长

116.4%，出口创汇达4527万美元，同比增长132.8%。

转型升级　扼住企业发展的命运之喉

企业的发展只有融入国家发展战略的洪流中，才能走出大势磅礴。国家的"一带一路"倡议，让吉林化纤的"丝路梦"越加清晰。

围绕吉林省把制造业打造成支柱产业的战略规划，近年来，吉林化纤在"回归核心，做精主业"这个基调上谋篇布局，精准施策，开启了无限广阔的空间，展现出不凡的业绩。主导产品产销率实现100%，新产品贡献率达到30%以上，毛利率分别达到了12%～18%，达到了同行业水平的6倍。

提品质　拓品种　树品牌　做活了转型升级"有中生新、无中生有"大文章

在纺织行业近十年强者易强、弱者易弱，两极分化严重、国际化明显的白热化竞争中，吉林化纤为企业产品确定下标准——"要么做第一、要么做唯一"，喊出了吉林化纤人的底气与豪气。

吉林化纤传统体系包含四大板块——人造丝、腈纶、竹纤维和碳纤维，四大支柱产品优势愈加明显。

微观层面调整，不能偏离宏观层面的判断，董事长宋德武一再强调，传统优势关乎企业发展的命脉，应该越发倚重，而绝不可等闲视之。

"坚持供给侧做深做透、夯实主业的根本原则，意味着，增量的同时必须要伴随质量的提升和改进。"董事长宋德武一语中的。

基于此，吉林化纤的结构调整踏上了以客户为中心型的产品创新、效率驱动型创新、以科技研发型为起步的原始创新、以上下游结合进行的工程技术型创新之路。

推进"三化",提升"三率",吉林化纤如虎添翼

传统产品人造丝优质化升级——在"有中生新"上做文章。通过深耕市场,企业着眼于高端市场和客户潜在需求,按照提质、提速、提效的步骤开展人造丝大型化、匀质化、连续化、细旦化升级改造,提升有效供给,进而带动从源头制造到下游应用全产业链各要素整体提效升级。

"大型化"的升级效果让人感观最直接。同样重量的丝筒由原来的6个丝饼络在一起,现在只需要3个丝饼,接头也减少了3个,不仅提高了企业自身的生产运行效率,更满足了下游纺织企业自动化、高效率的生产需求。这一升级使吉林化纤的人造丝成为世界顶级产品,无可替代。

"匀质化"让几万米甚至几十万米的丝条粗细均一,产品染色均一性也更上一层楼,满足客户生产高端面料时对丝条均一性的需求。

"连续化"生产工艺是吉林化纤人造丝"无中生有"的开篇之作。企业瞄准国际领先的连续纺生产技术,2015年建成了第一条连续纺人造丝生产线。据介绍,引进了连续纺之后的人造丝的年均产出由原来的10吨/年达到18吨/年,生产效率提高了80%,同时满足了下游客户高速纺和高产量的要求,目前连续纺的产品供不应求。

"细旦化"程度的高低能够体现出企业的生产水平。吉林化纤细旦纤维的生产研发始终走在同行的前列,30~60D的人造丝实现了产品对天然蚕丝的真正替代。

此外,企业持续开展"提质、提产、提效"攻关活动。一方面在半连续纺生产线实施"盯原料、稳黏度、细准备、保纺丝、重加工"全系统攻关,940g大丝饼内在质量有了质的飞跃,居全球领先水平,满足欧洲市场客户一饼一筒的需求;另一方面细化连续纺工艺管理,持续开展技术攻关,质量和成本优势支撑人造丝单位产品的盈利能力领先。

2017年一季度实现人造丝产量11246吨,同比增长63.7%。产品品质升级带来的是应用领域的不断扩展,销量也突破历史最好水平,国内外高端市场占有率超过40%,其中直接出口达4510吨,同比增长45.6%。

如果说人造丝质量达到了第一,那么腈纶纤维就创造了多个唯一,在并跑、跟跑时期,可以参照、借鉴其他企业经验,但领跑时期就要靠原创提升核心竞争力。

规模产品腈纶纤维差别化调整——在"无中生有"上做文章。吉林化纤的腈纶产能占全球产能的20.5%,占全国产能的50.6%。为规避同质化竞争,企业加速对腈纶板块的差别化研发力度。目前吉林化纤腈纶产品已包含4大系列20多个品种,可针对市场需求变化,快速调整生产计划和产品结构,满足不同客户的需求。其中,醋青纤维实现了合成纤维与天然纤维的完美结合;扁平纤维拿回了10%的进口市场份额,大有光腈纶的市场占有率已达30%;超柔超亮腈纶打破了国外长期垄断的局面,占据了国内市场四成份额;阻燃纤维成功打入澳大利亚市场。同时,持续完善和优化新产品的性能,0.8D、大有光、抗起球纤维基本实现替代进口;新开发的产品种类丰富,结构优化,盈利能力明显提升。2017年一季度,实现腈纶纤维销量78121万吨,同比增长18.2%,出口达7674吨,产品附加值得到了充分释放。

新产品　产业链　一体化延伸——以上下游结合进行的工程技术型创新之路

天竹纤维是吉林化纤拥有自主知识产权的民族品牌,企业充分利用"天竹联盟"产业链合作平台,协同上下游共同创新发展,各种混纺技术全面开花,竹纤维应用领域和市场认知从无到有、不断拓展,目前国内市场份额已经达到70%。柔软舒适、天然抗菌的产品特性越来越受到国外用户的喜爱,一季度,天竹纤维的直接出口量达2380吨,超去年同期3倍。

同时碳纤维的发展也得到了国家、省、市政府的大力支持。去年，吉林省委、省政府制定了《中国（吉林）大丝束碳纤维产业发展规划》，吉林市委、市政府也将发展碳纤维新材料纳入"6411"产业发展规划，吉林化纤同中国建材集团有限公司签约，共同推动规划实施，拟建成20万吨原丝、10万吨碳丝项目，并成功启动了与精功集团8000吨的碳化线项目建设。同时，积极加大创新投入，利用吉林省中国工程院院士工作站、博士后科研工作站、富博纤维研究院的研发平台，加快重点课题《"低成本、大丝束、工业级"碳纤维原丝提质扩能》的研究，强化产、学、研结合，集中攻关碳纤维产业发展中的瓶颈问题。大丝束原丝产品成为受客户欢迎的畅销产品。2017年一季度，碳纤维原丝产量1579吨，同比增长57.7%，市场份额逐步提升。

项目营销　攻城略地撑起企业发展强引擎

全方位的结构调整，影响几何？在此基础上，吉林化纤做出了现实的选择——以攻城略地之势，形成项目推进机制，快马加鞭上项目，以治标为手段，为治本赢得更广阔的空间。

调结构补短板　撑起企业发展强引擎

"市场缺什么，我们就生产什么。"宋德武说，"不只要补自己的短板，更要补市场的短板。"

吉林化纤认准了"不离核心业务的基础上主动而为，才能避开'多元化'陷阱，才能不失转型的先机"。"夯实主业、加快升级、适度多元化"，宋德武独到的见解形成多元化战略。

基于此，三年来，吉林化纤围绕结构调整、聚焦优势产品、谋划产业布局，实现了项目建一个，成一个，个个达效盈利。目前已有18个新项目陆续投产，每个新项目都实现了对自主升级技术的充分运用，产品直接补充了市场的短板。

1万吨人造丝细旦化升级改造项目作为人造丝板块唯一的半连续纺项目11个月建成投产，进一步提升了高端市场占有率。

200吨碳纤维碳化线项目被列为"中国工程院碳化实验示范线"，实现了碳纤维产业链的向下延伸，使吉林化纤形成了从碳纤维原丝到碳丝的完整产业链生产格局……

一切围绕着项目，为项目大输血！吉林化纤先后两次融资26.2亿元为企业上马25个新项目提供了强有力的资金支持。

一切围绕着项目，科学合理安排工程时序。冬天设计，春天土建施工，深秋、初冬设备安装调试，基本屏蔽季节气候的影响，年内实现投产见效。

一切围绕着项目，效率意识和时间观念贯穿于项目推进始终——监管、监察、跟踪督办，调动全集团的资源力量，形成了比进度、看效率，比质量、看效果的项目推进氛围。

上下同心搞基建　快马加鞭再造新化纤

精准施策依靠多谋，成事思维离不开快行。

上马项目，毫不犹豫！

推进项目，快马加鞭！

"早落地、早开工、早见效"成为吉林化纤推进新项目建设不可撼动的铁律。

这边，同行还没来得及感知；那边，吉林化纤新建的生产线就已经生产出产品并在市场上供应产品了。

2014年8月，抢抓行业调整机遇，开工建设的5000吨/年竹长丝连续纺项目，采用意大利生产技术，先进的连续纺生产设备，历时10个月建成投产，3

个月达产达效,是目前国内唯一采用此工艺的生产线。

1万吨生物质长丝连续纺项目146天顺利开车,3天生产出AA级产品。

2万吨超柔超亮纤维以品质优势取胜,项目在设备安装期间就已经承接订单。

7个半月时间建成了2870吨/年人造丝技改项目,产品实现了对国际一流的筒管法产品的替代……

顶层设计是龙头,基层行动是龙身,龙头摆起来,龙身也要舞起来。

面对东南亚低成本劳动力对纺织原料市场产生的强烈冲击,宋德武说,已经走出低谷的吉林化纤仍然要保持持续艰苦奋斗的精神。带头人释放出强大正能量形成良性循环,成为企业新项目一次又一次刷新建设工期最短、达产达效最快、建设成本最低等历史纪录的力量之源。

吉林化纤新时期的员工风貌在一支能打硬仗的干部员工队伍身上体现得淋漓尽致。全面发展期"三人工作两人干,抽出一人搞基建",再现辉煌时"两人工作一人干,抽出一人搞基建"。

"安装一批、调试一批、运行一批、达效一批。"

就这样,他们用一半的人力完成了两倍的工作任务!

就这样,人造丝、腈纶纤维、碳纤维三大主导产品产能较三年前翻了一番!

就这样,吉林化纤几代人的百亿梦想从来没有像现在这样如此真切!

随着年内8个在建新项目相继建成投产,届时,将形成5.5万吨人造丝、38万吨腈纶、18万吨竹纤维、15万吨浆粕、1.5万吨碳纤维原丝、2000吨碳纤维生产规模,预计2017年末可以实现100亿的产值和销售收入,这等于再造了一个新型化纤企业!

灵活经营出奇兵　达产创效当先锋

生产与市场的有机结合,要求项目建设与拓展市场必须相得益彰。

面对变幻莫测的市场环境，洞察力和行动力皆不可或缺。吉林化纤用指挥战役的方法布局销售市场，以客户份额和市场份额双增加的叠变式增长，新上马项目迅速达产创效，当先锋、打头阵。

吉林化纤积极推进高层、中层、基层与下游客户的深度融合，加大渠道、新产品、下游产品以及市场开发。

吉林化纤把市场最前沿、了解真切市场信息的销售人员比作足球场上的前锋，给予充分的决策权。依托他们与客户深度融合，做到用客户需求引领产品升级，用产品升级推动客户升级，几个回合之后，竞争优势就更加明显。产品升级之后主动去替代其他的纺织材料，用细旦人造丝去替代真丝，用仿羊绒腈纶去替代羊毛、羊绒……如此，极大地拓展了产品的市场份额和客户份额。

对于这两个份额，吉林化纤分析得深刻、透彻。销售部门集中力量在总用量大但企业产品占比少的用户中拓展销量，增加客户份额；在总用量大但企业产品占比低的市场中拓展新客户，增加市场份额。

江苏腈纶市场去年需求量是每月4.95万吨，吉林化纤占32%的市场份额，只要提高10%的江苏市场份额，那企业每月就会增加4950吨销量。经过翔实的市场数据分析后，企业集中力量布局江苏，一举新增腈纶客户30家、增加销量10379吨。

提产提效、项目新增产能不断释放，吉林化纤实现满产满销。

绿色和谐　秉持企业持续发展的源泉

企业强身健体的功课做得扎实，才能走得长远。绿色发展、和谐发展才是企业持续发展的源泉，对此，吉林化纤上下达成了共识。

因绿生金 让绿色发展在企业落地生根

吉林化纤始终在低碳之路上砥砺前行。

"满足环保要求要始终放在满足生产要求的前列",企业在实践中从始至终践行着所倡导的环保理念,那就是"清洁生产、源头控制、循环利用、综合治理"。

为实现在生产中的低能耗、低污染、低排放,企业先后投入2.05亿元资金,实施了全国领先的废水处理综合再利用工程、人造丝生产余热回收再利用工程、生产废气处理工程、锅炉脱硫脱硝改造工程、循环水热量回收利用工程,这一切有效提高了能源综合循环利用率。

锅炉脱硫脱硝改造工程、污水生化系统改造项目等一个个技术改造项目,都实现了一次投用、一次达标,保证达标排放、资源的循环利用两不误。

"用最少的能源争取最大的产出"。旧物改造、余料回用等,吉林化纤不仅在项目建设中将节约挖潜做到了极致,生产过程中,利用能源上也是"锱铢必较"。

企业明确主要的耗能工序和岗位,建立汇总分析制度,实时跟踪反馈能耗情况,定期召开能源分析会,最大力度控制源头消耗;全面加强管网巡检、保温、修复,最大限度减少过程损耗;从结果反推,拧紧能耗阀门,执行日统计、周分析、月考核制度,倡导"全员、全过程、全方位"开源节流,实现了能源利用率最大化。

能源消耗的降低带来的是实实在在的收益,原来冬季生产1吨人造丝的耗汽量约59吨,现在不到20吨,效果显而易见。

吉林化纤在振兴东北老工业基地的征程中,已然焕发出实体制造业的勃勃生机,在信息化和自动化深度融合上,同样走在前列。

走过53个年头的老国企,依靠科学的管理、扎实的生产,从未停歇创新的脚步。

机器代人,用机械手代替人工操作,是一个生产新趋势。

经过30多年的升级改造,吉林化纤的人造丝生产线一直领先同行。但吉纤人没有止步不前,他们引进全球先进的连续纺生产线,传统半连续纺的压洗装车、丝饼倒运走向智能化、自动化,减轻了工人们的劳动强度,减少了对产品外观的损伤。

如今,随着互联网在企业管理中发挥着越来越重要作用,信息化平台的应用提高了工作效率,加上机器代人应用领域的逐步深入,吉林化纤正向"智能制造"的新常态进军。

跨界整合　梯级循环利用　节约型企业建设步履稳健

能源管理上,吉林化纤的做法不仅仅是精打细算。企业决策的"大智慧"体现在企业对能源的跨界整合、梯级循环利用上。

随着新项目的陆续投产,对能源的需求也与日俱增。如何实现"增产不增开锅炉"?提高能源的综合利用率,对加快转型升级中的吉林化纤尤为迫切。

"吉林化纤厂区内分布着人造丝、腈纶、碳纤维原丝、醋酯纤维等多个生产区域,生产工艺的不同,对能源需求层级也不相同。有的生产环节需要70℃的水,有的只要50℃就够了;有的生产过程中释放大量的热,有的还要吸收很多的热……"宋德武娓娓道来。

吉林化纤开启了"跨界"整合行动——一举打破能源分车间、分公司封闭循环、单独核算模式,在全集团层面实行统一能源管理,对全部生产系统可利用能源进行认真排查,统筹各系统对能源层级的不同需求,进行梯级循环利用,提高能源利用效率。

2016年11月,吉林化纤第一套热泵机组正式投入使用。这项吉林化纤跨界整合资源成效最显著的范例,通过回收腈纶生产中的余热,利用生产中反应放热给人造丝生产用水加热，既满足了生产需求，又降低了蒸汽消耗，减少了热污染，一举实现了能源综合利用和环境保护的双赢。

热泵机组的负荷可以随着用热点的增加而提高，满负荷运行后，每年可节约蒸汽22.12万吨，使企业实现了在增加50%产能的基础上，保持原有的锅炉开台量，标志着节约型企业建设进一步加深。

只要企业心里装着员工　员工的心里就会永远装着企业

绿色发展是企业与自然的和谐，企业的持续发展同样离不开企业与员工的和谐。

通过上调一线工资，增加满勤奖、夜班费、通勤费、发放一次性奖金……吉林化纤员工收入较三年前翻了将近一番。企业将发展成果惠及员工的承诺早已变成了现实。

"企业最大浪费是对员工智慧的浪费。"吉林化纤始终把人才队伍看作企业发展的第一要素。"人才的培养绝不能滞后，因为人的思维是机器永远也代替不了的。"宋德武一语中的。

从班组长、段长、车间主任到部门主管、公司领导，吉林化纤注重培养"家长式"独立意识，追求"一把手"管理红利，项目带动、攻关推动、论坛互动、自学主动和统学促动的"五动"措施促进员工能力全面提升。在鼓励创新、宽恕失败的理念引导下，各种技术创新活动蓬勃开展。在实践中培养锻炼了一支肯钻研、技术过硬的研发队伍，技术能手层出不穷，广大员工的创新意识、工作能力大大增强。

员工无小事。企业推行"五小工作法"：讲清小道理，增进发展共识；开展小活动，营造积极向上的舆论环境；解决小问题，保证员工思想稳定；做好小事情，2016年投入了600多万元用于改善员工工作生活环境，解决实际困难；宣传小人物，去年共培育优秀党员等5类典型300多人……

全面质量管理、全员成本核算、全过程劳动竞赛、全员创新活动在吉林化纤遍地开花，由此也带来了员工能动性的良性循环。企业仅2016年通过劳动竞赛奖励员工达2266.4万元；每两年召开一次创新大会，第一届创新大会投入66.9万元，重奖专业技术骨干及优秀创新项目；2017年5月19日召开第二届创新大会，奖励各种创新课题118项，奖励金额180多万元，引起了广泛关注，再次引燃了全员创新激情。

如今，吉林化纤厂区流动着一幅生动的剪影，领导干部工装整齐朴素，忠企尽职信心满；员工笑容阳光质朴，爱岗敬业劲头足……

丝路花雨看今朝！如今，奋进在丝路梦想征程上的吉林化纤，秉持着领跑者特有的姿态，正向着100亿化纤基地的目标冲刺！

文/张茁　王宏　毕科研　《吉林日报》

2017年6月

两千多年前的汉代,张骞出使西域,开辟了一条从古都长安出发绵延7千多公里,沿中亚贯通亚欧的商贸大道丝绸之路。漫漫古道上的驼队,把丝绸等中国商品带到了当时西方文明的中心欧洲,受到各国的喜爱。欧洲人第一次感受到了东方华夏古国高度发达的物质文明。

续写中国纺织业丝绸之路的辉煌,一直是无数纺织人的梦想。

两千年后,在改革开放浪潮下,在吉林市风景旖旎的松花江畔,吉林化纤集团有限责任公司应运而生,一群怀揣着建设新中国人造纤维梦想的追梦人,秉承着"奉献、敬业、负责、创新、自律"的精神,历经五十年的创业、改革、创新和发展,一路风雨走来。企业在三年困难时期艰难起步、建成投产,在改革开放的浪潮中壮大发展,在新的历史时期开拓创新,实现了与德国、意大利等国家的技术合作,产品走出国门、迈向世界。吉纤人用自己的不懈奋斗续写了纺织行业丝绸之路上的新传奇。

丝路追梦　开启科学发展新征程

——吉林化纤风雨兼程50年

风雨兼程50年!

吉林化纤与中国纺织有着说不完的故事。

今天,这个经历半个世纪风雨的企业,外表静谧着,内心却沸腾着!

50年,这个屹立于松花江畔,令祖国骄傲的老国有企业,依旧拥有着时间无法抹去的精彩与传承!

50年前，它竖起了新中国纺织业的里程碑。

今天，沐浴着纺织丝路花雨，铭刻着新时代的印记，孕育着纺织强国的梦想，它默默地接受人们心中怀想的敬意，风骨依然！

铿锵地崛起不朽的精神

丝绸之路，既是一个传说，也是一个梦想。吉纤人的追梦之路从1959年的隆冬起航，一小队创业者冒着严寒在距吉林市北郊15公里的松花江畔树起了一块"吉林市人造纤维厂筹备处"的木牌。山不在高，有仙则灵。这个当时名为九站"百家屯"的地方江水低流、矮山相依，原本名不见经传。伴随着1960年9月吉林化纤年产3400吨黏胶短纤维工程的破土动工，这里的历史从此改写。草木春秋，水流石转，见证着一个企业、一个品牌、一群追梦人几十年的风雨历程。

20世纪60年代初，正是新中国三年经济困难时期。两千多名创业者白天奋战在工地上，晚上就住在挖地三尺盖起的地窨子里。

创业的真实写照，一个字是苦，两个字是苦和累。夏天的地窨子外面下雨，里面一汪水；冬天的地窨子外面天寒地冻，屋里也是滴水成冰。吃在工地上，苇席围起来就是"大饭厅"，天冷时刚出锅的苞米面窝头没一会就冻成了冰坨。冬天晚上睡觉时，很多人脚底下都垫着烧热的砖头取暖。

老一辈吉纤人都记得，当时没有专用卡车和铁路专线，创业者们硬是靠人拉肩扛把一袋袋水泥等工程材料和设备物资从3公里外运到工地上，干完活常常累成了"一摊泥"。

胸有朝阳，心有梦想，第一代创业者最缺乏的是物质，最富有的是精神。那是一个火红的年代。没人叫苦，没人叫累，大家心中只有一个共同的心愿，那就是早日实现企业的建成投产。这就是吉纤人一直引以为豪的创业精神、奉献精神。创业的艰苦历程，成就了企业第一笔最宝贵的精神财富。

广大干部和工程技术人员群策群力做最后的收尾工作，试车前对设备进行精心调试。1964年4月19日，纺丝女工谭淑琴踩下第一个纺丝泵、压下第一根曲管，第一束洁白的银丝喷涌而出。历史的瞬间永远定格在了全体吉纤人的心中。

按设计产量一次投料成功，按质量标准一次出正品，按主要经济技术指标一次投产成功。1964年7月，他们成功实现了"三个一次成功"。8月，企业正式建成投产，在一代创业者手中，吉林化纤这艘航船正式扬帆启航。

为满足市场需求，第一条生产线正式投产不久，他们就打响了扩建短纤第二条生产线的战役。

在1966~1976年，吉纤人排除干扰，"三人工作两人干，抽出一人搞基建"。1971年9月第二条短纤生产线投产，短纤产能达到7000吨。经过进一步改造挖潜，1975年末，实际产量达到7808吨。

前进的道路从来不会一帆风顺。1979年上半年，松花江江水污染，油剂质量差，企业产品质量滑坡，短纤色泽、可纺性均受到影响，产品积压。吉纤人看在眼里，急在心上。他们迅速行动起来，组织水质、油剂攻关，在职工中开展全面质量管理教育，相继攻克了超倍长、强度降等难题，终于生产出了全优产品。1980年，黏胶短纤被评为省优质产品。1981年短纤产能达到了10596吨，实现了产量超万吨，质量"五个九"的目标。

面对成绩，吉纤人一刻也没有放缓前进的脚步。1980年7月，他们在周密调查分析的基础上，向吉林省计委提交了《2000吨人造长丝计划任务书》。为解决2000万元建设资金问题，原厂领导五进太原、三赴天津、两闯山东。转眼又是冬去春回。一分耕耘一分收获，几年的艰苦奋战，1983年7月10日，一期长丝工程破土动工。1986年，一座现代化化纤企业在一片荒原的土地上拔地而起。开车典礼的锣鼓声中，吉林化纤实现了从单一短纤产品到长丝产品的拓展，迈出了历史性的一步。

改革中前行砥砺中奋进

改革是生产力，改革也是一场触及心灵深处的革命。三十多年改革开放，吉林化纤始终牢牢把握历史机遇，在市场经济的大潮中勇当弄潮儿，手把红旗，稳立潮头。

春江潮水连海平。改革之初，老革命遇到了新形势，老国企遇到了新问题。在痛苦中思考，在挫折中奋起。吉纤人清醒地认识到，在激烈的市场竞争中，只有锐意改革、抢抓机遇、迎难而上，才能立于不败之地，才能实现企业的大发展。

1984年，国家计划逐步放开，工厂的主要原材料浆粕供需失调。面对不断变化的国内国际形势怎么办？出路来源于思路，吉纤投资680万元横向联合江苏省丹徒区化纤浆厂，保证了每年3000吨浆粕的供应。为了进一步从根本上解决原材料供应的后顾之忧，从1989年，开始他们与河北藁城化纤浆厂联合兴建吉藁棉浆厂，每年又有了6000吨浆粕，一个稳定可靠的原料供应体系基本形成。

由于国家电力紧张，1988年初，企业被迫限电减产，仅一季度就少创产值千万元。吉纤人决定上自备电站。说干就干，1988年4月一期工程破土动工，一年半后第一台6000千瓦的机组正式发电。到1993年11月，三期自备电站工程相继并网发电，共形成18000千瓦的发电能力，热电联产每年还可为公司创利1200万元。

对于一个现代化企业来说，没有规模就没有效益。1987年10月，他们在国内同行业八家改建、新建企业中率先形成了黏胶长丝3000吨/年生产能力，企业当年利税首次突破千万元。经过一系列技改建设，2000年5月企业黏胶短纤维产能达到了3万吨，黏胶长丝产能达到了1.7万吨。品牌制胜、诚信兴企，黏胶短纤维摘取了中国化纤最高荣誉——国家银质奖章，黏胶长丝荣获了"全国用户满意产品"称号，"白山"牌、"白金马"商标在国外进行了注册。

棉、木、麻等天然原料，经溶解后制成纺织溶液，喷丝制成的纤维叫人造纤维；来源于石化产品的叫合成纤维。着眼于企业的长远发展，他们在扩大黏胶长丝等人造纤维生产的同时，把目标瞄准了化纤行业技术含量更高的合成纤维——腈纶纤维的生产。

1993年3月12日，国家和省政府相关部门确定，两个3万吨腈纶项目合建在吉林化纤。在吉林省当时这是一个空前的大项目，吉纤人抢抓机遇，铆足了干劲。

设备来自意大利、德国，技术工艺是九十年代国际一流水平，一切都是那样的令人振奋。工程建设者们战严寒、斗酷暑、筹资金、抢进度，30个月一期工程建成投产，1998年5月29日一次投料开车成功，一次出合格品，成为国内同类项目投资最少、建设工期最短、达产达标最快的项目，堪称奇迹，刷新了国内纪录。

从单一的黏胶短纤发展为黏胶短纤、黏胶长丝、腈纶纤维、浆粕等四大系列产品，从建厂之初的有限规模，到吉林化纤建成投产40周年之际公司生产能力达到20.3万吨，利税增长近40倍，资产总值增加100倍。吉纤人凭借开拓求实、争创一流的进取精神，务实严谨、精益求精的工作作风，敢闯敢试、善打硬仗的可贵品格，在国有企业优秀带头人傅万才的带领下，在全国纺织行业中打响了自己的品牌。

创新中升级转型中发展

百尺竿头，如何更进一步，是摆在吉纤人面前的一道难题。承载着神圣的使命，近十多年来吉林化纤在创新的号角中进入了转型升级发展的新时期。他们在"学习创新、追求卓越"精神引领下开始了科学发展的跨时代变革。

美国经济学家熊彼特的著名观点是："创新，是企业家的天职。"创新，一直也是吉林化纤企业文化的核心内容之一。吉林化纤几十年的发展，就是一部迎难而上、永不满足、永不停步，一路奋勇前行的历史。

吉林化纤集团公司建成投产50周年之际，吉林化纤公司产能达到47万吨，拥有2家上市公司、2家中外合资公司、4家域外公司等14家公司，由一个单一化纤生产企业成长为一个国有大型化纤综合性企业集团，客户广布国内20多个省（市）和亚洲、欧洲、美洲、非洲等10多个国家和地区。

在产业布局上，吉林化纤竹纤维、碳纤维原丝、腈纶纤维生产规模跻身全国乃至全球前列，并被确定为全国唯一的"保健功能纺织品原料基地"。质量领先，规模领先，效益领先，成就了吉林化纤的行业龙头地位。

这一切，都源于咬定创新不放松。没有创新，就没有企业的升级转型；没有创新，就没有吉林化纤的大发展。创新，是吉林化纤发展过程中集结全部精力做的一篇大文章。

吉林化纤传统产品产能在国内同行业中占有较大的比例，虽然质量领先，但附加值仍不高。近年来，公司坚持不断创新，提高传统产品差别化，提升产品附加值，相继开发了以竹纤维、碳纤维原丝为代表的高新技术纤维及阻燃纤维等新型功能性纤维。

上下游携手合作、产业链共同创新是吉林化纤在市场开拓上走出的一条成功之路。自2005年自主研发竹纤维之后，吉林化纤联合上、下游纺织企业共同将产品推向市场、共同创新，竹纤维产品质量不断提升，应用领域、市场面越来越广。吉林化纤成为国内最大的竹浆粕、竹纤维生产基地之一。天竹产业联盟是他们在商业模式上的一种创新，通过这种形式的资源整合及携手开发，他们在全国竹纤维市场中，赢得了主动权。

产、学、研广泛结合，实现合作创新是吉林化纤的又一成功做法。在腈纶纤维生产基础上，他们与长春工业大学、北京化工大学、东华大学、中科院化学研究所共同研发、攻关碳纤维原丝生产技术，2008年取得突破，并申请专利，首创湿法二步法聚丙烯腈基碳纤维原丝工业化生产专利技术。2011年11月，年产5000吨碳纤维原丝项目建成投产，企业成为我国最大的碳纤维原丝生产基地，碳纤维原丝质量现已达到了T400级水平。产、学、研联盟共同创新为企业的发展注入了巨大的活力。

近年来，吉林化纤对标国际，高水准扩张，凭借自身的管理和品牌优势，成为世界著名的德国恩卡公司第一个技术输出合作伙伴，将黏胶长丝的生产水平由国内一流上升到国际领先；与国际行业巨头意大利蒙特公司由技术合作走向合资合作，使吉林化纤成为全国最大、全球第二的腈纶生产基地。

自主创新离不开人才的培养。他们建立了院士工作站和博士后科研工作站，建设了3条小装备线、2条中试生产线和1个国家级技术中心、2个省级技术中心。通过选送优秀人才到高校深造、设立"技术进步奖""拔尖人才津贴"等各种激励方式，培育了一批科技带头人。

近几年来，企业共申请竹纤维、碳纤维及其他高性能纤维专利46项，其中发明专利33项，实用新型13项。"天竹"纤维被誉为"21世纪健康纤维"、纺织界"第五元素"，引领了国内纺织行业的一次绿色变革。年产2万吨的醋酐项目土建已经开工；改性阻燃纤维、添加剂阻燃纤维，扁平纤维、超细旦抗起球纤维等产品已经开始全面市场化。

一大批新型高新技术纤维的逐步市场化，为企业升级转型注入了崭新的活力。

让视野更远与世界更近

创造了一个又一个奇迹，吉林化纤走过了50个春秋。面对新形势下国内外经济周期性调整、行业运行周期性调整、企业升级转型周期性调整等叠加因素的考验，这艘国内化纤行业的巨轮正在激流中挑战新高，乘风破浪，傲立前行。

一个企业的发展取向有着切合时代的脉动，才能不断走向新生。

面对国内外市场的多重不利因素，宋德武——这位在十八大新一轮改革号角声中接掌吉林化纤的新一任董事长。面对着镜头，年仅四十三岁的他，没有多少惊人之语，却有着常人难以企及的产业洞察力和独到见解。

这个20余年从吉林化纤基层做起、土生土长的吉纤人，有着一腔深厚的丝路情。他已经敏锐地意识到，什么是企业发展的王道？那就是可持续的发展。什么是企业的头等大事，这既是生存问题，也是可持续发展的问题！吉林化纤必须走可持续发展的道路！他带领着吉林化纤果断前行，在升级转型中抢占先机，行动之快速，让业内为之振奋。

面对国内外市场的多重不利因素，2013年吉林化纤走过了承压奋进的一年。2014年，一方面资源、环境之间矛盾日益加剧，要素成本、环保运行成本不断上升，竞争压力逐步加大；另一方面，通过2013年的逐步调整，企业产品结构、产业结构、产权结构已逐渐向良性发展，产业链整体提升效果已经凸显。

而如何把握产业变革的新动向、新特点，加快我国化纤行业发展方式的转变，推动纺织业持续发展，是值得深入思考的问题，面对挑战，吉林化纤抓住了机遇！

一系列战略规划进入视野。在2014年初的集团公司二届十次职代会上，宋德武董事长提出了"整合优化、提高效率、内拓外联、双轮驱动"的发展思路，并打出了"调整三产、运作三资、提升三效、提高三率"的组合拳。经过几个月的运营，初见成效。2014年1~6月，集团公司实现产值27.7亿元，同比增长8%；销售收入26.8亿元，同比增长5.1%。

通过夯实传统主业，积极调整产品、产业、产权结构，推动了企业健康发展。调整产品结构，打造了三条路线。传统产品优质化做高，实现黏胶长丝由A级向AA级再到AAA级的持续升级；规模产品差别化做宽，依托国家级和省级技术中心，以及院士工作站、博士后科研工作站、首席技师工作站，相继开发出阻燃、扁平、抗起球、凝胶染色、蓄热等新产品；新产品产业链一体化做长，从浆粕到纤维再到终端市场，通过产业联盟模式，让吉林化纤由单一的纤维生产向上下游的产业链延伸；调整产业结构，使碳纤维、竹纤维两个产业链得到了拓展，碳纤维向终端产品拉动，自制生产了离心罐、传动辊等，拓宽原丝应用领域，竹纤维通过携手上、下游合作开发，产业链共同创新出营销模式，通过在纺纱、织造、染整、终端加工每个环节，家纺、针织、服装、产业用四大领域内和产业链上的企业紧密合作，使竹纤维产品质量不断完善，应用领域、市场面越来越广；调整子公司的产权结构，实行改制改革，加快了企业实现转型的目标。

通过双轮驱动，积极运作资本、资产和资金，加快了企业的生产运营。在资本运作方面，集团所属的吉林化纤股份有限公司非公开发行股票工作获得中国证监会发行审核委员会会议审核通过；在资产运作方面，公司对闲置的资产进行全面系统的梳理，通过建设醋酐化工项目等，将闲置资产逐项进行利用和优化，以实现效率最大化；在资金运作方面，公司加大库存产品及原料的周转和变现力度，加快销售回款和出口结汇速度，多方举措，提高资金周转效率。

通过整合优化，不断提高工作效率、管理效率和经营效率，不断强化企业管理。面对严峻的市场形势，公司向管理要效益，对内部岗位及资源配置进行全面整合优化。同时，充分利用各种活动载体，提高工作效率和管理效率，最终实现经营效率的提升。

通过内拓外联，提高产销率、毛利率和贡献率，强化了生产经营。他们通过深挖内潜、销售拉动，最大限度地提高产销率；通过供、产、销结合，最大限度地提高毛利率；通过抓好传统产品升级晋档与新品的市场推广，最大限度地提高贡献率。

同时，吉林化纤在自主创新与自主开发的道路上不断探索，新产品的不断问世，成为企业新的效益增长点……

具有保暖、保健功能的蓄热纤维市场前景广阔。色牢度高、颜色艳丽的原液染色纤维以及用于仿毛皮、毛绒玩具等高端消费领域的扁平纤维，得到了下游客户的高度关注和认可。更值得关注的是，已获得国家专利的抗起球纤维通过技术升级，质量及染色性能大幅提升，现已达到国际同行业产品标准，打破了我国长期依赖进口的局面。还有广泛用于部队、消防等领域的阻燃纤维，已经成为企业新的效益增长点。圣麻、莱麻纤维更是以其天然的抗菌、抑菌、防螨功能赢得了良好的市场反响。

本着生产一代、研发一代、储备一代的研发理念，吉林化纤在夯实传统产品的基础上，已实现了新突破、新跨越，正向军用、民用、产业用等领域纵深发展。

2014年6月13日，加速打造"中国碳谷"，吉林省碳纤维产业技术创新战略联盟揭牌。

2014年8月8日，中国"十三五"纺织发展论坛暨化纤产业链座谈会在吉林化纤隆重召开。

一桩桩一件件，生动地反映了吉林化纤在不断创新中努力寻求新机遇、实现新发展。潜力是需要挖掘的，吉林化纤从历史传承中汲取的精神营养，照亮了企业前行的每一个脚步。他们坚持企业文化建设与生产经营中心工作的紧密结合，以精心打造品牌文化、管理文化、精神文化为重点，围绕提升员工素质、提升企业精神、提升品牌形象、提升管理水平，全面推进企业文化建设工作。他们继承和弘扬吉纤人"奉献、敬业、负责、创新、自律"的精神，培育员工核心价值观，打造员工职业自信工程，以文育人，以文治企，充分发挥企业文化的引领作用。

企业坚持"人企共赢"的人本文化理念，努力使员工人均收入连年增长，让员工与企业心手相连。

昨天，是历史的选择；今天，吉纤人用自己的选择来抒写自己的道路！

复兴路上争朝夕，逐梦路途不停歇！吉林化纤未来的发展注定要抒写中国纺织行业辉煌的惊叹号！

改革号角声声，吉林化纤正奏响着中国纺织事业的强音，努力谱写着行业可持续发展的新篇章！

日出东方，风生水起！新时代的丝绸之路，是中国纺织行业追求的强盛之路，是中国纺织行业走向世界的辉煌之路。古有丝绸连四海，今有吉纤通五洲。为重现丝绸之路时代的辉煌，实现振兴民族纺织工业的梦想，50年风霜雨雪，50年风雨同舟。谋百年之基业，勇敢担当起国有企业的社会责任，挺起振兴民族纺织业的脊梁，吉纤人在改革开放的新征程中积极进取、勇于开拓，创新发展，正向着建设国际一流大化纤基地的目标迈进。

文/张苗 《吉林日报》
2014年8月

丝路领航：吉林化纤建成投产60周年（1964—2024年）

全球最大的人造丝生产基地

尊重需求深耕细作

——吉林化纤集团升级转型系列观察之市场篇

如今的吉林化纤变得更加值得尊重。

人们尊重这家企业,不仅是因为它承继了"老国企"时代的基因,以及在这种基因肇始下为中国纺织产业发展中所做出的那些具有丰碑意义的业绩,更重要的是在当下,吉林化纤在市场的洗礼中完成了一次前所未有的观念"救赎"。

在吉林化纤看来,尊重是双向的,企业与市场要相互取得信任,最重要的前提是企业必须对市场有足够的尊重。

今天的集团决策层很在意"需求"二字,并且以往的市场教训让他们对此有了最具体的解释:不能让产品决定销售,而要让客户"需求"来定位产品。这两个字应该是吉林化纤形成全新的营销思想和市场策略的一个原点,也应该是他们站在客户的角度从外向内看,并从行动上践行对市场的尊重。

"对市场最有效的尊重,就是拿出高质量的产品来。"

人造丝是吉林化纤的传统产品,也是吉林化纤效益的主要增长点。这种产品工艺路线长,生产与管理环环相扣,哪一环节出问题,都会影响产品质量。就像他们所讲那样,"好浆制好胶,好胶纺好丝,好丝络好筒。"

2014年,尚在困境中的吉林化纤开始踏上优化升级之路。这其中,年产5000吨竹长丝连续纺研发项目最具有标志性。这个项目采用先进的连续纺生产设备和意大利Sinko生产技术，从2014年8月28日到2015年6月22日仅用300天，就实现一次试车成功。这个项目不仅使长丝质量更加稳定，而且实现络筒大型化，使下游纺织企业能够大幅提高生产效率，产品上市后在国内、国际市场供不应求。

如果是仅仅解决质量升级，对吉林化纤还不是最难的事情，问题是在提升质量的过程中，他们必须要把客户的人力成本降低与劳动生产率的提升统筹考量。为此，他们把客户需求与生产机台对应起来，把"订制"引入生产与管理。2015年，吉林化纤对117台纺丝机进行丝饼大型化改造，在自身提质提效的同时，也为下游客户节省了加工时间，从而提高了生产效率。

就像管理与技术充分结合，使产品质量得到优化升级一样，吉林化纤在以"需求"主导的市场竞争中，也将产品质量概念放大到了对客户的"关怀"层面，形成了产品与客户一体化管理的新模式。通过这种模式，吉林化纤加强源头及过程质量控制，开展了全过程技术攻关，使人造丝质量稳步提升。2015年，人造丝A级品率达到95.8%，提升3.5%。AA级品产量同比增加1500吨，AA级品率达到55%，提升2.6%。

吉林化纤荣获"全国纺织行业管理创新成果大奖"，也是因为他们在市场营销上有所建树。天竹联盟是吉林化纤倡导的、联合产业链上各个环节的企业共同构建的全新商业模式。经过10年的运作以及市场对竹纤维认同度的提升，其成员从最初的24家增加到了现在的100余家，不但成为天竹纤维产业链上下游合作开发、资源共享平台，也成为吉林化纤及各成员企业新产品进入市场的重要渠道。

对于市场，吉林化纤讲"深耕"，更讲"细作"。"以客户的差别化推动产品的差别化；以渠道结构的调整推动产品结构调整。"集团董事长宋德武在谈到吉林化纤为什么会投入巨资对产品进行大规模差别化改造时说，"一个企业有多少个品种，只能说你有开发和产能实力，企业还必须有能力把产品生产出来、卖得出去，这样的产品才有意义。我们如此倾力于产品的差别化，实际就是在做市场细分，让每一个产品都能找到目标客户，让每一个产品都能对效益有所贡献。"

吉林化纤腈纶产能占全球产能12%，占国内产能1/3；长丝产能占全球13.6%，占国内产能1/6，规模不可谓不大，但这些数字的内涵不只规模那么单一，其中的"差别化"在吉林化纤的"规模"概念中，占有相当大的比重。

扁平纤维刚性强、抗倒伏性优异、手感蓬松柔软，能起到仿真动物毛皮的独特效果，市场需求以每年20%的速度在增加。作为世界上最大的人造毛皮生产国，此类产品却一直依靠进口。2012年，吉林化纤开发出扁平纤维，并成功打开市场。2015年末，吉林化纤年产2万吨扁平纤维项目投产，把这张市场"王牌"牢牢握在了自己的手中。

阻燃纤维以信号红等多色系的产品开发成功打入澳大利亚市场，实现了市场化零的突破。这个产品在电厂除尘方面也得到客户认可，大大拓展了产品销售领域。

按照下游客户需求，原液染色纤维通过不断技术攻关成功完成了46个色卡配方的试验和27种颜色的打样，实现了按订单颜色的批量生产。

集团下属的奇峰公司通过锁定大客户及特殊领域，一手抓开发、一手抓推广，抗起球、超柔、大有光、细旦、高强等系列差别化腈纶产品得到越来越多客户的认可和接受。醋青纤维的成功开发，打破了发达国家的技术壁垒，填补了国内空白，为今后新型、高附加值产品的研发奠定了基础。

大有光腈纶纤维开发成功，使吉林化纤在差别化产品替代进口产品上又成功地迈上了一个新台阶。

不同的需求导致市场细分，市场细分促进了产品差别化，差别化的产品又再度校准了目标市场……这就是吉林化纤的市场逻辑。今天的吉林化纤不但在国内市场上风生水起，同时也在欧洲、亚洲市场深耕细作，从阿拉伯人的长袍到日本和服，吉林化纤研究各种服装材质，让自己的产品更适应全球市场需求。今年一季度，吉林化纤纤维产品出口2万吨，创汇4187万美元，同比增长157.7%。

在深入了解吉林化纤的过程中，我们深感对吉林化纤市场观的解析，仅用"需求"与"市场"这两个"维度"是远远不够的。也就是说，吉林化纤现在并不是一只"眼睛"外看市场，另一只"眼睛"内看企业。作为一个以传统产业立世的企业，吉林化纤要与时俱进，还需要有第三只"眼睛"注视将来。

事实正如此。吉林化纤的第三只"眼睛"的作用，在碳纤维、醋青纤维等产品上就能看到。因为从某种意义上讲，这些产品承载着吉林化纤的未来。

2014年6月，吉林化纤以全国产能大、质量优的碳纤维原丝生产基地为依托，组建了碳纤维产业技术创新战略联盟，以促进产业的集群发展和高性能碳纤维及其复合材料的市场拓展。通过与下游客户更紧密的开发与合作，碳纤维原丝产销量快速增长，成功打入市场。自主开发的醋青纤维纱线、双抗腈纶与竹纤维混纺纱等44个品种中，已有3个品种批量进入市场。

一些成功的企业家常讲，有什么样的市场观，就会有什么样的企业。这句话之于吉林化纤，恰如其分。因为没有多维的市场观、没有能洞察更大市场的三只"眼睛"，吉林化纤在中国乃至世界的纺织市场上不会如此受人尊敬。

文/陈景辉　高海峰　《江城日报》

2016年4月

第五部分 见 证

加快推进智改数转,提高劳动效率

随"势"而制

——吉林化纤集团升级转型系列观察之战略篇

吉林化纤在大调整中的升级转型以及市场方略,也可以视为吉纤以改革促发展的延续。在20世纪80、90年代国企改革浪潮中,吉林化纤以其强烈的机遇意识和无畏的改革精神,把企业从一个只能生产短纤的老国企变成了一个闻名全国的行业领袖。

或许是"吉纤经验"精髓的继承,或许是市场风浪中的历练,如今的吉林化纤如同一名老练的棋手,进退腾挪、攻守兼备,凭借着沉稳的招式,在市场的对弈中悄然走出了低谷,步入了一个新的发展境界。进入"十三五"的开局之年,吉林化纤高歌猛进,2016年头两个月,实现销售收入9.6亿元,比去年同比增长28.1%。

过去,吉林化纤以管理、技改闻名于世,为今天吉林化纤的发展积淀了丰厚的物质与精神财富。这是吉林化纤在发展的关键时期"再出发"的基础。吉林化纤集团董事长宋德武对这一点坚定如初。他说,如果从发展的本质看今天的吉林化纤有什么特点,只能说我们更注重随"势"而制,更理性地看待市场,更专业化地经营有过无数光环的企业。

光环与困扰同在。这也是关注吉林化纤人士的普遍印象。2000年以后,这家大型企业集团开始饱受市场之困。重压促使吉林化纤加快了升级转型的步伐。2004年6万吨腈纶技改工程投产,2005年探索组建"天竹联盟",2006年

15万吨腈纶项目一期投产，2009年5万锭纺纱技改项目试车。

"这条路，吉林化纤走得很辛苦，但不这么走，吉林化纤就没有路可走。我们从事的行业是典型的传统产业，在新经济时代要求得发展，升级转型是一条必由之路。"吉林化纤集团党委书记刘宏伟说。

企业是干什么的？吉林化纤怎么干？这是个简单得不能再简单的问题。但是在困境中组建起来的吉林化纤新领导班子中的每个人，却在不断地探寻这个简单问题背后并不简单的答案，力求以一系列超乎寻常的行动来回答这个问题。

这一系列行动中，极具战略性的"再布局"也许最出人意料。

吉林化纤经过30多年的发展，拥有了14家全资、合资子公司。其中，有四家公司分布在河北、四川、湖南及广东。

四川天竹公司重点生产竹浆，湖南拓普公司主要生产竹浆和棉浆，河北吉藁公司主要生产棉浆和竹纤维，深圳天竹公司主要发展终端产品，这几乎是动不得的格局。所以，当吉林化纤要对此重新布局时，确实出乎许多人的预料。

短纤是吉林化纤赖以起家的产品，有着数十年的生产历史。但是，这种产品的原料来自南方，市场也在南方，而产地却在吉林，大进大出的运输，拉高了产品成本。

这次布局，吉林化纤将短纤生产能力全部转移到河北吉藁公司。这样，原料和产品运输距离缩短2千多公里，让本已无利的短纤却在吉藁公司形成了新的利润增长点。与此同时，吉林化纤将6.5万锭纺纱产能也调整到吉藁公司，实现纤纱一体化发展，使纱线业务全面向市场中心靠近。

竹纤维是吉林化纤拥有自主知识产权的新产品。2014年4月，吉林化纤在四川投资建设的10万吨竹浆粕项目投产，利用当地原料优势扩大产能，为竹纤维大规模生产铺平道路。

大调整、上规模，提升各业务板块水平与质量，吉林化纤也在跃出低谷的努力中取得重振雄风的"大势"。但这仅仅是"再布局"中的一步。

作为吉林化纤集团的董事长，宋德武很看重吉林化纤的"三化"战略。20多年浸润于化纤行业的经历，使他对于行业、企业本质认识颇深，他的管理思想和企业理念明显有对质量、成本、效益的系统分析后的竞争效益特征。因而，他把企业带出来，就必须让企业实现"传统产品人造丝优质化、规模产品腈纶纤维差别化、新产品碳纤维产业链一体化"，既要谋"势"，也要求"利"。

在他的主导下，5000吨连续纺项目、2870吨长丝半连续纺技术改造项目很快上马，并相继建成投产。人造丝A级、AA级品产量同步大幅提升。紧接着，投资5亿元的1万吨细旦化项目也如期开工建设。由于这个项目采用自主研发的新技术，建成后，吉林化纤全面实现丝饼大型化、匀质化、细旦化，从而大幅提升生产效率和产品品质。

吉林化纤的腈纶在产能上具有传统优势。全球腈纶产能160万吨，国内69万吨，而吉林化纤腈纶产能已达27万吨，占国内产能40%。在产能优势基础上，吉林化纤通过升级，进一步扩大了产品差别化优势，提高市场话语权。

"明者因时而变，知者随事而制。"用这句话来看今天吉林化纤的战略视野绝不为过。就在2016年3月11日，一则吉林化纤"200吨大丝束碳纤维碳化示范线项目建成投产"的消息见诸报端，也标志着吉林化纤的"多元化"战略实实在在地向前迈了一大步。

吉林化纤在业务多元化战略上有着自己独到的见解。不离核心业务，又要主动而为。这个碳化示范项目就是在这个战略思想主导下实施的。它既可以进行碳纤维原丝质量攻关，提升原丝质量，还可以进行碳纤维产品应用研发。这可谓是吉林化纤坚守多元化转型上的一个范例。

所有战略都是"将来时"，但是吉林化纤的"多元化"兼具"现在"和

"将来"两种时态。有这种特性的战略,一定是积极而理性的。

业务板块调整、质量同步升级等一系列的调整与布局,让人们看到了吉林化纤这家老国企在竞争舞台上的出色表现,也让人们看到了在新的发展阶段,吉林化纤为企业理念、企业战略和企业责任注入的新内涵。

文/陈景辉 高海峰 《江城日报》

2016年3月

纤丝织就强国梦

每天早晨6点，宋德武董事长都会准时来到集团公司，这是他一直以来的习惯，除了特殊情况，几乎风雨无阻。

从29年前第一天上班起，他就将所有的情感都寄托在了这里，从未改变。每天，只要身在厂区，他的心就会安定、从容。而当员工们每天看到他在时，也都会有一种踏实感。

眼前现代化的车间和先进的设备，让人们很难想象这里拥有了60年的历史。而第一眼看到宋德武董事长，也很难让人相信，这位身穿工作服、看起来很普通的人就是这个企业的"当家人"。然而，正是他带领吉林化纤走出低谷，并成为全球领先的纤维制造企业，再次让中国的纤维产品闪耀世界。

每天都深入车间，会让宋德武董事长时刻掌握生产动态、职工状态，也能随时发现问题并及时解决。而一年四季都穿着工作服，既方便，也随意。对此，宋德武董事长说："因为我要是穿西服领带下基层，大家离我可能会远一些，你知道他会拿我当客人。我要是这样，跟大家都一样，他可能会拿我当工友一样。有些话，他们可能会说得更贴近、更直接一些。"

人造丝生产一直延续着百年来的技术惯例，但宋德武董事长却发现工人每天使用400个丝饼，工作强度大。于是他打破这一传统束缚，创新实施人造丝"四化升级"，其中全球首创的大型化改造，实现了半连续纺丝饼重量从540克跨越到1300克，效率提高了70%，丝饼数量减少一半，工人工作量也减少了一半。这样的改革创新，源自宋德武董事长对精益求精的执着追求，也是他对"像经营家庭一样经营企业"理念的生动诠释。

1995年大学一毕业，宋德武董事长就来到吉林化纤，在这个大家庭里从一线工人做起，再到生产调度、车间主任、子公司经理、集团公司常务副总经理、总经理，从生产管理到技术研发，从车间到集团，他一直勤恳踏实地伴随着企业的发展，每一步成长都烙下了深深的印记。

宋德武董事长说："实际上，那时候打下了很好的基础，这是非常有价值的，我自己也积累了很多。就是对于同龄人来说，应该都是比较难得的。"

吉林化纤是全国纺织行业的知名企业，但受2008年国际金融危机影响，也曾一度陷入连年亏损的境地，全厂近8000名员工平均收入不足2000元。

宋德武董事长说："可能有一些投资是这样的，如果判断不好，我们投资认为它能带来回报，但是投资一旦没带来回报，它就是包袱，而且让你越背越沉重，所以那时候有点陷入这样的循环中。"

2013年9月，在企业最艰难的时候，42岁的宋德武董事长担起了当家人的重担，此时，企业已经连续亏损了近四年。这样的时刻，突然以这样的身份面对倾注了近20年情感的大家庭，他的心情极度复杂，寝食难安。

宋德武董事长说："我接企业的时候接近8000人，压力很大。因为资产负债率已经很高了，很困难。所以，我当时也认真地想了想，先要迅速止血，再造血。"

面对长期影响和制约企业发展的沉重包袱，宋德武董事长提出了"整合优化，提高效率，内拓外联，双轮驱动"的战略方向，先后淘汰了多条低产能、高成本、高污染、高消耗、缺乏竞争力的生产线，并陆续将三个外埠公司非优质的存量资产通过三资运作进行了充分调整。

宋德武董事长说："但是这些远远满足不了庞大的集团，即使四川和湖南的企业停下来，但毕竟是已经形成的投资，不能把它变现。接下来，我们想方设法开始搞资本运作。"

宋德武董事长亲自带队，在吉林、北京、深圳等地连续往返奔波，历经10个月的艰苦攻关，第一次定向增发成功募集了9.6亿元资金，使公司资产负债率下降了20%。

宋德武董事长说："我们那一段也是非常地辛苦，实际我有时候一周差不多得跑三趟北京，早上去、晚上回。得去找人投资，当时这企业没人看好，我们做了大量的工作……"

通过夜以继日的不懈努力，3年30亿资金募集，给企业注入了新鲜而充足的血液。一系列大刀阔斧的举措有效盘活了企业资本链、资金链，最终抑制住了企业的颓势，稳住了阵脚，为企业创新升级打下了坚实基础。

宋德武董事长说："资本运作之后，我认为这个公司应该起码死不了。我就加速尝试扩能改造。这么多年，大家也是忍辱负重，所以我们项目干得很快，原来人造丝1万多吨，我们干到了6万多吨，所以这一下就把企业救活了……"

企业"涅槃重生"，让大家感到欣喜，但宋德武董事长却一刻都不敢松懈，他带领吉林化纤乘势而上，大胆、精准决策，引进、升级国际领先生产线，推进自主创新成果产业化。"十三五"以来，吉林化纤项目投资21个、总投资208.8亿元，每个项目他都现场指挥，"5+2"常态化攻坚，带领干部员工用一半的时间、一半的人员，干了两倍的工作，形成了多点支撑、多业并举、多元发展的产业格局。

宋德武董事长说："我们又干了一个6万吨的腈纶项目，再加上内部的升级改造。原来实际产能20万吨，加上新增的十几万吨的产能，然后我们自己又花钱改造了一部分，一下就干到现在近38万吨，成为全球最大的腈纶纤维生产基地……"

在碳纤维产业方面，国内技术不成熟，产业链不完备。对此，宋德武董事长一直在做着不懈的努力，因为在这里蕴含着他的纺织强国梦。他牵头组建了吉林省碳纤维产业技术创新战略联盟，通过产学研用一体化开发，打通了"大丝束、高品质、通用化"碳纤维产业链。首创几种规格的大丝束成功实现产业化，产品20%出口，国内市场占有率达到90%，吉林化纤已经成为全国最大的碳纤维原丝生产基地。

宋德武董事长说："我们的想法是下一步还得将碳纤维做成第一。无论是从性能、总量还是质量上，现在我认为还有差距。但是我们的想法是再用几年追上来，争取做到第一和唯一。"

"要么做第一，要么做唯一"。宋德武董事长的信心和气魄来自他扎实的功底，以及他对吉纤这个大家庭的了如指掌。从第一到唯一，从产能最大到自动化水平最高，企业的技术、管理、资源、人才优势通过项目转化充分放大，主导产品质量和规模达到行业领先水平，从上任之初仅用4年时间，就实现了前50年的发展总量。到2017年，企业产值突破百亿元、利润连年增长，圆了几代吉纤人的百亿梦。

宋德武董事长说："企业发展壮大之后。经营效果、经营业绩得到了大幅的改善。包括员工的精神面貌和大家的干劲都有了提高，因为收入的提高，各方面都取得了不错的成绩……"

"只要领导心里装着员工，员工心中就会永远装着企业"。宋德武董事长既理解透彻，也做得扎实。

宋德武董事长把员工的冷暖辛苦一一放在心上，他办公室的门常年向员工敞开着。员工加班会战，他要求食堂为他们改善伙食；项目建设期间，他现场办公为员工排忧解难；危险作业他现场监护，当员工的主心骨，甚至与员工并肩作战。

每一次谈及企业的未来，宋德武董事长总是把人才放在第一位。他说："这么大的企业，不把人才培养好，才是对企业最大的不负责。"在吉林化纤，本科生、研究生都有津贴，最低每年6000元，最高每年18000元。企业分三级储备了一批优秀的年轻干部、专业技术人员和优秀大学生。

宋德武董事长清楚地意识到，只有创新才能提升企业的核心竞争力。他提出了"项目带动、攻关推动、论坛互动、自学主动、统学促动"的"五动"人才培养模式，组建了8个专业研究所，确定了百余项重点研发课题，激发创新活力，新增发明专利49项，关键核心技术不断突破，带动了企业科技进步，助推企业高质量发展。

从一名普通工人成长为吉林化纤集团的掌舵人，宋德武董事长从没有辜负过组织和员工对他的信任。从跟跑到并跑再到领跑，他带领吉林化纤名副其实地成为全球最大的竹纤维生产基地、最大的腈纶纤维生产基地、最优质和最大的人造丝生产基地、全国最大的碳纤维原丝生产基地，全国保健功能纺织品原料基地和国家差别化腈纶研发生产基地。

宋德武董事长个人也先后荣获国务院政府特殊津贴、全国优秀企业家、全国纺织工业劳动模范、全国纺织科技创新领军人才、吉林省劳动模范、吉林好人先锋企业家、吉林市功勋企业家等多项荣誉。

深夜，美丽的北国江城已慢慢进入梦乡，而宋德武董事长办公室的灯光依然明亮，一如他心中从未放下的梦想，一直炽热耀眼，照耀着前行的道路，穿越坎坷，奔赴更美好的未来。

文/焦莉莉
2022年9月

第五部分 见 证

吉林化纤人造丝半连续纺络筒现场

丝路无处不飞歌

——吉林化纤的逆势崛起之路

摆在记者面前的，是一本展现吉林化纤集团52年历史的精美画册——《丝绸之路》。丝路绵延，吉纤人砥砺前行。

从解决东北人民穿衣问题的小厂，逐渐发展为我国最大的腈纶和最优质的人造丝生产基地，吉林化纤的辉煌曾经令走在大街上的吉纤人，为自己这身蓝色工作服而倍感自豪。

时代变迁，在经济危机、市场低迷、下行压力持续加大等因素的夹击下，吉林化纤一度陷入发展低谷。

市场低迷，企业发展的出路在哪？

"曲线"下行，如何逆势上扬？2013年注定是吉林化纤发展史上不平凡的一年。

这一年，新一届领导班子成立。

这一年，吉林化纤以"变"应"变"，在国企改革的发展轨迹上画出了精彩且浓重的一笔。

丝路无处不飞歌，吉纤人唱出了以"变"为主旋律的改革新曲。

布局之"变"融通血脉，变是为了追求更好地发展。

吉纤怎么干？

摆在新一届领导班子面前的牌局，似乎陷入了僵局。

产品结构重新洗牌

2013年，吉林化纤两条有着50年历史的短纤生产线，从吉林"变"到了河北。这是吉林化纤优化企业结构、整合资源的开篇之作。

短纤是吉林化纤赖以成名的产品，有着数十年的生产历史。但是，这种产品的原料来自南方、市场也在南方，而生产却在吉林，大进大出的运输，拉高了产品成本。

3万多吨短纤生产线的移植，使原料和产品运输距离缩短了2000公里，让曾经利润不高的短纤在河北子公司形成了新的利润增长点。

"我们要放下国企的架子，撤掉曾经的光环，理性地看待市场，并随着市场的大势重新进行产业布局。"吉林化纤集团董事长宋德武对企业的"再布局"信心满满，"事实证明，尊重市场，市场就给了我们极大的回报。"

将产品的市场、生产、技术整合，单一产品生产企业的发展空间大了，定位也更明确。"长丝北上、短纤南下、原料西进、终端东拓"——吉林化纤全局发展的思路越发清晰。

河北发挥地域优势，做纤纱一体化；湖南发挥资源优势，做竹棉一体化；吉林集中在人造丝、腈纶和碳纤维上，做细做精，资源重组，盘活全局。

牌洗好了，不能让筹码捉襟见肘，重振吉林化纤必须强化资本这条线。

在宋德武眼里，最理想的企业应该做到"资产最大限度得到利用，资金最快速度得到周转，资本最大力度得到整合"。如何解决资金渠道单一的问题，就一个字——"变"。

从单一的资金渠道，转向资本市场寻找资金。对企业资产进行市场化价值管理和运作，提高企业资本的流动性和运营效率，为升级转型提供有力支撑。

"强化资本这条线，不仅系着企业的现在，还系着企业的将来。"宋德武说。在市场竞争最激烈、生存处境最艰难时期，吉林化纤调整产权关系，使企业减负；推进A股增发，实现资本市场的直接融资，以最低的成本拿到资金；充分利用吉林化纤的A股和碳谷公司的"新三板"融资平台，推进资产证券化、证券市场化、市场多元化，通过增发实现新增项目资产市场化，并通过合资合作、股权调整、存量盘活、政策争取等多渠道解决融资问题。

"这条路，吉林化纤走得很辛苦，但不这么走，吉林化纤就无路可走。我们从事的行业是典型的传统产业，在新经济时代要求下，市场引领企业转型升级是一条必由之路。"吉林化纤集团党委书记刘宏伟说。

产品之"变"创新领跑

要企业活起来，一定离不开企业发展的核心——产品，而一个企业的转型发展必然要依托产品的不断升级和创新。

"人无我有，人有我精，这样我们才能在市场竞争中立于不败之地。"

在吉林化纤长丝七车间，42台纺丝机轰鸣作响，每条长达51米的生产线飞速运转。人造丝生产线上的火热气氛丝毫不输室外的炎炎烈日。库房里一卷卷的白丝正被有序地打包、装箱，准备运往欧洲。

人造丝是吉林化纤的传统产品。2013年，该产品产能为2.2万吨，毛利率仅在6%左右。为此，吉林化纤深耕市场，通过与客户反复深入沟通，发现客户对人造丝的关注点主要集中在品质、成本、效率三个方面。为了顺应市场，实现有效供给，吉林化纤引进意大利KR-HD340连续纺设备和生产技术，开展创新技术攻关，优化产品性能，实现了人造丝匀质化、连续化、大型化、细旦化。

"技术改造后，丝条从1米到6万米粗细均一，丝饼大型化、连续化可以满足客户实现高速纺和高产量需求。产品一经上市，深受下游厂家的欢迎。"去年，吉林化纤的人造丝A级品率提高了5.8%，AA级品率提高了6.9%。

企业不仅要有拳头产品，还要有核心技术作为支撑，才能在市场激烈的竞争中，立于不败之地。

攻克技术难关，就是要啃硬骨头，吉林化纤把目光锁定在了腈纶板块上。

作为世界上最大的人造毛皮生产国，我国的扁平纤维长时间依赖进口。吉林化纤拥有国内1/3以上的腈纶产能，做好"无中生有"，既能满足市场需求，又能规避同质化竞争。

2014年6月，吉林化纤突破技术壁垒，成功研发出扁平纤维，填补了国内空白。经过半年多的时间，吉林化纤在扁平纤维的性能上不断改进升级，第五代扁平纤维完成了质的飞跃，产品质量完全可以与进口产品比肩。

2015年11月底，2万吨扁平腈纶纤维项目建成投产。

"和进口扁平腈纶纤维相比，吉纤的第五代产品以优良的品质和较低的价格，成功夺回了扁平纤维10%的进口份额，大大增加了市场话语权的分量。"吉林化纤集团总经理助理、吉盟腈纶有限公司党委书记、总经理孙小君说，"目前，我们已经可以生产100多种不同种类的仿毛皮扁平腈纶产品。"

一花独放不是春，百花齐放春满园。

2015年，吉林化纤通过技术创新，实现了规模产品差别化调整，除扁平纤维外，相继开发出原液染色、阻燃、醋青、混纤度、抗起球等一系列高性能、功能性、高附加值的腈纶新产品，迅速提升了高端市场占有率。其中，醋青纤维的成功问世打破了传统纺织原料的构成，实现了合成纤维与天然纤维的完美结合，属世界首创。

市场之"变"供给发力

市场之"变",有迹可循。只发现不行动,无异于一纸空谈。

仅用140天,年产2万吨醋酐项目就在吉林化纤一次开车成功。

为什么上醋酐项目?吉林化纤的答案非常简单,因为市场需要。醋酐主要用于医药、燃料、醋酸纤维应用领域,每年东北地区的醋酐需求量大约在1.4万吨。然而,实际上东北地区的醋酐产品生产几乎空白。

为何速度如此之快?

抓住市场的变化,毫不犹豫。"市场缺什么,我们就生产什么。"宋德武说,"调结构,补短板,不只要补自己的短板,更要补市场的。"

以碳纤维为例,市场上的碳纤维产品往往都在追求高模量、高强度,涉及民用和工业用的碳纤维就发展不起来。目前,吉林化纤的碳纤维产品质量稳定在T400级以上,产能达到8000吨,占据了全国50%以上的市场份额。

宋德武说:"最近,我们科研组正在就碳纤维的大丝束、低成本、通用化进行专题研讨,把贵族商品平民化,补齐市场的短板,开拓出一个产品发展的全新领域。"

2016年2月28日,吉林化纤已经建成投产了年产200吨碳纤维大丝束碳化实验示范线项目。该项目既可独立承担国家级科研项目研发,又为碳纤维产业一体化发展打下基础。

生产线上,一束束碳纤维丝线从机器中穿行,颜色由白变黄、变棕、深棕,最后变成一束束的黑丝缓缓成卷。

为打通科技成果转化之路的"最后一公里",克服大生产线新品开发实验的弊端,吉林化纤新增3条小实验线,不仅为集团公司走自主创新道路提供了数据支撑和坚强保障,还有效地降低了新品研发的成本。

吉林化纤还将资本与产业结合，实现了新产品产业链一体化延伸，企业内部的碳纤维生产经营、产业链一体化延伸、终端拉动及产学研用4条线同时启动，让新产品在研发时期就感知市场，随势而动。

在2005年成功组建天竹联盟并实现良性运行的基础上，2014年6月，吉林化纤组建了由国内36所高校、科研院所和下游企业组成的吉林省碳纤维产业技术创新战略联盟，围绕碳纤维产业链建立了有效的产、学、研合作新机制，共同解决制约碳纤维产业发展的技术瓶颈，并加快了技术成果在联盟间的转移和转化。

将"创新"的种子，撒在"市场"的土地上，感知产业链两端的"光合作用"，吉林化纤将再铸辉煌！

勇做创新驱动发展的笃信者和躬行者

习近平总书记指出，创新是企业的动力之源。国企在组织和实施创新上具有独特的资源优势，只要把国企改革的着力点更多放在创新上，国有企业的创新动力、创新活力、创新实力才会竞相迸发出来，创新驱动发展的乘数效应才会尤其显著。这一切的关键是国企要把创新落在行动上，勇做创新驱动发展的笃信者和躬行者。在全球纺织行业增长乏力和全国三期叠加的新常态大背景下，吉林化纤这家老牌国企正是依靠扎扎实实的技术创新，逆势飞扬成为行业领跑者，为国企的做大、做强、做优提供了一个生动案例。

勇做创新驱动发展的笃信者和躬行者，就必须舍得投入。在引进先进技术装备的同时，吉林化纤大力投入建设自主创新平台，建立院士工作站、博士后科研工作站、一个国家级和两个省级技术中心以及三条小装备线和两条中试生产线，以各种激励方式培育了一批科技带头人。正是这些研发的大投入，才打通了科技成果转化之路的"最后一公里",在近三年内收获上千项技术创新成果,自主创新能力显著领先国内同行业。

勇做创新驱动发展的笃信者和躬行者,就必须做好"有中生新"的文章。

吉林化纤通过上下游携手合作、全面分析市场信息,认识到自身主要问题是常规品种产能过剩、产品结构性矛盾日益突出。他们果断掀起一场"品质革命"的浪潮,去除无效和低效产能,通过技术创新改进生产工艺、转变产品研发生产方向,以"质的提升"促进"量的优势",传统优势产品人造丝经过品质提升后深受下游厂家欢迎,产品毛利率、国内国际市场占有率大幅提升。

勇做创新驱动发展的笃信者和躬行者,就必须做好"无中生有"的文章。

我国的扁平纤维长时间依赖进口,吉林化纤为打破国际垄断并规避国内市场的低水平同质化竞争,敢于在关键技术环节寻求突破,对自身长期依赖的优势产品结构果断实施革命性再造,他们成功开发出了国产扁平纤维以及其他十余种高性能、高附加值新产品,成功打入国际市场,确立自身在国内市场的"王牌"地位,发挥出国企作为创新型国家建设的主力军、排头兵作用。

"谁走好了科技创新这步先手棋,谁就能占领先机、赢得优势。"吉林化纤就是印证习近平总书记这一论断的生动企业样本,科技创新对经济社会发展并非"远水不解近渴",只要笃信躬行、真抓实干,创新就一定能让国企发挥出独特优势、爆发出惊人的发展动能!

文/赵广欣　刘姗姗　《吉林日报》

2016年8月

傅万才：
企业家的榜样　中国纺织的骄傲

从长白山天池发源的松花江，一路走来，历经风雨流淌过第一个地级市——吉林市，这里有一座年销售收入过百亿元的纺织企业——吉林化纤集团。在改革开放的发展历程中，曾经涌现出受到中共中央组织部表彰的优秀党员领导干部，他就是时任集团公司党委书记、董事长兼总经理的傅万才。如今这位优秀企业家离开我们已经15个年头。然而，他的故事仍在传承并突破，在改革开放40周年的日子里，改革开放40年纺织行业突出贡献人物中记载着他的名字。让我们打开尘封的档案，回顾一位优秀企业家的光荣与梦想。

"吉林化纤"现象轰动全国

吉林化纤和它的带头人傅万才曾经轰动一时。吉林大学高清海教授在参观了吉林化纤之后曾在报上发文，他认为"以人为本"是吉林化纤的精髓。他说，吉林化纤是抓住了企业精神这个关键点，这个企业精神就是以人为本。这里人的概念应理解为有独立人格和价值的人，而并不只是指依靠物质利益刺激积极性的"经济人"。

而东北师大教授郑德荣则认为，"吉林化纤"的路是把我们过去好的传统和现代企业经营管理理念紧密结合起来，创造出了既适应现代企业严格管理的需要，又能充分调动起职工积极性和创造性，让职工感受到企业大家庭气氛的企业经营理念。

张屹山，这位吉林大学商学院院长则用另一种眼光看吉林化纤。他认为，吉林化纤的成功充分印证了著名经济学家约瑟夫·熊彼特的观点：经济发展的动力是创新，企业家是创新的灵魂，从傅万才的经验看，中国国有企业走出困境，必须培养和造就一大批高素质的厂长、经理。他说，对于中国国企改革来说，不仅需要建立现代企业制度，更需要建设真正的企业家阶层。

傅万才1985年走上吉林化纤主帅位置，经历了由计划经济到社会主义市场经济的转变。此时，个别企业家并没有顺潮流而动，患了"不适应症"。但傅万才却以自己的实践走了出来。1999年8月11日，在大连召开的华北、东北八省区的企业工作座谈会上，傅万才的发言得到了江泽民同志的首肯。江泽民总书记认为傅万才十年十个项目十大步的滚动发展的经验可推广。这一发言在次日新闻联播中成为头条新闻，这是吉林化纤在中央电视台中第二次被放在头条位置。

从1998年12月2日开始，全国集中宣传傅万才同志的先进事迹。1998年12月2日《人民日报》头版头条刊登了新华社电稿《国有企业优秀带头人傅万才（上）》并配发评论员文章《学习傅万才振兴国有企业》，12月3日又在三版头条又刊发了《人格的魅力——国有企业优秀带头人傅万才（下）》；12月2日和4日，《光明日报》分别在头版头条和倒头条以"走近吉林化纤董事长傅万才"为副题，刊发了《风险就是机遇》《一身正气两袖清风》两篇通讯，并配发了《事在人为业在人创》的评论员文章；12月2日《经济日报》头条刊发了以《国企"当家人"》为题的傅万才事迹；同日，《工人日报》刊发消息《傅万才带出强班子硬队伍》和人物通讯《真干净，真干事》，并配发了评论文章《一把手的首要素质》；12月3日和4日中央电视台、中央广播电视总台都以一定篇幅报道了傅万才的事迹；《文汇报》《解放日报》各省报均在显著位置转发了新华社电稿《国有企业优秀带头人傅万才》。

而后中组部还召开了学习傅万才座谈会。国家纺织工业局党组书记、局长杜钰洲说，傅万才是全国纺织的典型，是中国纺织的骄傲。

从严治厂是管理企业的精髓

"提到治厂，说的也是企业管理。而企业管理，各村有各村的高招，这是因为地域、行业的区别。然而，有一条是肯定的，那就是从严是基础。"十五届四中全会的若干问题通知中也是强调了这一点，从严不是傅万才的发明，更不是他的专利，他管理企业，正是从人们认为最简单、最基础，也最难办的从严治厂开始的。不同的是他做到了坚持不懈，做到了一抓到底，也做到了严爱相济。

"制度无情，管理绝情"是傅万才从严管理使吉林化纤获得勃勃生机。无论是谁，制度面前人人平等；不论违者是谁，都一样执行。公司一位副总有一天中午领三位客人进厂，突然被一个叫"陈大工匠"的门卫喊住。在吉林化纤的门卫中，"陈大工匠"最认真，丁是丁卯是卯的。他一喊，"请站下，你厂徽呢。"副总说，我你都不认识了。这位副总过去曾和陈师傅同一车间，没料到陈师傅犟劲上来，拉下脸说，"我只认厂徽，不认人，制度是你们定的，我只管执行。"这位副总见状，只好停下返回。同他一起的客人说，都说化纤厂的纪律严，这下亲眼见了。事后，傅万才表扬了陈师傅，他说，"都像陈师傅这样，化纤厂还能进一步。"

严格的管理，在傅万才的身上体现最为充分。傅万才认为，一个企业能否搞好，关键在于一个好班子，班子能不能建设好，关键在于"一把手"。"一把手"很重要，他的人格作用不可忽视。

傅万才说，在一个企业，一把手是班子中的班长，要求你这个班长要有一个好素质，特别是政治素质。假如你当一把手的又贪又占，群众和班子其他成员就不会服你，就会出现台上你讲话，台下人讲你，你不过硬，你管别人就没有底气，就挺不起腰杆。正是如此，吉林化纤的产品在市场销售中价格比同类产品高出2000元，且供不应求。

家庭事业的两难选择

傅万才历经坎坷，改革开放前虽然一直在默默地努力，但却一直未能得到重用。改革开放后，傅万才得以崭露头角，走到了吉纤"掌门人"的岗位。权力交给他，责任也同样交给他。他认为，企业首要任务是发展，只有把蛋糕做大，才能做强，吉林化纤的发展成了重中之重。正当基本建设项目如火如荼地展开时，他家里出了问题，爱人得了重病。傅万才对爱人一直怀有愧疚，两个人结婚简单得不能再简单，生活一直捉襟见肘。大女儿上初中，离家3里多地，为了大女儿吃上饺子，到了大冬天的礼拜天，两个人一大早就爬起来，一个剁饺子馅一个擀饺子皮，饺子包好煮好，装好饭盒，先用手巾包一层，为防止饺子凉，再套上棉手套。两个人在雪地里艰难地前行，一个骑自行车，一个捂着饭盒坐在车后，骑不动时，一个前边拉一个后面推，到学校看着女儿把饺子吃下去，再回家做自己吃的玉米面饼。结婚20年，夫妻没有红过脸，这个病来得太突然，傅万才对妻子说，放心，天边能治好咱去天边治，可是她患的是绝症。

傅万才两头都忙，一方面，爱人的病痛折磨着傅万才的心；另一方面，基建工地诸多交织在一起的问题，需要他拍板定夺。一天华灯初上，和往常一样，他照顾爱人吃了药，穿衣服准备出门去工地，走到门口准备关门时，他回望卧床多日的妻子，突然感觉不对劲。往日吃了药，她会安静地闭上眼睛睡了，但今天眼睛却瞪地大大的，死死盯住他，一种不祥之兆萦绕在傅万才心头。傅万才索性折回，脱掉外套，安慰她说，不走了，今天就陪你。听罢，妻子的脸上露出久违的笑容，正在这时，"叮铃铃、叮铃铃"电话响了，他犹豫了一下，但那个座机电话一直在叫，最后他还是接起电话。电话是工地打来的，基建办李副主任认为设备安装的图纸有问题，一批工人急等答案。傅万才不去现场显然不行。他望着妻子向床边走去，拎着暖水瓶，拿着毛巾，浸泡一会，拧拧毛巾的水，敷在妻子脸额，轻轻地给妻子擦好脸，对她说，明天把大姐接来照顾你。可是他说的大姐（妻子的姐姐）还没有接到，那天，当傅万才拖着疲惫的身体回到家里，才发现相濡以沫的妻子就已撒手人寰，永远离开了人世。

严爱相济职工归属感升华

除夕夜是举家团圆之际，按照中国人的习惯，要包饺子、煮饺子、吃饺子。自从1985年傅万才当厂长后，年三十晚上他给坚持在生产、工作岗位上的职工送饺子。饺子馅儿一直是他关心的问题，有一年听说是酸菜肉馅的，他不同意，他说，酸菜吃油，包饺子不香，换芹菜肉馅的。傅万才亲自把饺子送到工人手中，一定要看到他们吃在嘴里才放心，此时他像是一个慈祥的父亲。

他在实践中总结出一套管理经验："早晨上班看脸色、中午休息看饭盒、晚上下班看路线"，他说人的喜怒哀乐写在脸上，如果上班脸难看，就要注意，有可能遇上不顺心的事，会影响生产；中午看饭盒是因为遇上难事上火，中医讲"心开窍于舌，与小肠相表里"，上火就脾胃不和，吃饭不香；下班看路线是看回家还是出去耍了。他提出企业"说实话、办实事、在细字上下功夫"，还提出"工作要求实、作风要扎实"。这个和现在风靡全球的管理大师讲堂上说的——细节决定一切，异曲同工。

"基建三班倒、班班见领导"，傅万才一直喜欢现场解决问题，他说是为了少扯皮。而工人们更喜欢他在现场，心里踏实。这天，正值乍暖还寒的初春，他穿着雨靴，手握砖头模样的大哥大，刚刚到工地，身边便围来一群人。有人反映中午送的饭菜都凉了，有人说菜里面见不到肉腥。他抄起电话打给食堂，安排买保暖桶，要让工人吃到肉。那个食堂管理员正在申辩，他急了，在电话里说，保暖桶厂里报销，买肉钱由他签字。听罢，工人们心满意足地散去。

"1997年央视春节联欢晚会我没看到，因为傅万才春节前大腿内侧生了个疮，手术后化脓感染，有点发烧，医生建议他休息。我们建议年三十的饺子由其他领导代表他发放值班工人手中，他勉强同意。我们按照以往的时间到达车间时，发现他已经到了。并且说，大过年的，工人们不容易。他一瘸一拐地往三楼爬，中间歇了两次，傅万才在司机师傅的搀扶下艰难地挪动脚步。"见到此情此景，一位老工人一手握着傅万才的手，另一只手擦拭着被泪水模糊的双眼。

勇于担当，忠诚党的事业

傅万才说："经济发展规律是马鞍形的，有高峰也有低谷，产品畅销就意味着滞销开始，反过来产品滞销也意味着畅销的到来。农民种大葱，秋季都卖掉了，第二年种大葱人就多了，大葱过剩，就吃亏了，第三年没有人种了。市场需求是永恒的，谁坚持种大葱谁就赢了。"

傅万才平时很少跑市场，但是他"秀才不出门，能知天下事"。他喜欢听销售部门介绍情况，销售员一年四季走市场，每次回来他都单独召见，仔细询问，了解一手信息。他要求每一个销售员写市场营销状况和发展趋势报告，交到他手里，进行分析研究。他习惯每天看《新闻联播》，锁定中央电视台一频道，其他频道基本上没有打开过，从党中央的声音中寻找市场信息，对国内国外纺织发展情况分析，做到未雨绸缪。

1994年夏季的一天，吉林化纤集团三楼会议室，召开公司班子成员会议，讨论的问题很重要，是关于企业上项目的议案——2600吨/年黏胶长丝项目，班子成员一边倒，没有一个人同意。原因是当时长丝市场状态低迷，市场供过于求，现有产品大量积压，现在上项目等于飞蛾扑火。另一个原因是企业处于找米下锅状态，原料市场告急，上没有原料下没有市场，最重要的是缺钱，财务处长跑断腿也没贷到款。班子会议上，连平时不言不语的纪委书记都为傅万才担心，说："老傅，你再考虑考虑。"傅万才很坚持，甚至说："项目成功了，是班子的功劳；项目失败了，上级领导怪罪下来，我去蹲笆篱子（东北话监狱）。"

年产2600吨长丝项目如期开工，第二年春天项目竣工，市场发生逆转，长丝产品供不应求，许多厂商持币待购。接着，吉林化纤又上了几个项目，大都是在市场不景气时上马，投产开工时市场逆转。实践证明，奋勇担当，忠诚党的事业是决策制定者成功的不二选择。在傅万才引领下，吉林化纤万名职工勇往直前，成为中国纺织的一面旗帜。傅万才也被评为全国优秀企业家、全国劳动模范、五一劳动奖章获得者，并被选为第八届全国人民代表大会代表和党的十五大代表。

文/中纺企协
2019年1月

怀"丝路天下"雄心
谱振兴发展乐章

——吉林化纤集团加快升级转型综述

　　老工业基地，百年历史的传统产业，投产50多年的老国企，这样一组信息多少会给人一丝沉重感。事实上，在当前宏观经济下行的压力之下，东北地区很多从事传统产业的老国企日子的确不好过。

　　走进吉林化纤集团公司，却是另一番景象——高速运转的5000吨/年碳纤维原丝生产线，等待装运公司新产品醋酐的槽车，主体已经完工的长丝扩能改建项目，刚刚投入试生产的5000吨/年竹长丝连续纺研发项目崭新的生产线，纺丝机旁神情专注的纺丝女工……这些充满活力的"音符"，谱写出吉林化纤振兴发展的新乐章。

　　在2014年实现10%增长的基础上，吉林化纤集团2015年上半年继续保持快速增长，实现产值28亿元，同比增长4.9%，实现销售收入25.3亿元，同比增长3.3%。凭借传承与创新，凭借实干与智慧，吉纤人正在用创新务实的行动和实实在在的发展业绩，开创出企业升级转型新天地、振兴发展新局面。

"三化"开启升级转型新路径

建成投产51年的吉林化纤集团，有过20世纪90年代"全国学化纤"的辉煌，也有过21世纪连续5年亏损的低谷。

2013年9月，宋德武出任吉林化纤集团董事长、总经理，在市委、市政府的大力支持下带领企业突破困境。吉林化纤从实际出发，着眼国际化纤市场发展趋势，研究制定了整体战略：夯实主业，加快升级，适度转型，确定了"整合优化，提高效率，内拓外联，双轮驱动"的工作思路。

根据市场形势和自身发展需求，吉林化纤选择了"三化"发展路线——传统产品黏胶长丝优质化，规模产品腈纶纤维差别化，新产品产业链一体化。

管理与技术结合，实现了传统产品优质化升级。黏胶长丝是吉林化纤的传统产品，企业充分发挥管理与技术优势，不断提升产品品质，提高产品附加值，加快主业升级步伐。"质量做不出来，效率就提不上来"，吉林化纤通过"盯原料、稳黏度、细准备"，稳步提升产品质量。

"盯原料"，将储备高质量长丝浆粕提升到战略高度，从浆粕的原材料棉短绒开始抓产品质量，保证黏胶长丝的产品质量。同时，针对原料稳定和提质进行专题交流，提升长丝浆质量。"稳黏度"，通过开展黏度攻关，确保了制胶的持续稳定，黏度合格率由94%提高到95%以上。"细准备"，通过开展专项攻关，提升了纺丝可纺性……

去年，黏胶长丝A级晋AA级品产量同比增加1258吨，AA级品率提升26.7%，得到了国内外用户的高度认可。黏胶长丝出口销量实现27554吨，创汇1.12亿美元，同比增长36%，在同行业出口增长中位居首位，实现了以质量引领价格、赢取市场的目标。

创新与市场结合，实现了规模产品差别化调整。吉林化纤发挥企业科研、技术、人才优势，加快新产品开发和市场开拓，相继推出了多种功能性、高性能、高附加值的新产品。阻燃纤维成功打入澳大利亚市场，实现了市场化零的突破，并在电厂除尘方面得到了客户认可。第四代扁平纤维已成功打开市场，2014年实现销量5864吨，同比增长14.3倍，增收1.04亿元。醋青纤维研发成功，首次攻克了纤维素纤维与合成纤维共混的技术壁垒，填补了中国纺织行业空白。大有光腈纶纤维实现了对进口产品的替代，高强腈纶纤维实现了每月200～300吨对印度的出口，特殊风格羊绒毛条在国外市场也深受欢迎，标志着吉林化纤差别化产品替代进口产品又成功迈上一个新的台阶。

资源与产业结合，实现了新产品产业链一体化延伸。吉林化纤与科研院所和下游碳化企业、碳纤维制品企业一起成功组建了吉林省碳纤维产业技术创新战略联盟，通过联盟成员更紧密的合作，推动了碳纤维产业链整体发展，从而扩大了碳纤维原丝市场需求。2015年上半年，吉林化纤碳纤维原丝产销量比2014年同期翻了一番。

"三资"运作畅通"金融血脉"

金融是经济的"血液"。现代企业发展越来越依赖金融的力量。前几年，大量贷款产生的巨额财务费用，让吉林化纤不堪重负。

吉林化纤坚持资产最大限度利用、资金最快速度周转、资本最大力度整合，让资产、资金、资本活起来、动起来，从沉重的"包袱"变成为企业发展输送养分的"血液"。

按照同心多元化的发展思路，吉林化纤去年投资建设的年产5000吨/年竹长丝连续纺研发项目，在不到一年的时间里建成并于6月底试车。2万吨醋酐改建项目从开工到建成仅用140天，于2014年12月实现一次投料开车成功，一次出正品，产品迅速打开本地及东北、华北地区市场，成为新的效益增长点。

资金运作方面，2014年11月18日，吉林化纤发挥上市公司平台作用，募集到的9亿元资金全部到位，标志着吉林化纤集团股份公司非公开发行股票工作获得圆满成功。本次增发工作从2013年12月正式启动历时1年。其间，吉林化纤积极与中国证监局、深圳证监所以及省市证监局沟通协调，确保了增发工作的顺利完成。募集到的9亿元资金，对调整公司债务结构，补充流动资金，发挥了重要作用，使公司资产负债率下降了20%，每年降低财务费用3000万元，为企业升级转型注入了新鲜血液，实现了公司盈利。

同时，吉林化纤积极调整产权结构，对股份公司下属的河北吉藁、湖南拓普公司产权进行了剥离，对下属金马公司、赢科公司及建安公司等辅业实施了改制，使企业轻装上阵，加快了扭亏增盈步伐。

"三效"提升激发生产潜力

吉林化纤一直以严格管理著称，坚持"成事思维、问题导向、倒逼机制"，短周期、快调度、转作风、抓落实、负责任、提效率、正能量的工作氛围悄然形成。通过"五定"即定时间、定目标、定责任人、定检查、定考核，跟踪各项工作的具体落实，全方位调度、全面质量攻关、全员成本核算以及薪酬杠杆调节，调动了全员的工作积极性。

在人员管理上，通过清理无效岗位、无效工作、无效人员，对各岗位进行优化整合，加大非岗人员清理力度和管理人员考核力度，挤出低效人员、低效劳动和低效岗位，提高了工作效率、管理效率、经营效率。

同时，吉林化纤进一步完善员工激励机制，充分利用"百日会战"、劳动竞赛、党员献礼、提高"三效"大讨论等活动载体，调动员工工作积极性，以工作效率、管理效率的提高，促进了经营效率的提高。

吉林化纤集团股份公司原来拥有员工7000多人，黏胶长丝产能2万吨，现在员工3000多人，黏胶长丝产能3万吨，生产效率不可同日而语。

以人为本增强发展动力

要经营好一个企业不仅要靠智慧和战略，更要靠经营者的良心和心血。宋德武作为吉林化纤这个大家庭的大家长，时刻将员工的困难记在心里，作为自己工作的动力和责任。为真正了解员工之所思所想，做到对员工的动态和思想心中有数。宋德武每天都坚持到基层，不管是技改研发、项目建设的现场，还是物流、纺丝线现场都留下了他的足迹。

2014年，为提升员工的幸福指数，吉林化纤上调了一线纺丝、络筒岗位单产计件工资，并为在职员工增加满勤奖，使员工收入同比增加了25.5%。

坚持以人为本的文化理念，吉林化纤让员工与企业心手相连。

2014年8月和2015年1月，吉林化纤因为雷击和动力系统故障造成两次紧急停车。恰逢休息日，又是深更半夜，生产一线的员工接到通知后纷纷乘坐出租车赶到工厂恢复生产，他们中有的人刚下夜班回到家中，被窝还没捂热；有的正在陪伴老人和孩子，一时间，数以百计的出租车从市区汇集到吉林化纤公司大门前，车水马龙，人声鼎沸。让人感动和意想不到的是一个车间休息的纺丝工共有36名，没有离开市区的34人全部以最快的速度进厂支援，另外2人也从外地陆续赶回。上千名化纤员工连夜奋战，使生产线在最短时间恢复运转，把紧急停车造成的损失降到最低。

"只要我们心里装着员工，员工的心里就会永远装着企业、装着工作。"

宋德武说。

2015年上半年，吉林化纤集团生产经营形势一路向好，正是企业与员工的良性互动，让吉林化纤"奉献、敬业、负责、创新、自律"的精神处处闪光，成为强大的、无形的发展动力。

吹响再铸辉煌的冲锋号

2015年注定是吉林化纤发展史上不平凡的一年。继2014年年底2万吨醋酐项目投产后，吉林化纤按照"三化"战略，安排部署了"七个一"工程：7月1日5000吨/年竹长丝连续纺研发项目全部试车；8月1日长丝扩能改建项目工程封闭；9月1日河北吉藁天竹纺织研发中心项目和长丝扩能改建项目西纺1000吨开车；11月1日2万吨/年扁平纤维项目开车；12月1日碳谷公司B线增锭改造项目和长丝扩能改建项目中纺2000吨开车；2016年1月1日完成股份公司1万吨长丝原液改造及锅炉脱硝改造，2月1日河北吉藁公司锅炉提升改造工程完成50%。

紧锣密鼓的项目建设，吉林化纤发起了加快振兴新一轮冲锋：黏胶长丝三年做到世界一流。面对新一轮优胜劣汰，处于人造丝"第一军团"的吉林化纤将进一步对标国际，高水准扩张，凭借管理和技术优势，打造全球最好的人造丝生产基地。

三年做成全球腈纶单厂产能最大的板块。目前，全球腈纶产能160万吨，吉林化纤产能年底将达到26万吨，占全球产能的16%～17%。吉林化纤将依托研发优势、技术优势、人才优势，打造成腈纶产品最丰富的企业。

三至五年打造全国最大的碳纤维产业基地。开展提质降耗攻关，向低成本、大丝束、通用化发展。采取多种模式，加大与下游厂家的合作，加快产业链一体化延伸。开拓预浸布等产品市场，将销售重点转向碳丝市场，拉动终端市场。联合科研院所及高校，在汽车覆盖件、电缆芯、离心罐等项目研发上加大力度。

结合我国"一带一路"倡议，吉林化纤将进一步加大对内、对外贸易，对内贸易主要研究利用长江水域线要素，拓宽产品贸易渠道；对外贸易，腈纶、黏胶长丝产品强化亚、欧市场等主贸易链。

胸怀"丝路天下"雄心的吉纤人，向着建设"百年企业"的远大目标，向着"纺织强国"的美好梦想，再踏新征程。

文/高海峰 《江城日报》
2015年7月

坚持"2345"精益管理，提高质量和效率

碳纤维"产业树"发展之路

碳纤维比重低、强度高，应用领域广泛，是发展国防军工和国民经济的重要新材料。作为化纤行业内的优势企业，吉林化纤是如何科学谋划、系统布局，从"育苗""扎根"再到"枝繁叶茂"，培育碳纤维"产业树"的呢？

研发，培育产业之"苗"

科学技术永远是第一生产力。起初，"黑色黄金"碳纤维生产技术一直控制在发达国家手里，国内面临技术封锁和产品禁运的艰难局面。我国从20世纪60年代开始研发碳纤维，但一直没有实现规模化生产。为了实现技术破冰，2006年10月，吉林化纤通过市场调研和专家论证，决定研发国产碳纤维。凭借企业十几年DMAC湿法两步法腈纶生产的技术经验和公用工程优势，借助企业技术人员和高校专家组成的碳纤维创新团队，通过70余项技术改进、设备改造和上百次反复试验，终于在2007年4月生产出了第一批碳纤维原丝。为了尽快研发出合格产品，研发人员翻阅调研大量国内外文献资料，几乎天天扎在实验室和生产现场。2008年1月，通过对生产线的再次工艺优化和生产改造，生产出的100轴共500kg碳纤维原丝经碳化测试，指标已超过日本东丽公司T300标准，并获得两项国家发明专利，消息一出，进口碳纤维价格随之下跌40%。由此，吉林化纤开创了我国碳纤维规模化生产的先河，正式走上了碳纤维原丝产业化之路。

原丝，扎牢产业之"根"

原丝对碳纤维生产关联度达到60%以上，是决定碳纤维产业发展的关键因素。为将碳纤维原丝自主研发技术做强，吉林化纤发挥企业腈纶生产技术和人才优势、人造丝生产精细化管理优势，在碳纤维原丝生产中深入开展"提质、提速、提产、提效"四提工程，倡导围绕全过程清洁生产，开展提高洁净度攻关，可减少70%以上系统杂质；利用"高校–企业–客户"产学研用技术交流平台，以匀质化攻关为切入点，大刀阔斧地进行工艺优化和设备改造，提高了产品质量稳定性；通过原液系统深挖潜能、动力系统核定升级、关键部件精准优化，开展提速增锭改造，原丝纺速提高了17.6%，单线产能达到了原来4条线设计产能之和，产值同比增长81%，30%以上的大丝束原丝碳化后产品质量达到T700级水平。吉林化纤不断向碳纤维板块发力，立足大丝束通用化、高品质，小丝束专业化、高性能的研发定位，突破关键技术，不断降低成本，通过"四提"要素优化等措施，使碳纤维质量不断提升、产能不断释放、应用领域不断拓展。生产的1K、3K、12K、25K、48K、50K等所有规格、各种性能的碳纤维已广泛应用到下游11个领域，从0.5万吨、1.5万吨、3.5万吨、4万吨、5万吨再到15万吨碳纤维项目，一个个项目落地生根。特别是7月25日，年产5万吨50K大丝束原丝项目一期9#、10#线一次开车成功，成为全国首条自主设计产能最大的碳纤维原丝生产线，也是全球单锭成筒达500kg、单线产能最大的原丝生产线。项目开车后，促使碳纤维产业更加根深蒂固、蓬勃发展。

碳化，伸展产业之"干"

发挥集聚效应是推动碳纤维产业高质量发展的重要方向。吉林化纤借助独特的原丝生产优势，延伸产业链条。通过发展混合所有制、并购重组等方式扩大碳化生产。2017年，吉林化纤与浙江精功集团合作，建设年产1.2万吨碳化线项目，一期两条生产线已顺利投产，成为全国单线产能最大的大丝束碳化生产线，在优质原丝的支撑下，产品质量稳定在T400级水平，35%的25K产品可达到T700级水平。2020年5月，吉林化纤通过收购重组的方式成立吉林国兴碳纤维有限公司，进一步丰富了碳丝生产品种，实现关联企业纵向配套、横向协作，推动了碳纤维产业集群式发展和优势资源整合。7月15日，1.5万吨碳纤维项目首条生产线3#碳化线正式开车，主要生产25K大丝束碳纤维，应用于风电配套的拉挤板材预浸料领域。同时，4#碳化线也已经进入设备安装冲刺阶段，7#、8#碳化线也将相继释放产能。其中"25K～50K聚丙烯腈基原丝及碳纤维关键技术和产业化开发"项目通过专家鉴定，总体技术达到国际先进水平，标志着吉林化纤大丝束碳纤维生产技术取得实质性突破，也标志着中国25K～50K大丝束碳纤维真正实现了产业化。

制品，繁茂产业之"枝"

根深才能叶茂，叶茂才能花香。碳纤维是用出去的，而不是卖出去的。吉林化纤坚持产学研用和产业链一体化开发，用小丝线串起大产业链。成立吉林国兴复合材料有限公司，引进复合材料专业人才，将产业链延伸至碳纤维复合材料领域。哪里缺就补哪里，哪环弱就补哪环。积极与长春一汽集团、中车长客公司等企业开展合作交流和技术研发，碳纤维缠绕氢气瓶、汽车座椅碳纤维骨架等系列产品的问世，突破了大丝束碳纤维在缠绕气瓶及汽车轻量化上的技术瓶颈，开辟了新的工业应用领域。2019年，25K碳纤维原丝以独有的工艺技术成功替代进口产品，成为国内唯一风电巨头丹麦维斯塔斯公司的大丝束碳纤维原料供应商，解决了中国大丝束碳纤维产业的"芯片之痛"。2020年1月，吉林化纤又携手白城市政府同维斯塔斯公司共同签署战略合作框架协议，标志着企业碳纤维产品在风电叶片领域应用上取得了跨越式进展。随着项目的陆续投产和产业链上下游资本运作，集团公司正快速向打造10万吨原丝、4万吨碳丝及5000吨拉挤复材的碳纤维产业园目标迈进，全球最优秀的纤维缔造者及中国吉林国家碳纤维产业园如同两座耀眼的珍珠将屹立于松花江畔。

碳纤维产业发展是一项庞杂的系统工程，吉林化纤将实施增品种、提品质、创品牌"三品"战略，加速碳纤维产品迭代升级，拓展下游制品应用领域，抓住国家、省、市大力扶持战略性新兴产业的有利契机，坚定地担负起民族产业发展重任。"十四五"期间，吉林化纤将结合吉林市"四六四五"发展战略规划，聚焦碳纤维板块集中发力，新建全产业链项目，加强产业链一体化发展，与下游合作开发拓展应用，共同推动吉林地区碳纤维产业发展，为吉林全面振兴、全方位振兴，打造千亿级碳纤维产业贡献力量。

文/顾子琪
2020年12月

第六部分
心　声

峥嵘六十载　奋进新征程

——吉林化纤集团六十年发展纪实

六十年风雨兼程，六十载春华秋实。伴随着新中国发展的铿锵步伐，在这片广袤富饶的黑土地上，吉林化纤矢志不渝，傲然屹立在远离纺织产业集群的东北地区。以坚持主业不动摇、坚持创新不懈怠、坚持改革不停步、坚持党建打基础的顽强信念，一步一个脚印，走出了一条独具特色的创新发展强企之路。

六十年砥砺奋进，六十载携手同行。从零起步到市值突破两百亿，从名不见经传的小厂到传统纺织材料全球领先、战略性新兴材料全国第一的大型国有企业，从单一的黏胶短纤维产品到600多个品种的持续放量，从3400吨纤维产能到突破85万吨的成绩斐然，从仅在松花江畔到客户广布国内20多个省、市及亚、欧、美、非洲的30多个国家和地区……万名吉纤人用智慧和汗水奏响了一曲艰苦奋斗、勇于奉献的精彩乐章，用激情和力量谱写出一首干事创业、奋勇争先的青春赞歌。

六十年豪情壮志，六十载争创一流。吉林化纤沐浴着党的光辉，一路向"新"，披荆斩棘，战天斗地创造了一项项举世瞩目的工程奇迹，夜以继日攻克了一道道制约成长的技术难关，在市场经济、改革浪潮的洗礼中战险滩、迎风雨、立潮头，坚持存量优化升级、增量创新发展，始终以蓬勃气象、昂扬姿态，冲锋在中国式现代化发展的前沿，用实干担当奋力扬起了无愧于国家、无愧于行业、无愧于时代的壮丽风帆。

六十年深耕主业　步履铿锵

拂去历史的尘烟，回望远逝的光华，在物资贫乏、百废待兴的年代，1959年的隆冬，朔风劲吹，瑞雪纷飞，一小队创业者冒着严寒在距吉林市15公里的松花江畔竖起了"吉林市人造纤维厂筹备处"的木牌，开始了一场轰轰烈烈的建设之旅，该项目也是当时国家在全国建设的14个黏胶化纤企业之一。从此，在这片饱含深情的大地上，翻开了中华人民共和国化纤事业发展的新篇章。

启创业之程　筚路蓝缕砥砺行

当时年轻的中国面临严峻的经济困难，为解决东北人民的穿衣问题，经过老一辈的创业者们多次研究评估，最终决定生产黏胶短纤维。

黏胶短纤维又称人造棉，性能与棉花相近，具有吸湿性好，手感柔软等特点，是天然纤维素的再生纤维。

1960年9月，吉林化纤第一条3400吨黏胶短纤维生产线正式开工建设，当时的条件异常艰苦，建设者们在克服了没有铁路和汽车等运输工具的困难下，仅靠人拉肩扛，战酷暑、迎风雪，不畏万难，终于在1964年4月19日建成投产。

经过老一辈吉纤人的精耕细作和不懈努力，吉林化纤的黏胶短纤维（人造棉）成功摘取了中国化纤产品最高荣誉——国家银质奖章，成为首个中国免检产品。

筑发展之基　至臻匠心铸精品

乘着胜利的号角，坚定"国有企业一定能够搞好"的信念，吉林化纤抓质量、搞技改、促升级，踏上了"高速度、快节奏"发展的新航程。为了生产出更为舒适、更贴近人们生活的绿色纤维，公司当机立断一定要上人造丝生产线。

人造丝是一种天然且可再生的植物纤维，具有良好的吸湿性和透气性，是天然蚕丝的绝佳替代品，亦是制作高档面料不可或缺的好材料，就这样人造丝的建设之路也随之展开……

1983年7月，年产2000吨人造丝项目正式破土动工，历时三年零三个月，1985年10月项目一期建成投产，黏胶长丝从无到有，实现了公司由单一品种向多个产品的历史性转折。

"要么做第一，要么做唯一"，吉纤人意志坚韧，不辱使命。1988年，公司下定决心向国外市场拓展，成功与外商签订了750吨长丝出口合同，主导产品首次打入国际市场，为公司做大做强开了好头，后续产品质量也在精益求精、不断升级中，征服了苛求完美的日本市场，占领了国际高端的欧洲市场，持续在优胜劣汰的市场竞争和行业调整中实现强者恒强。

随着900吨、1400吨、2950吨、2600吨、5600吨、2200吨人造丝项目的相继建成投产，到1999年，公司黏胶长丝产量达2万余吨，跃居全国第一。吉林化纤的人造丝也被誉为"丝中之王"，"白山"牌人造丝荣获"全国用户满意产品"和"中国名牌产品"称号。

2003年公司蓬勃发展、马不停蹄地开始了1万吨黏胶长丝提升改造项目，使人造丝产品更加适合国外对高档长丝的需求，进而扩大人造丝在国际市场中的占有率，全面提高企业的综合竞争能力。2006年2月，吉林化纤与德国ENKA公司合资建设年产5000吨黏胶长丝项目破土动工，开启了连续纺生产的新征程。随着国外工厂的关闭，进一步满足了对欧美高端市场的补充。众所周知，人造丝原料主要以棉浆、木浆为主，吉林化纤结合竹纤维生产研发经验，进行改投竹浆实验，终于在2008年5月，公司的竹长丝连续纺实现一次试纺成功，人造丝差别化生产又实现了新的突破，到2010年，吉林化纤建成投产了全国第一条竹长丝生产线，产品投入市场得到了消费者的充分认可。

自2015年之后，公司又相继投产了年产2870吨黏胶长丝技改、1万吨人造丝细旦化升级改造、1万吨可降解生物质连续纺长丝、六纺升级扩能改造、长丝五车间提质改造、5000吨差别化连续纺长丝、1万吨高性能差别化人造丝改造、1.5万吨差别化连续纺长丝、1万吨超细旦连续纺长丝等11个项目。人造丝产业规模也从全国第一，跃升至世界第一。近年来，公司通过"三品四化"升级，打造出优质的人造丝，在量价齐升的同时，产品依然供不应求。

起产业之势　双轮驱动焕新机

1998年是国家改革开放和社会主义现代化建设的新时期。吉纤人不满足于现状，为了企业进一步发展，准备向其他新产品领域拓展，具有"人造羊毛"之称的腈纶纤维成为首选。

腈纶纤维的柔软、蓬松、抗菌、色泽鲜艳等优点令人称道，其纺织品被广泛用于制成多种毛料、服装等领域。

吉林化纤运筹帷幄，抢抓机遇，于1995年与世界著名的腈纶制造商意大利蒙特公司合作，历经3年时间，6万吨腈纶项目建成投产。至此，公司实现了由纤维素纤维向合成纤维的"开疆拓土"。同年11月，公司成功开发出腈纶丝束系列产品，填补国内空白。

2002年，公司通过不断地进行技术升级，使腈纶丝束成功替代进口产品，腈纶毛条成为用户首选品种。从此，腈纶产品雄踞国内同行企业榜首。2004年，行业瞩目的4万吨差别化腈纶纤维项目开车投产，成为公司抢占市场、优化产品结构的重要项目，在同行业中占据了举足轻重的地位，产品一经问世就销往全国各地，质量广受用户好评。2005年，公司乘胜追击又上马了15万吨差别化腈纶项目，成功跻身行业前列。

2011年11月，为加大腈纶新产品研发力度，以差别化产品优势提高市场竞争力，以产品创新带动项目驱动，吉林化纤再次与意大利蒙特公司进行合作，建成腈纶差别化品种实验室，并成功开发出腈纶原液染色纤维。2012年初，全国首条年产4000吨原液染色腈纶生产线建成投产。产能的持续扩大，产品的迭代升级，推动公司的腈纶纤维涌入了全球化发展的洪流。

二十多年来，吉林化纤不断为产品注入科技元素，形成独有的生产工艺配方和技术优势，新上马15万吨差别化腈纶项目也将于今年7月份投产，53万吨产能将再次刷新全球占比纪录。

走科创之路　自主研发拓市场

步入新纪元，从解决穿衣问题到引领时尚，公司为破解棉、木等纺织资源日益匮乏的行业难题。于2003年凭借着多年普通短纤维的生产技术和经验，通过反复试验，第一次在5吨竹浆粕中生产出了900千克的竹纤维。至此，世界上唯一利用可再生竹资源制造的新型纤维素纤维诞生了，吉林化纤实现全球首创，拥有自主知识产权且凭借此产品荣获了全国企业管理现代化创新成果一等奖。

这一创举不仅带动了偏远山区的农民栽竹增收，也开创了纺织原料结构调整的健康新时代。竹纤维以再生竹资源为原料，固有的抑菌、抗菌、除螨、可降解和抗紫外线功能，使它成为人们追求健康生活的首选。

时间来到2005年，公司牵头成立天竹联盟，"源于竹比棉更柔软"的竹纤维也开启了聚变发展的新征程。18年的精心培育，联盟成员从最初的24家发展到如今的261家，其中包括七匹狼、三枪、ZARA等国内外知名品牌。

从竹苗、竹林、竹浆，再到纤维和纱线，联盟带动了全产业链的互利共赢，天竹纤维成为第一个走进法国PV展的中国纤维品牌，代表着中国文化、中国元素的民族纤维走向了世界纤维的舞台。

立强企之志　新兴产业促发展

公司秉承着"加快升级，适度多元化"的发展战略，极具前瞻性地将碳纤维作为企业第二曲线增长的重中之重。

第六部分 心 声

"坚如磐石、韧如发丝"的碳纤维是含碳量在90%以上的新型高性能材料，其密度不足钢的1/4，强度却是钢的5~7倍。

2006年，公司汲取实验室成果及生产腈纶纤维的成功经验，独立自主研发了国内首个湿法二步法，工业化生产T300级聚丙烯腈基碳纤维原丝技术，打破了国外技术封锁，开创了我国碳纤维原丝规模化生产的先河。2008年2月，年产100吨碳纤维原丝生产实验线正式投产，产品实现达产达标；同年12月，公司大刀阔斧投资5.5亿元建设了年产5000吨碳纤维原丝项目，开创了我国碳纤维原丝规模化生产先河。

在高起点上求突破，在高标准上谋发展。2016年2月，吉纤人敢闯有为，向着碳纤维下游产业链进发，年产200吨碳纤维大丝束碳化实验示范线一次试车成功，为公司占领国内外碳纤维市场发挥着重要作用。2017年8月年产4万吨碳纤维原丝项目E线建成投产，到2020年G线开车成功，原丝产品质量达到T700级水平，产品逐步向国际拓展，实现替代进口。

为继续延伸碳纤维产业链直至终端领域，公司开始谋划向着下游复材及制品领域拓展。2019年，碳纤维复合材料制品项目正式立项，年内成功建成两条拉挤生产试验线；2020年，年产2万吨碳纤维复合材料制品项目正式开工，为公司进一步拓展风电叶片、光伏、建筑补强等应用领域，延伸碳纤维产业链，实现复材制造集群化跨越式发展奠定了坚实基础。

步入新发展阶段，碳达峰、碳中和、"3060"的大国承诺，使看似柔软的碳纤维也成为"新材料之王"，迎来了迅猛发展的高光时刻。公司以项目带动实现原丝与碳纤维产能的裂变式增长，开启了碳纤维全产业链项目建设的新高潮。2020年1.5万吨碳纤维项目正式开工建设。随之年产15万吨碳纤维原丝、600吨高性能碳纤维、1.2万吨碳纤维复合材料、6000吨碳纤维、3万吨高性能碳纤维原丝、2万吨碳纤维复合材料制品等项目陆续开工并投产，碳丝、复材实现从无到有，原丝、碳化装备完全国产化。公司现拥有全球效率最高的原丝生产线和单线产能最大的碳化生产线；到2023年末，公司实现拉挤产能2万吨、织布259万平、预浸料108万平。2021～2023年间，复材及制品板块实现裂变式增长，同时公司还持续拓宽在助剂、汽车轻量化等方面的研发，为碳纤维板块延链、补链、强链增添新动能。担负双碳引领、绿色发展的重要使命，吉林化纤再次扛起了民族产业发展的大旗。

有耕耘就有收获，耕耘不休、收获不止。从建厂初期的"蹒跚学步"到稳步扩建不断释放产能，十年间公司改造、建设的项目近60个，项目建设的速度也从原来的三年缩减至两年，再到年内建设、年内封闭、年内投产，"吉纤力量""吉纤速度"一次次创造行业建设史上的奇迹，塑造了一项又一项的生动案例，为公司高质量发展铺开了一番崭新的局面。吉林化纤现有人造丝产能9万吨/年，占全球的30%；腈纶纤维产能53万吨/年，占全球的40%；竹纤维产能15万吨/年，占全球的90%；碳纤维产业链产能23.7万吨/年，成为全球最大最优质的人造丝生产基地、最大的腈纶纤维生产基地、最大的竹纤维生产基地，全国最大、全球单线效率最高、规格牌号最全的碳纤维生产基地，全国保健功能纺织品原料基地和国家差别化腈纶研发生产基地。吉林化纤正顺着时间的指针坚定向前，发展的脚步从未停歇。

六十年守正创新　赋能飞跃

"唯一持久的竞争优势来自比竞争更快的自我革新。"历经半个世纪洗礼的吉林化纤，逐步形成了人造丝、腈纶、竹纤维、碳纤维四大板块齐头并进的良好发展态势，"四型创新"催动"创新之花"再结"产业之果"，向着更高更远的目标，产品升级、装备升级、环保升级引领企业步入高端化、智能化、绿色化发展的新赛道。

以客户为中心型创新　推动产品升级

吉林化纤坚持以客户为中心，铸造核心竞争力实现历史性跨越。坚持提品质、增品种、树品牌"三品"战略，遵循价值思维，深入市场、深入现场、深入客户，推动产销深度融合，提升客户响应效率的同时，推动核心技术创新和迭代升级。

人造丝优质化升级，开展"细旦化、大型化、连续化、匀质化"四化工程，以大型化开辟了先河，带动产业链效率提高50%，使55%产品应用到国际高端市场，附加值高出同行20%，成功打入乔绒、梭织等高端应用领域，开创了全球JIRECELL人造丝产品业界绿色可持续的新生态。积极搭建营销体系，CANOPY、FSC、RCS等多项产品认证及检测悉数过关，成功与ZARA、BOSS等世界大品牌同台共舞，实现了不可替代的全球领先。

腈纶纤维规模化基础上的差别化调整，成功打破了国外技术垄断，碳毡、可降解纤维等新品迭代涌现，品种从18个增至200余个。以颠覆传统的思维进行棉型升级，使腈纶产品跳出了单一的毛纺领域延伸到棉纺产业，产品内在质量、指标均达到国际先进水平，使纤维性能无限接近棉花。同时建立了"华绒之链"市场体系，产品差别化率达51%，牢牢把控全球腈纶话语权。

竹纤维联盟化运作，创新商业模式引领行业的发展。建立全球绿色可持续认证体系，实现了天竹纤维全球可检测、全产业链可追溯、全生命周期可管理，保持全球唯一的领先地位。坚持打假树真，对接终端，艾维、竹丽尔、竹莱尔等差别化产品以及"天竹""ECOBAMBOO"等品牌深受消费者喜爱，成为继"棉、麻、丝、毛"之后的第五大天然纤维，被誉为新时代的"绿色纤维""会呼吸的纤维"。

吉林化纤坚持碳纤维产业链一体化发展，抢抓国家战略性新兴产业发展机遇，经过自主创新、集成创新、消化吸收再创新，首创的35K、48K、50K大丝束填补国内空白。按照以客户需求为导向的定制化生产模式，生产的1K、3K、12K等所有规格、各种性能的碳纤维已广泛应用于下游的11个领域。致力于碳纤维军工、民用全领域应用拓展。公司已形成了大丝束通用化、高品质、低成本的产业优势及小丝束专业化、高性能、高精尖技术优势，开辟了新的碳纤维工艺路线，获得47项专利，成为唯一一家拥有干、湿法纺丝双路线自主知识产权的企业，市场占有率达40%以上，产业链关键核心技术实现自主可控。碳纤维复材及制品多元化拓展，为碳纤维产业延链、强链提供支撑。近年来，公司坚持加大拉挤板、编织布、预浸料、C/C复材等产品的研发力度，实现了在风电领域的快速扩张，现已占据90%的市场份额。2024年，公司加快推进碳纤维"零碳"制品产业园建设，T700级碳纤维产品稳定运行并逐渐替代高端进口产品，加快推动碳纤维复材及制品在汽车轻量化、轨道交通、航空航天、风电光伏等领域的拓展。

效率驱动型创新　推动装备升级

以降低劳动强度为目的，将智能化升级与生产工艺深度结合，助推"老牌国企"焕发新活力。

多年来，公司为解决劳动密集的"老大难"问题，不遗余力地推进生产线自动化、数字化、智能化升级改造。在运丝、打包、毛条等高强度岗位都实现了机器代人。结合市场及产品的需求，陆续上马了高速络筒机、空捻器、自动包装、贴标、码垛等智能升级项目，积极引入DCS控制、MES生产管理系统实现自动操作；首创高效碳化线，人造丝丝饼、丝筒大型化改造等，进一步提高生产效率；AGV小车及智能化立库物流系统大幅提升了员工的工作效率；建立ERP数据共享系统、物流发货跟踪系统、招聘管理平台、订餐平台等，有针对性地对相关专业提供数据支撑。简化操作流程，降低劳动强度，改善工作环境，将自主创新成果第一时间惠及员工。

工程技术型创新　推动环保升级

绘就绿色高质量发展"画卷",是吉纤人矢志不渝的信念。公司坚持"创新、协调、绿色、开放、共享"的新发展理念,以绿色低碳为方向,围绕清洁生产、源头控制、综合治理、循环利用,坚持供给端和应用端同步调整。

优化用能结构,实施冷热分流、清浊分流、酸碱分流,推进资源跨界、跨区域整合及梯级利用,积极开展污水处理能力提升工作、"三废"精细化管理、能源循环高效利用等措施。建立绿色生产体系,开展STEP、EU-BAT、全国碳排放系统完成碳交易……2013~2023年,公司投资7.8亿元实施环保升级改造33项,在企业总量翻两番的情况下,水、电、汽消耗没有明显提升。

通过建立清洁生产管理体系,吉林化纤构建了绿色原料培育、绿色能源使用、绿色制造实施、绿色消费引领的国际绿色产业生态链,成为全球绿色可持续发展的龙头企业。

基础研发型创新　锻造核心竞争力

吉林化纤多年来围绕基础型、应用型、产学研用型,开启颠覆型创新,使关键核心技术真正实现自立自强。

公司结合"四型创新"、第一性原理、第二曲线增长、三化升级、四提工程、"1+N"攻关、三原(源)思想、十度原则,开展基础型研究。使全员从基本原理、基础理论出发成为一种思考方式,使追求颠覆、挑战极限成为一种习惯,全员创新成为一种氛围。

突出"科技兴企"战略,完善"1+5"科技创新体系建设,开展应用型研究。成立8个专业研究所、1个博士后科研工作站,开展创新课题、揭榜挂帅攻关等全员创新活动,推行多渠道创新激励,同时立足吉林、辐射到京津冀、长三角和珠三角,建立5个碳纤维应用研发中心,搭建研发中心自主创新平台,持续进行应用型研发拓展。

围绕产学研用一体化发展，公司相继与吉林大学、北京化工大学等高校联合成立包含重点实验室、中试基地、创新中心的产学研用联合创新平台；与一汽集团、中车长客等企业建立产业链上下游联合开发平台，全面拓展碳纤维在新能源汽车、风光发电等重点领域应用，助力吉林千亿级碳纤维产业集群发展。今年，公司将继续加大战略性新兴产业研发投入力度，与高校共建碳纤维研发实验室，科技型企业研发投入强度预计达到3%以上。

企业因创新而茁壮，因创新而辉煌。实现跟跑、并跑、领跑，吉林化纤在突破与创新的浪潮中，走过了一条不懈求索、不断奋进的光辉历程。公司现有国家专利130项，起草国家及行业标准16项。2013～2023年，公司每两年召开一次创新大会，重奖重大创新成果，截至目前已召开五届，累计奖励金额近千万元，其间，培养有突出贡献的科技带头人30余人，实现创效32亿元。

六十年改革突破　沧桑巨变

历史的长河奔流不息，发展的脚步永无止境。面对国际化、信息化、市场化的汹涌浪潮，吉林化纤科学发展、改革突破，在战胜危机中不断成长壮大，逆势开启又一段发展新篇章。

调结构促转型

伴随着改革开放的春风，1996年2月，吉林化纤集团有限责任公司揭牌成立，组建了以集团公司为母公司的核心企业，标志着公司成为（国有控股）企业集团，包括一家上市公司股份公司、两家控股子公司（奇峰公司及吉藁联合浆厂）和四家全资子公司。

为加大产业布局，拓宽上下游产业链，公司在2000年至2008年间先后成立了河北吉藁、四川天竹、湖南拓普、深圳天竹等外埠公司。随着企业不断地发展壮大，其间也经历了企业运行不畅、负能过重的局面……

时间来到吉林化纤步入高速发展的十年（2013～2023年），也是公司大兴改革、凝聚共识的新十年。2013年，面对长期影响和制约企业发展的沉重包袱，新一届领导班子提出了"夯实主业、加快升级、适度多元化"的发展战略及"整合优化、提高效率、内拓外联、双轮驱动"的发展思路，以壮士断腕的决心，果断关停淘汰了一批低产能、高成本、高消耗、缺乏竞争力的生产线，陆续成立、收购了鹿王制药、国盛装备、方大、宝旌等28家公司，注销、整合、重组15家公司，并新建了33个经济效益好、有市场竞争优势、绿色环保的项目，且全部达产达效。特别是近几年，公司项目投入一个，见效一个，基本上年年有项目，年年有投产，年年增效益。

2023年公司遵循"优化资源、提高效率、突出价值"的工作思路，实施"卖四川、停湖南；扩碳谷、建国兴；缩吉藁、干复材；减动力、改腈纶；升级竹、调长丝"五项具体操作，实现了资源配置更加优化、产业布局更加合理，形成了传统板块全球无可替代、新兴板块优势领先的行业主导地位。

稳三资促经营

多年来，公司为实现"资产效率最大化"，始终以颠覆性思维有效盘活存量，以新发展理念全面优化增量，围绕三资、三产、三效、三结合，深耕产业链，延伸资本链，加速产业链和资本链的深度融合、协同发展。

2014年，吉林化纤通过资本运作，使老牌上市公司股份实现了A股首次增发，募集资金9.6亿元，使公司资产负债率下降20%，为企业注入了新鲜充足的血液，引领企业实现扭亏脱困，步入了良性发展，而后又通过改制、增资扩股、定向增发等多种方式，仅用三年时间就达到了前50年的经济总量。2016年3月碳谷公司在新三板正式挂牌上市，标志着集团公司新材料产业发展迈出了历史性的一步，为资本运作及产业链一体化发展提供了强大动力。2017年，企业产值突破百亿，利润连年增长。而后公司乘势而上、精准决策，陆续将公司内非优质的存量资产进行了充分调整，加快企业创新研发、升级改革的步伐，终于在2021年，碳谷公司在北交所成功挂牌上市，成为首批上市企业，成为吉林化纤的第二个上市公司，开辟了创新发展的新纪元，企业竞争能力大幅增强。

近年来，企业良性运转，产值、销售收入逐年攀升，到2022年销售收入突破200亿元，2023年达到231亿元，实现了历史最高水平。

重治理提效能

1985年公司开始实行厂长任期目标责任制，党政职能分开运行，公司整体架构趋于完善，至此，吉林化纤正式迈出了内控改革的步伐。1987年，随着各机构设置逐步良性运行，全公司上下统一标准，先后进行了两次大规模的制度编写、修改工作，制定了技术标准16类439个，管理标准28类265个，工作标准16类728个，从而建立起了一个稳定、协调，高效运转的企业运行机制。

2002年，为提高企业经营管理效率，公司开始逐步推进"以岗定薪"，以突出岗位绩效、技术含量、智力含量的分配机制和激励机制，大幅减少非生产人员，取消工段、合并班组，建立扁平化管理梯队，将相应管理工作上移至相关职能处室，切实为基层减负。2005年，公司借助收购吉林市棉麻纺织厂的契机，其间除消化大量产品外，同时分流了1000余人，在提升企业竞争力的同时，也解决了公司人员冗余的瓶颈，公司整体人员结构、岗位编制更加趋于合理化。

2019年，公司进一步优化机制，完善制度，提高工作效率、管理效率和资源利用效率，夯实企业管理基础。通过展开"ECRS"岗位优化和管理对标，进行岗位取消、合并、调整、简化。深入开展清除"三无"、挤出"三低"活动。将低效岗位的工作进行整合再分配，并采取定编的方式，实现能者多劳、多劳多得，既提高了员工的工作效率，又增加了员工收入。同时，坚持推行专业的人做专业的事，全面提高工作质量，杜绝工作质量不高从而返工的情况。

近三年，公司牢牢把握"双百行动"及国企改革发展的机遇，引入战略投资者新建和改制混合所有制企业9户，配齐建强董事会及外部董事队伍，全面放大了国有资本功能，加速了碳纤维全产业链布局。去疴除弊，积极稳妥地推行作业制改革，促进了各级干部员工的思想观念、企业管理的深刻变革，和发展成效的显著提升。2024年，公司为进一步完善治理体系，积极推行事业部制管理，按业务板块规范整合各公司及基层车间，压缩管理层级，提高管理效率。深化"三项制度改革"，完善正向激励机制。相比十年前，公司人均劳动生产率提高了4.5倍，整体运营效率再上一个新台阶。

精管理强能力

"从严治厂"是20世纪70～80年代吉林化纤的独特标志。高大的厂房干净整洁；大小管路纵横密布，却见不到半点"跑、冒、滴、漏"的现象；成百上千的丝饼、丝筒错落有致；就连厂区内行走的职工也井然有序，严格按规定"两人成排，三人成行"。这样一流的管理不是一朝一夕就能够形成的，而是在天天说、反复抓中养成的，是从严治厂的慢功夫和硬功夫，是严谨、严格、严肃管理的集中体现。老一辈吉纤人在这样的"从严要求"中走过来，也带动了新一代吉纤人延续着"严、新、细、实"的工作作风。

迈向21世纪，随着社会发展的深刻变革，公司也开始倡导人性化管理与标准化管理相结合，精心设计了《企业文化手册》，分别从行为规范、企业办公等多方面进行了系统的要求，重新整理了《员工文明礼貌用语》《员工文明行为准则》等，在全公司倡导规范文明用语、规范文明行为、规范岗位操作，在提升广大员工素质、素养上下真功夫。

步入新发展阶段，公司为加快锻造企业的核心竞争力，在"从严要求"的基础上，又提出了"2345"精益化管理理念，围绕双基工程、三全管理、四提工程、五动人才培养，使管理基础工作愈发夯实。公司坚持围绕"五定"原则以及成事思维、问题导向、倒逼机制，进一步提高了员工的认知率、转化率、执行率。坚持"家长式"的独立意识，追求"一把手"管理红利，提升高层的决策能力、中层的管理能力、基层的执行能力。

以安全管理升级推动基础管理全面升级，落实"三醒、四责、五小"安全管理理念，推行本质安全、"五化"、安全巡查管理模式，以管理的敏感性、专业性、系统性和"实劲儿、狠劲儿、韧劲儿"促进安全管理更加系统化、科学化、法治化。

从"量的积累"转向"质的飞跃"；从"追求规模"转向"注重质量"；从"从严管理"转向"精细化管理"，吉纤人始终在改革突破中寻求发展。2013~2023年，公司大力开拓项目建设，积极优化产业布局，全面实行要素优化等多项战略举措，企业总资产、销售收入翻了两番；在产能增长79%的同时，员工数仅增长32%，但员工收入却增加到原来的3倍，全员的幸福感、获得感不断增强，员工团结向前的信心更加坚定。

六十年党建引领　赓续传承

和国家一同成长，吉林化纤走过了非凡的六十年。传承红色基因，赓续红色血脉，坚持党的领导是每一名吉纤人引以为傲的自信与底气，更是引领未来发展之路的经验和基石。

党的光辉　照耀前路

多年来，吉林化纤坚持融入中心抓党建，用生产经营成果检验党建工作成效，成为中国纺织工业中一颗独具特色的"星"。

公司党员人数达1400名之多，占员工总数的11%；下辖成立6个二级党委，46个党支部，114个党小组。公司积极响应国家产业政策，将其融入企业核心业务，抓方向、议要事、防风险、保落实，在抓党建强党建的道路上持之以恒，永不懈怠，用党的理论武装头脑、指导实践，实现了党建与生产经营工作的双丰收。

通过学习培养、建功、创新、凝聚形成的"四大工程"以及"讲清小道理""开展小活动""解决小问题""做好小事情""宣传小人物"的"五小工作法"，加强了员工思想政治引导，牢牢把握意识形态工作主动权，为公司高质量发展营造良好环境。

吉林化纤紧跟党的规定要求，为实现一流党建目标制定了《标准化堡垒型党支部建设目标责任制》，坚持将党建工作与中心任务同部署、同检查、同考核、同奖惩，建立和完善党委前置研究讨论制度、党委定期议党制度、党支部理论学习制度等60多项规范性制度，直接把党的建设工作聚焦到把方向、管大局、保落实的中心工作上来，使党组织和党员领导干部，始终坚定共产主义理想，始终胸怀"国之大者"，始终在政治立场、政治方向、政治原则上同党中央保持高度一致。

充分发挥基层党组织的战斗堡垒作用和广大党员的先锋模范作用，设定党员先锋岗、成立党员突击队、组建党员攻关组等专业的党员队伍百余个。近十年间，党员带头参与创新攻关、劳动竞赛、技能比拼等活动近千项，营造了"比学赶帮超"以及"爱党、爱厂、爱岗"的浓厚氛围。近两年来，公司党委先后培树了先进典型1900余人，让员工学有先进、赶有榜样。先进党组织、先进党员、劳模工匠、巾帼标兵、项目先锋等，公司上下无不彰显着正能量。吉林化纤也将在党的深远影响下、在党组织的充分带动下、在党员及广大职工的共同努力下，迈向卓越，行稳致远，续写下一座新的历史丰碑！

人才强企　以智支撑

人才是企业发展的原动力。60年来，吉林化纤始终围绕"人才强企"战略，坚持柔性引才，为人才制定职业规划和培养目标。针对刚进入公司的人员先分到子公司，再通过各类培训及现场实践提升能力，使其快速熟悉、学习生产流程，并创造轮岗学习的机会，为后续发展奠定基础。建立人才梯队计划，分专业分层次做好本科及以上人才的动态管理，针对专业适配优秀本科以上毕业生可在政策落实上按照实际开通绿色通道。坚持系统育才，聚焦"后继有人"根本大计，深入实施项目带动、攻关推动、论坛互动、自学主动、统学促动"五动人才"培养，建立重点人才信息库，形成"三层次千人管理队伍"，围绕"请进来+走出去"开展座谈、研学、专业授课等特色培训活动，高质量发展培育一批专业领军人才、专业技术人才及一线管理骨干人才。坚持用力留才，围绕三层次正向激励，经理层强化刚性考核兑现，核心技术骨干突出创新成果转化奖励，一线岗位和劳模工匠突出岗位增值激励，给予人才具有市场竞争力的薪酬待遇。坚持精准用才，畅通管理、科研、技术、技能多序列人才成长通道，通过提升年轻干部比例、聘任研究员、评聘主任工程师、开放管理岗位竞聘、技能津贴及开放延迟退休、返聘等政策待遇，不拘一格降人才，打造人才引育留用"生态圈"，为公司提供充足的人力支撑、智力保障。

十年前，公司本部大专以上员工仅有199人，占员工总数的3%；十年后，公司拥有大专以上员工2220人，占员工总数17.1%，其中，本科生人数增长了89%，比例增长近6倍。

凝心聚力　传承文化

经过60年的发展，以奉献、敬业、负责、创新、自律为一体的吉纤精神更加坚固，更具魅力！"像经营家庭一样经营企业"的主人翁精神、"两人工作一人干，抽出一人搞基建""钱算分、时算秒，志坚精准保达标"的建设者精神以及"天天琢磨，不停完善"的工匠劳模精神，成为广大员工躬亲践行的行动指南，构筑了吉林化纤的精神谱系，在各项大考面前体现了宝贵的价值和坚不可摧的力量。

先进的企业文化熏陶和积淀形成了公司蓬勃发展的内生动力,不仅促进了生产,也为员工的生活增添了色彩。公司多年来不断完善文化休闲阵地,为广大员工建设了文化宫、羽毛球馆、足球场等,供员工们在业余时间强身健体,丰富文化生活;经常组织长跑、足球、大学生辩论赛等文化活动,增添员工幸福指数;开设早餐、增加通勤、改善住宿,为员工吃住行做好服务;开展困难帮扶、金秋助学、大病救助等活动,解决员工后顾之忧。在集团公司与员工互相成长、和谐共建中,不断向美而行。

树立形象　展现魅力

六十年间,先后有国家领导人以及省、市、行业相关领导多次到公司视察调研,并给予了高度评价;吉纤文化、吉纤精神、吉纤作风也得到了社会各界的广泛关注,中央电视台、新华社、《人民日报》等国家及省市媒体争相报道,吉纤魅力、吉纤形象深入人心、传扬致远。公司曾先后荣获全国重合同守信用企业、全国文明单位、全国纺织工业系统先进集体、全国纺织行业党建工作先进单位、入选"创建世界一流专精特新示范企业"等多项殊荣。

六十年苦心孤诣,六十年初心坚守,六十年弦歌不辍,六十年风华依旧。奋斗,艰苦奋斗,持续艰苦奋斗!果敢、睿智、拼搏的吉纤人正践行着纺织强国战略的豪迈,在国家共建"一带一路"繁荣发展的丝绸之路上,坚定"为人类低碳生活提供绿色材料"的企业使命,延续"做先进材料领先者,创建世界一流专精特新示范企业"的发展愿景,奋进新征程,迎接新挑战,向着打造百年强企、百年吉纤的初心梦想,向着建设千亿级纤维世家的宏伟蓝图,奋楫扬帆,逐梦前行!

文/管歆宇

丝路领航：吉林化纤建成投产60周年（1964—2024年）

加快发展战略性新兴产业，打造"中国碳谷"

势如虹　战正酣
全力跑出吉纤"加速度"

——3万吨高性能碳纤维项目参建人员的365天

在东北这片广袤富饶的黑土地上，孕育了灿烂的现代化工业文明，滋养了独特的国企人文情怀。竖定碳纤维产业"两束、三全、双路线"、产业链一体化发展的远大目标，吉林化纤上马3万吨高性能碳纤维原丝项目。

在吉林经开区的最北端，曾经一片荒芜的土地，周围没有遮挡，春天刮大风黄土漫天，冬天西北风像刀片割脸，就是在这样的自然条件下，吉纤人凭借着坚韧不拔的意志，仅用一年时间，硬是把这里变成了厂房林立、管道阡陌、桁架错落的现代化工厂，成为吉林大地新质生产力的又一颗启明星。

365次的日出和日落，记录着吉纤人的智慧和果敢；每一场云卷云舒，见证着吉纤人的忠诚和担当；每一轮季节变换，铭刻着吉纤人生命的力量和色彩！

在万名员工瞩目和全球碳纤维行业关注下，4月9日上午9时项目开车投产，吉林化纤成为全国唯一自主研发并拥有干法、湿法纺丝双路线自主知识产权的企业。这是胜利的一刻，大家用喜悦的泪水、幸福的泪水、胜利的泪水浇灌出了成功之花！这是六十年的厚重积淀、六十年的薪火传承、六十年的赓续笃行，所碰撞出的发展史诗；这标志着吉林化纤碳纤维进入了结构调整、优化升级的新的历史阶段，向T800、T1000高性能碳纤维迈出了关键性的一步，成为吉林化纤发展史上值得铭记的时刻，永载公司史册！

开局：打响项目建设"攻坚战"

2022年冬至前夕的项目现场，天寒地冻。在这片荒芜的土地上，负责人李凯带着项目组仅有的8人，每天往返于临时办公场所和项目现场的工棚，一边设计图纸、一边琢磨技术、一边撰写专利、一边统筹谋划，拉开了3万吨高性能碳纤维原丝项目的序幕。

那时周围没有其他的避风场所，也没有取暖设备，甚至都没有生活用临时建筑，但工期不等人，如果不能在初春时完成桩基施工，将严重影响后期施工进度，造成的损失不可估量。在2023年4月10日项目破土动工后，项目组与集团工程部夏郁葱、董剑英等人与上千名工友们一起，抓住项目建设的"黄金期"，以节点倒排工期、以时间倒逼进度，多工种交叉作业，土建设计、施工、监管、采购协同奋战，在这片"黄土高坡"上，掀起一场轰轰烈烈的建设热潮！参建人员充分发扬"36524"的奋斗精神，不辞辛劳，日夜加班奋战在项目一线，历经夏季高温、秋季多雨的苦战，度过寒风刺骨的冬季，再到冰雪消融的春季，项目建设现场从无到有，由东到西，从地下到地上，展现出一片欣欣向荣的景象。全体参建人员仅用6个月的时间，就让一座现代化工厂拔地而起，吉纤精神、吉纤作风、吉纤速度在这一刻又有了更生动的诠释。

众人拾柴火焰高。2023年9月初，这时的项目组成员已经从原来的9人增至13人，他们也从最初的临时工棚转战到消防控制室。"那时的控制室地面施工刚刚完成，墙面还是湿的，宛如一座碉堡，没有窗户、没有水、没有电，更没有网络。室内比室外还要阴冷、潮湿。"张雷回想起那段艰难的岁月感慨地说道，"但是我们毫无怨言地坚持下来了，而且更坚定了我们加快建设步伐的信心。"项目组成员以"黄沙百战穿金甲,不破楼兰终不还"的必胜信念,开启了新一程的奔赴。

开拓:打通工艺技术"全流程"

"有图,才知道下一步该怎么干,现在关键点在于是否能按目标节点出图!"因合作的设计院前期没有接洽过如此高标准、高性能的工程项目,导致设计图迟迟无法交付,项目组成员不等不靠、率先担当,一边和设计院保持频繁的沟通对接,一边凭借着建设腈纶和碳谷项目的技术经验,全身心地投入自主设计研发当中去。李凯、姜波、王万春组织大家一直坚守在项目一线,配合设计单位,完善工艺流程,坚持一个专业、一道工序、一个环节逐个逐步打通,最终形成了一套完整的工艺路线。

其中,尤为艰难的是公用工程管路和聚合车间的设计。沈怀宇说:"聚合系统不比其他工艺,主要的原理在于化学反应和原料配比,熟知生产工艺的人可能都比较了解'想要产品质量好,70%靠聚合,30%靠纺丝',所以在工期如此紧张的情况下,我真是心急如焚,决不能放任自流。"就这样,沈怀宇第一时间与研发团队分析理化指标,进行工艺计算,反复研究原料特性,探研设备改良,处处彰显了吉纤人克难求进、勇攀高峰的坚毅决心。面对新项目、新工艺,他们面临一无图纸,二无可借鉴经验的难题,创新思维超前谋划,先自行研究画出设计草图,后又自学了3D建模,演示原料走向。经过无数次的修改、反复设计又推翻、多次往返设计院与项目现场,历经万难,最终确定了聚合整套工艺流程及设备建设图样。这时沈怀宇自豪地说:"也正因为有此契机,让四五名技职人员都学会了3D建模的制作,以后再建设二期项目我们将会更有经验。"在项目建设后期,更多的时候是沈怀宇带领着专业组先研究制作草图,再由设计院根据实际情况进行绘图，进一步体现了吉纤人"像经营家庭一样经营企业"的主人翁精神。像这样的例子在3万吨项目组的日常工作中比比皆是，他们为项目建设换挡提速作出积极贡献，包括改进风道设计，优化罐区储罐材质，合并同类储罐，对现场管线走向进行重新排布，合计节约资金2000余万元。

质量是项目的关键，更是吉纤人不懈地追求。经施工、物资、安装、化验，各专业组逐级把关验收，吉纤人将质量做到了极致。沈怀宇的妻子王宇同样也是项目组的一员，作为一名经验丰富的化验员，面对更高端的碳纤维原丝领域，刚开始也会感到无从下手，参照腈纶、碳纤维生产化验的操作规程，一遍遍摸索参数，不断实验，找到数据判定点；带领化验室近20名新员工，克服困难，不惧辛苦，与生产线的男同志一样，加班加点，反复练习操作，结合通岗、轮岗学习，进一步提高操作技巧。自项目试车前期至今，王宇与其他化验员工们一起一天辗转多个系统取样，24小时内做样数量超200个，为产品质量稳定提供了充足的保障。

他们夫妻二人是无数吉纤夫妻的缩影。王宇在接受采访中说："在很多时候我们度过的都是碎片式的生活，但我们两个人把百分百的精力都投入了项目现场，以厂为家。"365个日日夜夜，无数参建人员迎来日出送走晚霞，为项目的顺利投产奉献了家庭生活。

突围：贯穿过程堵点"解难题"

项目与生产统筹推进，在建设中安装，在安装中技改，涉及各个系统切换，交织运行。这对参建人员来说，更是难上加难。

面对设备工期到货晚以及同行的封阻，项目组的鲁玲与采购中心的孔照年精心组织、用心谋划，与设备厂家多次洽谈，奔赴现场办公，赴浙江、奔大连、上温州,数十次赶往厂家监造,24小时昼夜跟班、环环紧扣。鲁玲感慨道:"当时时间非常紧,没有容错的机会,设备选型必须经过反复推敲,优中选优,到货的设备必须保证一次适配成功,这样的工期不容我们试错,也不能错,所以当时大家的精神都是高度集中的。"与此同时,鲁玲作为设备负责人,她还要统筹兼顾好各个系统的实际情况,捋清生产工艺脉络,做好工序与工序之间、工序与设备之间的"无缝衔接",确保设备加紧到货、尽快安装;这期间,物流中心当好项目建设的"快递员",质量验收、物料卸送,第一时间送到项目一线,吊车、叉车昼夜忙碌,紧跟施工节奏,有力保证物料的供应。

为了赶工期,在项目没有正式供电前,必须敷设临时电源。春节期间,面对乙方施工人员休假的情况,项目组抢抓进度、轮番会战,组织近百名员工支援放电缆任务,仅用11天时间就完成了13万米电缆铺设工程,为加快项目使用临时电起到了关键性作用。

矫松涛、董亮于2023年6月"临危受命"、接受新任务,一人负责接洽外部政策资源,一人负责做好内部项目试运。聚焦"3万吨项目"昆仑66千伏变电站,外部对接国网"电力服务专班",整合资源、优化方案,开辟绿色通道、优先安排疏通。内部自4月1日国电验收以来,历经一天整改、一天复检、一天送电、一天试运,联合8个厂家抢抓时间,在清明节休息期间完成了各个单元的送电试验。从原来使用临时电只能完成一个单元几分钟的单独试运,再到整体送电联合试运,各个系统通力配合、统筹安排,将联运时间控制到最短,比前期计划时间提早了3个月,且在仅正常供电一天半的时间里,就具备了试车条件。这在之前的项目中是根本无法完成的,但3万吨项目参建人员做到了,他们再一次刷新了吉纤工程建设史上的纪录。

深夜,厂区周围都是静悄悄、黑黢黢的,但在3万吨项目的厂区内,厂房、办公室长明的灯光，见证了这些科研人员、技术骨干、一线参建的员工们，为保证每个设计工作精益求精、顺利完美，无私奉献、舍小家为大家的忘我付出……

传承：新老上阵联合"显担当"

没有人，再先进的项目也运转不起来；没有传承，再多的人也无济于事。项目组深知这个道理，在紧锣密鼓推进建设过程中，人员招聘和培训也被列入重点、提上日程。

张冰巾帼不让须眉，精心组织人员招聘和培训，当初只有9人的项目组现在已经发展到了290人。张冰还组织人员到碳谷公司进行代培，实时跟踪培训情况，掌握每一个人的学习状态。尽管工艺不同，但对熟悉现场和操作也是助益良多，为开车和项目的顺利实施提供了保障。

张晓辉、陈少华和綦磊在兼顾日常管理和项目建设的同时，也承担起了"老带新"的任务。他们通过简易流程图讲解工艺流程、安装现场实地分析设备构造、原理，帮助年轻员工强化记忆，而年轻员工也利用碎片时间自主学习，千方百计快速提高理论水平和实践能力。张晓辉说，他们这个项目人员组成的一大特点就是年轻化。有些员工2023年8月入职，到现在仅8个月就被称为"老人儿"。全项目组员工平均年龄不到25岁，最大的也才38岁。在开车现场，老员工张雪峰有条不紊地升头操作，一道道工序地向前推进，放下这个又拿起了那个；新员工们聚精会神地观察、眼疾手快地递工具，大家一边操作一边讨论，都在积极地准备升车工作。

陈浩是一名90后。虽然原来在碳谷公司从事过管理工作，但他认为和项目建设的管理完全是两个思路。"在车间干管理是非常系统的一项任务，而干项目则必须有系统思维，设计、施工、工艺路径都要统筹好，并且做好排布，组建一个化验岗位就是组建一个检验处，哪怕是一个化验器皿的设置和定位，也要整体考虑"，这是陈浩的感受。他还说，参加项目建设，让自己得到了很多提升和锻炼，二期项目马上就要开始了，这些经验都能用到二期项目建设上。

在这次项目开车过程中，还有很多入厂不到一年的"90后""00后"。在筹建过程中，他们从前辈身上学习到了"敢问路在何方，路在脚下"的奋斗精神、感受到了"遇水架桥、逢山开路"的拼搏精神、学习了"九层之台，起于累土"的干事创业精神、更继承了"奉献、敬业、负责、创新、自律"的吉纤五种精神和建设者精神，是这些精神，帮助他们快速成长、快速进步、快速独当一面，助力项目顺利开车。

当问到项目组的成员们，一路走来，记忆中什么事情最难忘的时候，答案各不相同。但都有一个愿望和四句感谢：

一个愿望：不管再苦再难，都希望并坚信项目一定能够顺利地开车投产。

四句感谢：感谢领导的信任，让自己参与项目建设，能够自豪地向后辈们讲述这段为之振奋的感人故事；感谢家属的理解以及对家庭的照顾，始终包容自己、支持自己，给予自己前行的动力；感谢同志们的团结协作，是我们一起并肩作战、齐心协力，推动项目建设走到了今天；感谢自己对工作的执着与坚持，留下了无悔于人生的奋斗足迹。

三百六十五个昼夜，吉纤人感天动地，众志成城，再现了精卫填海的壮举；一甲子创业发展，吉纤人激流勇进，阔步向前，再谱夸父逐日的新篇！

文/管歆宇　张丽曼　张冰

写给正青春的你

朝阳与暮夕，韶华与迟暮，用什么标准去定义两者？我想，是精神，是意志，是百折不挠，是自强不息。就像向阳而生者，难至迟暮；自强不息者，永远青春！

22岁，正值韶华之年的我，在2009年走进了"内忧外患"的你。4年的股份公司检验工作经历，让我深切地感受到人造丝这一"王牌"产品独特的魅力，更惊诧的是几十年如一日，吉纤人刻在骨子里对产品质量的精益求精。

几万米甚至几十万米的长丝，质量均匀稳定。几十上百根的白丝在黑色绒布的映衬下，在员工的指间铺开，熠熠闪光，这个早已被同行企业取消的检验项目，在吉林化纤一直延续至今……

这种精神，不正是青春该有的吗？

2013年，这一年对于吉林化纤来说注定是难忘的。走过了近半个世纪的吉林化纤，迎来了新一届领导班子，新的掌舵人。他将企业发展融入产业升级和国家战略洪流，上市公司融资造血，果敢力破困局，三年融资30亿元融通了企业血脉。

1个、2个、3个……一个个新项目落地见效；大胆抢抓机遇，四年上马25个新项目实现企业前50年的发展总量！

"要么做第一，要么做唯一。"潜心做精主业，质量效率变革实现四大主导产品傲然领跑同行业。

这种吉纤韬略、吉纤精神、吉纤速度，不正是吉纤之青春吗？

从未见过你一时一刻的迟疑和彷徨，尤其迈进新时代，新发展理念指引你前行。人造丝沿着"四化"开展优质化升级，产能全球最大的同时，产品无可替代；腈纶差别化调整、原料市场化运作、产品向棉纺领域升级拓展，规模优势焕发新的生机！竹纤维联盟化运作，打假树真，竹的"朋友圈"越来越大，竹的"情谊"越来越纯真和坚韧；碳纤维产业链一体化发展，原丝、碳丝、复材，实现从无到有、从有到优、从小到大、从大到强，果敢坚定、意气风发、迎难而上！

这种精神品质，不正是青春该有的吗？

从濒危困境到逆势破局，多少次指点江山，多少次关键抉择。吉林化纤这个万人建起的家，始终心无旁骛地专注着纤维制造这一实体制造领域，这是一个人的初心使命，更是一个集体的情结情怀。

伴随吉林化纤的发展，我已走过了15个年头。从听着纺丝机的交响到感受碳化炉的炙热，从白色人造丝到黑色碳纤维，无论在哪个岗位，都能感受到身边人的忘我奉献和拼搏奋斗。

有些人年轻，但已经老了；有些人老了，但还年轻。干劲十足、永不懈怠、直面挑战的吉纤人一直青春！

历创业之艰难，庆六十载，岁月流芳；望未来之峥嵘，立百年志，砥砺前行。从市属国有企业到省属国有企业，发展不止步，吉纤正青春。老国企构筑新质生产力，培育碳纤维战略新兴材料领军企业，国企改革释放传统企业新活力。正青春的吉纤需要正青春的你，值得正青春的你，期待正青春的你……

文／毕科研

不负荣光启新航
踔厉同心筑华章

——热烈庆祝吉林化纤建成投产六十周年

　　时间镌刻不朽，奋斗书写不凡，60年艰苦奋斗，吉林化纤初心不改，矢志不渝，把红色的基因代代相传；60年创新发展，吉林化纤聚焦主业，开拓"丝"路，把战略性新兴产业培育壮大；60年使命追求，吉林化纤怀揣家国情怀，从人造纤维小厂到四大纤维世界级生产基地，一路激流勇进，做强做大，把"创造财富，回报社会"的承诺兑现。60年砥砺奋进，万缕千丝编织的创新发展画卷正在徐徐展开……

筚路蓝缕　艰苦创业

　　时有所需，必有所为，开拓者的脚步在建设祖国的号角声中启程。1959年，为解决东北人民穿衣问题，"吉林市人造纤维厂筹备处"应时而生，创业者们人拉肩扛搞建设，吃窝头、住地窨、建厂房、保工期，战胜物质的匮乏、环境的艰苦，在昔日荒芜的松花江畔唱响了艰苦奋进的创业旋律。1960年，年产3400吨黏胶短纤维项目破土动工，1964年第一束黏胶短纤喷涌而出，标志着我国在天然纤维素再生纤维生产上取得重大突破，翻开了新中国化纤事业发展的新篇章。

砥砺奋进　玉汝于成

乘着改革开放的强劲东风，1985年，吉林化纤开始涉足人造丝生产，随后引进德国Enka和意大利SINKO人造丝生产技术并对其进行改造。1996年，又与世界著名的腈纶制造商意大利蒙特公司合作，开始了由生产纤维素纤维向腈纶纤维的拓展。1998年，为解决纤维素纤维原料结构问题，与东华大学、河北工业大学进行竹纤维研发，2003年突破了竹浆纤维生产关键技术，2008年实现竹纤维的工程化、产业化。一路艰辛奋斗，一路披荆斩棘，吉纤的发展面貌焕然一新。

大道如砥，大势如潮。当历史的指针指向2008年，吉林化纤行进到关键一程的关键节点，为响应"大力发展国产高性能碳纤维"的号召，吉纤大地奏响"发展中国新材料产业"的激扬乐章，向着更加开阔的天地进发。自2008年开始，吉林化纤与吉林大学、长春工业大学联合研发碳纤维，当时国内各路研发人员都对"碳纤维"三个字信心不足，也是碳纤维材料国产化研发最困难的低谷时期。经历了数次研发、数次失败之后，吉林化纤终于独立自主开发出湿法两步法聚丙烯腈基碳纤维原丝工业化生产技术，开创了我国碳纤维原丝规模化生产的先河。2010年碳纤维原丝项目上马，各路建设大军齐聚项目现场，顶烈日、冒严寒，夜以继日赶进度，2011年伴随着一束束银白色的丝束喷涌而出，经过一步步的工艺流程到缠绕成筒，吉林化纤成功实现了碳纤维原丝的产业化，突破了长期制约我国碳纤维产业发展的瓶颈。2016年吉林化纤首次研发成功24K大丝束，填补了国内大丝束原丝产品的空白。2018年成功开发出25K、48K产品，技术达到国际先进、国内一流水平。2019年实施四提攻关，突破了5000吨设计产能，吉纤人用12年时间浇灌出了一棵根深、干壮、枝繁、叶茂的碳纤维之树。

先立后破　行业领先

新时代的十年，是吉林化纤发展历程中极不平凡、极其不易的十年；也是力挽狂澜、超越突破，实现高质量发展的十年。从"有没有"到"好不好"再到"强不强"的转变逐浪而高，从"巩固存量""拓展增量"到"延伸产业链"的发展势不可挡，气象万千的创造和改变，汇聚成新时代吉纤高质量发展的壮丽篇章。

人造丝坚持大型化、连续化、细旦化、匀质化升级改造，产品特性更接近天然蚕丝，带动产业链效率提高50%，现已成为全球最优质的人造丝生产企业，绿色能源、绿色材料、绿色制造、绿色产品"4G"绿色营销体系的建立，让吉林化纤在9万吨人造丝产能的大体量基础上，仍具备持续增量的潜力。

腈纶纤维坚持规模化基础上的差别化调整，通过不断优化生产工艺，产品差别化率达到51%，形成了以华绒纤维为代表的100多种差别化产品，获得11项国家发明专利，产能从6万吨增加到53万吨，刷新全球纪录，吉林化纤成为全球最大的腈纶纤维生产企业。

竹纤维坚持联盟化绿色发展，站在打造中国纺织产业民族品牌的高度，牵头成立天竹联盟。经过25年的攻关研发，拥有发明专利21项，全产业链通过绿色体系认证，使代表中国元素的竹纤维走进了ZARA、BURBERRY等国际知名品牌的视野，成为最具竞争力的绿色低碳纺织原料。

碳纤维坚持打造原创技术策源地，经过15年的创新发展和"两束三全双路线"的系统攻关，形成了大丝束通用化高品质低成本的产业优势、小丝束高精尖端技术支撑的高性能优势，获得47项专利技术。1K、3K小丝束碳纤维广泛应用于军工、航空航天高端领域；自主研发的25K、35K大丝束广泛应用于绿电光伏、汽车轻量化等新能源领域，碳纤维产能达到4.9万吨。吉林化纤现已成为国内规模最大、牌号最全、产业链最完整的碳纤维产业链龙头企业，以及全球唯一一家拥有干、湿法纺丝双路线自主知识产权的碳纤维生产企业。

吉林化纤坚持碳纤维复材延链发展，坚持"终端应用引领、原丝碳丝支撑、复合材料协同"的路径，聚焦新能源汽车、风光发电、体育休闲、航空航天、建筑补强、氢能利用等重点领域，联合一汽集团、中车长客、中航工业、中国兵器工业集团等产业链上下游企业开展产业关键共性技术、前瞻性技术和产品研发，建设以公共服务平台、中间复材、终端制品为支撑的碳纤维零碳制品产业园，拓宽碳纤维应用领域、应用场景，全面提升全产业链发展水平。两大主导产品碳纤维拉挤板、碳纤维编织布均已实现市场化应用，产品广泛应用于风电叶片主梁制造。已与国内主流整机厂形成战略合作关系，联合开发海、陆大型碳纤维风电叶片，先后成功开发出海上143米、内陆112米超长叶片，全部实现市场化应用。国内风电主梁材料市场化占有率达90%以上，并已具备利用拉缠、热压罐、PCM等工艺技术承载碳纤维下游制品生产的能力。在振兴东北老工业基地的号角中，吉林化纤从跟跑、并跑到傲然领跑，用十年跨越，交出了高质量发展的答卷。

锚定高端化、智能化、绿色化发展方向，吉林化纤持续推进创新裂变，依靠国家级技术中心、博士后科研工作站、自己的专业研究所、四地碳纤维应用研发中心、碳纤维复材研发中心、联合实验室等科创平台，推进开展关键核心技术攻关，获得发明专利130余项，参与制定国家和行业标准16余项。先后实施技术迭代升级、厂区环境提升、智能化与绿色工厂建设等项目，与大数据、云计算等新兴技术进行深度融合，通过ERP、MES等信息化系统和自动化设备搭建"全价值链"业务集成系统，打造了集智能化、透明化、可视化和可追溯化于一体的"智能工厂"，吉林化纤处处展现着产业焕新带来的澎湃活力。

强根塑魂　阔步前行

从全国五一劳动奖状、全国重合同守信用企业到全国质量效益型先进企业、全国用户满意企业再到入选世界一流专精特新示范企业，从中国化纤产品最高荣誉——国家银质奖章、中国驰名品牌到EU-BAT、RCS绿色国际认证，有形的百余项殊荣丰碑背后，凝聚起无形的精神力量。一代代吉纤人满怀对企业发展的赤诚之心，艰苦奋斗，把汗水洒在吉纤大地，不断塑造出具有吉纤特征的精神品格，积淀出了"奉献、敬业、负责、创新、自律"的企业精神，"两人工作一人干，抽出一人搞基建""钱算分、时算秒，志坚精准保达标"的建设者精神，"精益求精，问题到我为止""天天琢磨，不停完善"的工匠精神、劳模精神，"像经营家庭一样经营企业、像爱护自己财产一样爱护企业财产"的主人翁精神，这些精神遍布吉林化纤的每一个角落，凝聚起无比强大的前进动力，推动着吉林化纤在风雨洗礼中成长、在战胜挑战中发展、在历经考验中壮大。60年来，吉林化纤从销售收入51.4亿元增加到231.4亿元，增长4.5倍，全员劳动生产率翻两番，从名不见经传的小厂到拥有两家上市公司的行业翘楚，走出了一条质量更高、效益更好、结构更优、优势充分释放的创新发展之路。2023年由市管提级为省管，成为吉林化纤60年发展的重要里程碑。

长风万里启新程，面向未来，坚定"为人类低碳生活提供绿色材料"的使命，坚持"传统产业存量升级，战略性新兴产业创新突破，未来产业融合集群发展"，积极培育新质生产力，巩固先进材料领先地位，争创世界一流企业。

第六部分 心 声

吉纤大地正生机勃发、千帆竞渡，每一寸土地都奔涌着向上向前的磅礴力量，向着未来无限伸展！

文/王佳

吉林化纤碳纤维自动打包线

很想说声感谢

时间是最伟大的书写者，总会在一些特殊年份镌刻下闪光的印记，比如1964年那个夏天。很想感谢那个夏天，炙热中有了你，也有了我的热爱！命运的齿轮将你我连在了一起，让我有了择一事谋一生的开始！此刻，久远的灰白在我心中尽是色彩，那是对你过去未曾远离的眷恋；此刻，同行的光影让我感怀，60年时光里终有一个我在；此刻，即将的见面总是欣喜期待，无论如何都想与你再碰撞一个激情满怀！

感叹公司历经风雨，披荆斩棘一路走来，既种下了根基也挺起了脊梁。几十年陈旧的设备，运转的速度抵过了岁月的沧桑；感谢《我和奇峰这十年》有着那么多《情满奇峰》的日子，终因《总有一种感情给了你》而写满了时光里的不舍与成长；感触碳谷步履的急匆，尽管不稳健，尽管还有不足，可顽强与奋进的灵魂相伴，终将找到答案勇敢向前；感知当下的不容易，怀着坚韧与不服输的性格，一切都将迎刃而解。

时间是最伟大的书写者，总会在一些特殊的年份让我铭记心田，这次就把回眸定在2013年。很想感谢这样的企业家，总是在漫长的黑夜，点亮星光驱散黑暗。仰望繁星璀璨，那是刻着坚定主业发展的信念！很想感谢这样的企业家，总是在紧要关头，赐予我们一万种力量，乘风破浪开辟新领域、新领航，那是共产党人秉承无私奉献的责任与担当！很想感谢这样的企业家，总是心系员工装满万家灯火，唯独忘记自己，可万名员工记得，每一寸土地记得，那一树繁花记得。时光可以流走却带不走员工的记忆和这片土地的气息！

  其实那年还有一份惊喜，我想留给自己，就在小小的花园里！感谢女儿的歌声与微笑，如同洒在我心底的阳光；感谢曾经留下的书信，读懂了那份温柔和坚强；感谢小手笔下画满爱与家园，还有亲吻妈妈的模样……

  此刻已将所有感谢化作珍惜，慢慢留在记忆里，深深滋养在生命里……

文/杨爱春

精彩吉纤的时光

　　历史属于奋斗者，成就源于奋斗者。回望1964年，吉林化纤厂初步建立，解决东北人民"暖"工程的探索步伐更进一步；人造丝、腈纶纤维、纱线的丰富类别和应用领域，推进了纤维运营正式"起步"；碳纤维原丝、碳丝、复材制品让黑金发光，光荣梦想，精彩纷呈……这一切的背后，是吉纤人勇攀高峰、实干报国；是优秀科研技术人员顽强攻关、锐意突破；是生产组织者与劳动者辛勤付出、编织经纬。这一切更是团结实干的现实写照，是万名吉纤人"撸起袖子加油干"的鲜活缩影。

　　我们处在怎样的历史时间？观之于发展征程，2024年是吉林化纤建成投产60周年，是实现"十四五"规划目标任务的关键一年，万名吉纤人同执奋斗之桨，助力"纤维"现代化的巨轮扬帆远航。察之历史大势，强国建设、企业转型，复兴的历史伟业召唤新的奋斗。为新的一年集发展制胜之智、汇奋楫笃行之力，锚定新质生产力中心任务凝聚共识，饱含广大员工对提级管理后的热切期待。

　　一份伟大的事业奔向的是追求美好幸福生活的光明之路，是促进社会发展的正义之路。紧抓机遇积极作为，击水中流趁势而上，美好愿望就能照进现实。无数普通人在各自的岗位上发光发热、辛勤耕耘、如螺丝钉般做好"小我"。20岁出头的年纪，对于许多80后而言，正是初入社会面对人生新阶段，既兴奋、又有些迷茫的时候。然而，有这样一群年轻人，他们已经做出了自己的选择。

第六部分　心　声

  1998年9月，我第一次走进这个人人向往的万人大厂，感觉纤维的生产十分复杂，和书本上学的知识不太一样。仿佛书本上的知识都立体了起来，每个公式、每个设备、每个环节都鲜活了。我还记得那时我向家人描述工作的内容，只觉得这里的原液罐很高很多、管路很长很多、各类阀门很多。我很庆幸身边的同事大多和父辈年龄一样，对我有着像家长一样的关心。那时的我，对这里的一切都感到好奇，不怕累、不怕苦，真是想抓紧一切机会和时间学习。我的目标是成为一名优秀的化纤工人，让家里人一提到我在"全国学化纤"的企业工作就感到自豪。

  我们处在怎样的历史方位？党的二十大以来，沿着吉纤式现代化的大道，我们取得了来之不易的成绩，走得坚定有力。一个欣欣向荣、厚积薄发的吉林化纤，正以奋发有为、再接再厉之姿，行进在创造新的、更大奇迹的历史航道上。每一名吉纤人的点滴付出、团结进取，铸就书写了强企"大我"。在股份公司长丝原液二车间，我仍记得日夜奋战检修时陪伴的夜半星光；我仍记得挥汗如雨在一线操作的工友；我仍记得跟在师傅身后学习设备和工艺操作的日子。我的师傅，仅比我年长5岁，平时不善言辞，但却说到做到。工作中他对我很严厉，嘱咐我哪些不能做，哪些怎么做。记得一次我将操作程序简化，本以为师傅会夸奖我，可结果他却严肃地给我讲了一个安全事故案例，告诉我"操作规程是从以往的事故中总结出来的"。八小时以外，师傅又像家长一样照顾我，放弃陪伴家人却陪着第一次离家的我过新年，为了庆祝我通过顶岗考试请我吃火锅……

  当代员工是与企业同向同行、共同前进的一代，生逢盛世，肩负重任。每一个鲜活场景都在不同时期出现在吉纤的每个车间、每个岗位，不论时间如何变换，同事间、师徒间的传承不曾间断，这得益于企业生生不息的发展。盛世，来自员工也来自时代；重任，来自使命更来自传承。

春去秋来，时光飞逝。吉林化纤走过了六十年的风雨历程，无数的新学员成长为老师傅。薪火相传，赓续前行，传递的是科学生产的技艺和经验，是吉纤人勤劳勇敢的美德，更是吉林化纤的蓬勃伟业。

新的春天，新的奋斗，新的进发。祝愿吉纤巨轮行稳致远！

文/佟亮

吉林化纤下属鹿王制药股份有限公司，被评为省级"专精特新"企业

三代吉纤梦　薪火永相传

驼铃古道丝绸路，胡马犹闻汉唐风。2000多年前，一条跨越6400公里的丝绸之路，架起了一座交流物产、连通人心的桥梁。丝绸之路是中国走向世界的开放之路，对中国和世界经济发展和文化交流起到了至关重要的推动作用。

六十年来，吉林化纤作为纽带的承载者，也肩负着这种责任与使命，始终走在市场前沿，不断谱写着中国纺织之路的"新篇章"。

"化纤"这个词语从我小的时候就深深印在脑海里，几乎占据了我童年的回忆。我是一名"化纤子弟"家的"子弟"，从小出生在吉林化纤。从我的爷爷奶奶那辈开始就在吉林化纤工作。在我的印象里，每逢去看望奶奶的时候，她总是会拉着我们讲她和爷爷工作时候的事情，并且脸上时常露出骄傲的表情。

艰苦创业　开创化纤路

1964年，爷爷进入吉林化纤工作。当时，吉林市人造纤维厂刚刚宣布竣工投产，年产黏胶短纤维仅有3400吨，现在来看规模确实很小，但在那个交通工具不完善、运输条件艰苦的20世纪60年代，已经是非常难得的了。虽然当时创业条件艰苦，但每一位员工都怀揣着对企业的热爱和梦想。他们辛勤耕耘，不畏艰辛，为企业发展付出了辛勤的汗水。正是他们的奋斗，为企业的未来打下了坚实基础。他们那一辈人信念坚定，义无反顾地为化纤事业作贡献。

没有条件，就用双手创造条件。从1964年到2007年爷爷用43年的工龄，表达了他对吉林化纤的热爱。

1970年奶奶进入化纤厂。当时，吉林化纤只有一套班组，老原液、老酸站、老纺练，后来单位逐渐发展，厂房增多了，各车间配套设施逐渐完善了。作为仪表车间的一名材料员，奶奶负责跟进仪表设备的安装。据她描述，当时第一批负责安装设备的工人们废寝忘食，日夜不休地连续钻研设备技术，连续几天不回家也是常事。即使工作条件十分艰苦，奶奶和她的同事们也都一一克服。吃苦耐劳，敢为人先，是他们那一代人的信念。我知道，他们的这份坚韧与执着，来自第一代吉纤人对于打好根基的梦想与渴望。用她的话说，她见证了吉林化纤的每一步成长。他们对于吉林化纤的爱与奉献，言传身教地影响着下一辈的子女。

薪火相传　担起发展梦

到了父母这一代，吉林化纤的发展逐步迈入正轨。他们经历了无数的挑战和困难。曾经的市场波动、经济危机、技术革新，都给企业带来了巨大压力。但是，他们从未退缩，始终保持着对未来的信心和憧憬。在董事长宋德武的带领下，他们坚持创新，不断提高产品质量和服务水平，积极开拓市场，努力拓展业务范围，逐渐实现了企业的跨越式发展。60年来，吉林化纤始终秉承着"为客户创造价值"的经营理念，不断推陈出新，不断追求卓越。如今，吉林化纤已成为全球最大的竹纤维生产基地、最大的腈纶纤维生产基地、最优质和最大的人造丝生产基地以及全国最大碳纤维原丝生产基地之一。产品出口率达20%，国内市场占有率高达90%，企业产值突破百亿，实现了真正的"竹""碳""长""腈"。

砥砺奋进　踏上新征程

怀揣着对家乡这片黑土地的热爱，我留在了东北，想为我们家乡的建设贡献自己的一份力量。作为大学应届毕业生，我来到了吉林化纤。来之前我的心情是忐忑的，我不知道自己即将面对什么样的挑战，也不确定自己是否能适应新的工作环境。在我的印象中，吉林化纤生产生活环境老旧艰苦，而步入单位时眼前现代化的车间和先进的生产设备，让我很难相信这里已经有60年的历史。现在，吉林化纤发展得这么好吗？我不由得在心中感叹。随着日常的学习与工作，让我更为感动的是身边人团结奋进的精神，身边的每一位前辈都用行动诠释了对吉林化纤的热爱。他们工作中细致认真，勤奋刻苦。

吉林化纤经过近三代人的努力，走过半个多世纪的风雨历程，不断创新发展，不断转型升级，已进入了百亿企业的行列：生产线更加机械化、先进化、智能化，很大程度上减轻了劳动的付出；在环保排放上坚持源头控制，循环利用，用实际行动推进了绿色发展，既要金山银山又要绿水青山。

60年的风雨历程，吉林化纤从艰辛创业到高质量发展，从攻坚克难到高端引领，从白手起家到传承发扬。这期间，许许多多吉纤人从青丝变成了白发。我们一家三代人的历程只是吉林化纤发展史上的一块小小拼图，但也彰显了吉纤人砥砺奋进、搏击潮头的精神动力。无论是在百废待兴的中华人民共和国成立初期，还是如火如荼的改革开放年代，抑或是高质量发展的新时代，我深信，吉纤人将不忘初心，牢记使命，站在新的历史起点上，传承着吉林化纤的红色基因，延续着"奉献、敬业、负责、创新、自律"的企业精神！坚持以高质量发展的新思路共筑中国纺织梦的蓝图！

文/陈佳璐

以项目建设蓄创新之势
聚发展之力

——15万吨华绒项目参建人员奋斗纪实

2024年6月8日，在生命力最为蓬勃的时节，15万吨华绒项目实现一次开车成功。从"空旷荒芜的土地"到"忙碌的建设工地"再到"轰鸣的生产车间"，从秋季谋划、冬季施工、春季安装、夏季投产，15万吨华绒项目经过广大建设者艰苦卓绝的持续奋斗，历时九个月开车运行。广大建设者历经炎炎酷暑、凛冽寒冬，发扬"36524"精神，战天斗地舍我其谁，将一片荒芜之地，变成了一座崭新的数智化超级工厂。

15万吨华绒项目技术源于欧洲，优于欧洲，项目组秉承没有最好、只有更好的理念，汇集26年的腈纶生产技术和管理经验，技术实现了引进消化吸收再创新，装备实现了自主加工国产化，减少了建设投资，仅用9个月的时间，建设者们就在这里建设了一桩桩新厂房、一排排高桁架、一个个大设备。一路走来，他们在困难中探索、在曲折中前进、在磨炼中成长，以特别能吃苦、特别能战斗、特别能奉献的精神书写了腈纶建设史上的传奇。现在，这里俨然是一片"工业的丛林"，充分展示了作为老牌国企披荆斩棘的昂扬斗志。

强化落实　多方协调全力以赴保进度

　　提前部署，倒排工期，确保项目建设安全、高效、有序推进。项目开工在即，项目组成员率先作为，主动联系上海设计院，及时跟踪图纸进展情况，并多次往返上海与设计负责人沟通交流。张喜斌同志背负领导的嘱托及项目组成员的期盼，踏上了催图纸进度的征程，他到达上海时正逢中秋佳节，设计人员都没有上班，他想尽办法联系，到家中拜访，让设计人员加班完成图纸设计；对重要的建筑图纸，他紧盯设计人员，每当一个专业设计完成后，他马上督促交给其他专业人员会审，他时常会感叹，"我要是会分身术该多好啊"。根据施工需要，张喜斌对设计出图的进度进行调整，最紧张的时候，原液设计当天晚上出图并完成审核，只为了确保第二天早上施工方能够按照图纸开展工作。为了满足施工需要，他与设计人员每天晚上工作到半夜，历经三个月，图纸的设计进度终于满足了现场施工需要，同时，他根据自己多年积累的现场经验，将很多好的想法和设计，落实到项目建设当中去。

　　还有技术员李德春，为了催设备，像侦探一样，半夜三更翻墙进入设备供应商郊外的加工车间，查看到底给没给加工；年轻的技术员马也像忘记了自己年幼孩子的母亲身份一样，加班加点奔波于安装调试现场，正是这些可爱的人扛起了项目建设的重任，才能确保项目如期完成。

　　以不变应万变，不变的是确保项目进度的初心，但是也要有解决突发情况的能力。聚合单元设计滞后，为抢抓工期，确保聚合单元能够按时交付，那个永远第一个到达项目现场的建设者——杨永吉通过参照老系统图纸与施工单位、风送系统技术人员共同进行仓体设计，合理调配仓体高度，满足现场使用及设计规范要求。在方案确认后立即提报材料，由于项目场地不具备相应的焊接条件，由施工方在厂外进行预制后运输回厂进行组对焊接。预制后的聚合仓体直径7.5米，在道路运输方面成为一大难题，为避免堵塞交通，通过与相关部门沟通，决定每天清晨进行运输，项目组与施工单位紧密配合，安排专人值守，协调厂区门口车辆停放，避免运输过程中发生事故。聚合料仓的安装正值一月，刺骨寒风一打就透，但是大家都毫无怨言，相互鼓励，密切配合，顺利完成了料仓钢结构及仓体近500吨材料的安装焊接工作。

2023年10月25日开始进行项目桁架施工，界外桁架施工区域途经动力厂厂区，管网较为复杂，存在距离丙烯腈管线较近等诸多问题。蒋庆楠带领施工人员每隔10m挖一个3m深的人工探坑，确认下方管线位置，为了确保施工顺利进行，他先安排施工方为管线做好防护，同时自己每天在现场监督施工。面对地下电缆及老管线具体位置都无法确认的问题，经动力厂确认后再施工。为保障施工进度，他每天六点前到现场做施工准备，并认真做好管线防护，经过3个月的努力，于2024年1月15日顺利完成桁架施工。

一鼓作气　勇当项目建设排头兵

施二铁作为15万吨华绒项目总负责人，负责协调项目建设各项事宜，确保实现"强化现场管理，抓好工程进度，确保顺利投产"的总体目标。他深知项目建设责任重大，与项目组全体人员一起，以"逢山开路、遇水搭桥"的精神在项目建设中发挥出强大的支撑作用。他细心组织管理，成效显著，按照《项目建设管理制度》及其他相关要求对项目进行全流程科学部署，实行日调度、周检查，时刻沟通协调，确保项目建设快速推进，仅用4个月时间完成了暖封闭。

寒风凛冽也没有阻挡建设者们前进的步伐。项目进行到2023年12月末，室外最低气温降至零下25度以下，外网桁架仍有40%没有完成混凝土浇筑，冬季进行施工混凝土，如果不能有效保温，将严重影响施工质量，项目面临停工风险。张喜斌主动担当作为，积极协调施工单位，采用保暖加蒸汽养生的方式，数九寒天，每天协调施工单位现场作业进度，查看保温和蒸汽运行状态，保证施工质量，圆满完成外网混凝土浇筑任务，有力地保证了外网施工进度。

黑夜的星空和灯火见证了无数项目建设者夜以继日奋斗的夜晚，像施二铁、张喜斌这样的榜样比比皆是，吉纤建设者硬朗的工作作风在这一刻展现得淋漓尽致，他们用实际行动彰显了使命和担当。

攻坚克难　拼尽全力打通项目建设堵点

安装质量是项目建设的关键，高质量完成各项安装任务更是吉纤人的不懈追求。冬天进行原液聚合物料仓及钢结构安装，任聪志每天穿梭在30米高的安装现场。在脱泡塔设备安装过程中，由于设备自重8.7吨，且形状为不规则锥体，并且很难找到重心，因此无法垂直吊装，只能采用三点式横向吊装。吊起后利用导链松紧对设备进行稳固，吊至三层预留卷帘门处时难以进入现场。任聪志经过反复研究模拟，决定制作吊装平台设备将脱泡塔设备运至楼内，最后顺利完成了脱泡塔的安装。

项目现场内部进入紧张的安装调试阶段后也出现了诸多难题。如在不具备水电汽冷风的条件下，想方设法铺管线、采用临时电源等对打包机进行调试，调试期间还遇到了刀盘无法安装、切断机无法启动、补结器位置不正确、信号通信异常等很多困难，都在项目组工艺、维修、电仪、乙方调试人员通力协作下一一克服。2024年4月8日华绒项目短纤打包机试运成功。

关关难过关关过，全体建设人员同心协力共赴这场庞大的"建设盛宴"，科学谋划，精心组织，啃下了一块块硬骨头、拔掉了一根根尖钉子，各参建单位齐头并进、你追我赶、拼速度、拼质量、拼干劲。

多措并举　紧锣密鼓组织多方作业

　　2024年4月25日，华绒项目344人全部到位，迎风亮剑，组织召开15万吨华绒项目开工前"誓师大会"，进一步鼓舞员工士气，加速推进项目建设。2024年5月份项目建设正式进入安装调试的高峰期，正赶上和老系统春季检修工作相冲突，最高峰18个作业队伍，1600余人同时作业。如何平衡协调好检维修人员及电仪人员的工作安排成为重点问题。项目配电室送电、自主安装与老系统大修同步进行，带来极大挑战，马雪松、杨忠发、闫亮、宋佳霖组织电仪人员72小时连续作战，不眠不休；顾庆宇带领设备队伍加班加点自主完成6台打包机、2台缠膜机、700余节自动线及出包线的安装调试工作，建设者精神鼓舞着所有人。当土建、设备安装任务基本完成后，所有的重担全部落在了电气仪表人员身上，需要在30天之内，完成12000个对点工作，每一个都不能出错，如此庞大的工作量考验着每一个人。韩冰、姜志杰提前就把住宿的床备好，做好了攻坚准备，作为项目组唯一的一名女性——马也，也以巾帼不让须眉之势和大家一起奋斗在电气仪表对点调试的第一线。

　　为了确保项目顺利开车，同时完成好老系统各项检修任务，所有建设者早来晚走，任劳任怨，身体不适也仍然咬牙坚持在工作现场，各级领导干部和技职人员更是几天几夜奋战在安装调试现场，实在累了就在椅子上睡一会儿，纵然再忙、再累，项目组和施工单位依然坚持每天晚上8点组织召开项目协调会，针对每天施工存在的问题进行商讨并提出解决意见，做到今日事今日毕。腈纶公司所有员工发扬"像经营家庭一样经营企业"的主人翁精神，综合处全力组织人员开展择优招聘及培训工作，平衡三个系统人员分配，确保老系统稳定生产、新项目顺利开车。生产处积极组织各项产前准备，每天下午6点组织召开产前准备会议，及时协调解决试车及生产前各项工作。安全处的白色安全帽始终穿梭在项目现场，实现了15万吨华绒项目安全零事故的目标。腈纶公司上下团结一心，向着一个目标不断努力，成功攻克了一个又一个难题。

一路艰辛、一路希望，完成了一次次突破，建设者们无怨无悔奋斗的日日夜夜，谱写了一首15万吨华绒项目建设伟大壮丽的奋斗诗篇。六十载赓续前行，建设者们以实际行动践行五种精神，砥砺奋进，深耕主业，适度多元化，改革创新发展。腈纶公司全体干部员工将接续奋斗，勇当真抓实干的奋进者、敢闯敢试的开拓者、攻坚克难的搏击者、坚忍不拔的创新者，日夜兼程、风雨无阻，为吉林化纤总量翻番书写新的辉煌！

文/张颖　陈帅英

吉林化纤年产15万吨华绒项目开车投产，绒绒绒——华之绒

非凡六十年

——纪念吉林化纤建成投产六十周年

1964年8月—2024年8月，一甲子的团结奋斗，六十年岁月的砥砺拼搏，一代代吉纤人勠力同心、踔厉奋发，用勤劳和智慧书写着纺织强国的最美华章。

吉纤跨度与速度——六十年筚路蓝缕，在产业蝶变中高质量发展

一个个项目的竣工投产，见证了吉林化纤发展的跨度与速度，绘制了六十年奋斗史上最靓丽的底色。

松江潮涌，黑土生金。在这片神奇的土地上，1964年8月吉林市人造纤维厂正式竣工投产，1986年4月1日人造丝一期工程投产，1998年5月29日年产6万吨腈纶项目投产，2005年11月组建天竹联盟，2011年11月年产5000吨碳纤维原丝项目竣工投产，2020年7月接管鹿王制药，2020年8月年产1.5万吨碳纤维项目启动，2021年碳纤维复材项目启动……历时六十载春华秋实，吉纤人发扬"三人工作两人干，抽出一人搞基建"的建设者精神与"36524"的奋斗精神，绘就了吉林化纤高质量发展的精彩画卷。

一代又一代的吉纤人同心接力赛跑，不畏初春的乍暖还寒，不畏仲夏的烈日炎炎，不畏深秋的凄风冷雨，不畏冬季的地冻天寒，凝聚起奋进的磅礴力

量，实现了项目上一个成一个，当年建设、当年投产、当年赢利的行业奇迹。吉纤人敢教日月换新天，形成了纤维材料、复材制品、化工医药、绿色能源四大版块，组建了两个产业联盟，成功上市了两家公司，使吉林化纤的产业链条横跨吉林、河北、江苏、湖南、深圳等区域，名扬四海，誉满五洲。

惟奋斗者进，惟奋斗者强，惟奋斗者胜。六十年的艰苦奋斗，吉林化纤发生了翻天覆地的变化，吉纤跨度与速度，铸就了吉纤伟业的辉煌发展历程。

吉纤精度与高度——六十年风雨兼程，不断探索精益管理新思路

一束束洁白的银丝喷涌而出，镌刻着上百条生产线的精度与高度，吉纤品牌在升级中不断实现自我超越与突破。

精益管理，丝丝入扣。在坚持中创新，在创新中发展，吉纤人以"2345"精益管理为中心，努力在双基工程、三全管理、四提攻关、五动人才培养中获取全要素价值。构建安全生产体系，通过落实"三醒（省）""四责""五小"，强化"三个熟悉"，增强"三性"，实现本质安全。开展全面质量管理，围绕"质量是客户的第一追求"，坚持第一性原理、第二曲线创新、三原（源）思想，不断追求产品质量的精益求精。全员成本核算，围绕十大要素优化分析，挑战极限降成本。全过程劳动竞赛，突出项目、生产过程中的一线岗位、关键岗位，营造全员重视、比学赶超的良好氛围。紧盯发展之需，深耕细作人才沃土，发挥一院、一站、八所、四地中心的自主创新平台作用，使公司在进军新材料新领域多点开花，通过"千人培养计划"，开展班组长培训和员工技能提升活动，厚植人才发展澎湃不竭的生态优势，发放大学生津贴和"吉纤大工匠"津贴，提升岗位人才创新创效的积极性和主动性，打造人才集聚"新磁场"，激发人才兴企"强引擎"。持续开展"四提工程"，通过："1+N"攻关与

技术创新，在两年一次的创新表彰大会上，共同分享颠覆式创新带来的红利，使企业的核心竞争力稳步提升。坚持长丝优质化、腈纶差别化、竹纤维和短纤联盟化绿色化、碳纤维产业链一体化、复材制品多元化，在强链、延链、补链上全面发力。吉林化纤六十年的积淀，充分地展现了国企纺织的新作为、新担当。

精益求精，问题到我为止。吉林化纤瞄准"不做第一，就做唯一"的核心战略，让吉纤精度与高度成就了人造丝、竹纤维、腈纶纤维的"全球最大"，碳纤维的"全国最大"，保健功能纺织品原料基地和国家差别化腈纶研发生产基地的"全国唯一"。

吉纤温度与风度——六十年薪火相承，丝路天下携手共筑吉纤梦

一张张美丽笑脸的绽放，释放了企业文化的温度与风度，激励了一代又一代吉纤人为之而拼搏奋斗。

民生从来无小事，一枝一叶总关情。员工的冷暖放在心上，落实在行动上，在这个实践过程中，吉林化纤坚持一步一个脚印、一棒接着一棒往前走。加快数智化升级，通过技术创新、领题攻关、揭榜挂帅、QC攻关，股份公司半连续纺和连续纺成品、自动压洗车等岗位实现了机器代人，奇峰中后段生产线自动化升级，结束了运丝岗位25年来依靠人力推车的传统操作时代。聚焦员工"衣食住行"幸福工程，发放冬季蓝色羽绒衣员工暖到心，增设夜餐与早餐倒班员工沁人心，投资修缮职工宿舍稳人心，建设6个停车场员工解烦心，增设会战车、关心生产车员工家属能安心，开展金秋助学、困难帮扶、大病救助员工献爱心，吉林化纤的心里装着员工，换得了员工心中永远装着企业的责任。文武之道，一张一弛，开展大合唱、春季长跑、接力赛、跳绳、"篮排足

乒羽"等丰富多彩的文化体育活动，实现健康生活、快乐工作的双赢。

利民之事，丝发必兴。六十年的感恩奋进，吉纤温度无处不在、吉纤风度触手可及，更是兑现了"要让员工更有尊严工作和生活"的铿锵诺言。

艰难方显勇毅，磨砺始得玉成。奋进百年路，扬帆再出发，吉纤员工将继承和弘扬"奉献、敬业、负责、创新、自律"的五种精神，"吉纤巨轮"搏急流险滩、过峻岭崇山，在纺织强国进程中行稳致远，续写百年荣光！

文/冷雪妍

吉林化纤年产2万吨涡流纺生产线

与"煤"结缘　深耕坚守
——国兴动力厂锅炉车间燃料班长杜刚退休倒计时小记

一事精致，便能动人。"灰满面、尘满身"是每一名燃料岗位工的日常写照，大家都形容这是吉林化纤最脏、最苦、最累的岗。他凭着那股勤耕不辍、精业笃行的精神，一干就是38年，大家都亲切地称呼他"杜老黑"，他就是国兴动力厂燃料班组班组长杜刚。

在岗一日，尽责一天。清晨七点，他和平日里一样准时地出现在输煤系统生产现场，查看输煤系统运行状况、询问煤场进煤情况、工友们工作状态、交班前的准备……不一样的是，透过那黝黑的脸庞，工友们看到了那种即将离开岗位的不舍与丝丝牵挂。有同事算了一笔"账"，两个煤场、输煤系统绕一圈合计3公里之多，一天走上两趟，一年就是2000余公里，他用双脚丈量了38年，凭着执着的韧劲儿与钻劲儿，走出了动力人的自信与坚守。

"谢飞今天在优质煤垛东北角取优质混煤，按照100%比例进行掺烧，三期取蒙煤、通化煤和混煤，分别按照15%、50%、35%比例进行掺烧，保证最佳经济配比，做好记录；尹强利用空气炮继续降尘工作，保证煤场的环境标准得到提升，降尘之后要监督三期煤篦子上煤混得是否均匀；朱洪涛协调铲车和拉煤翻斗车对来煤进行重新储备分布，使煤场煤种的布局更加合理，取煤更加方便……"在班前会上，他有条不紊地分配一天的工作。"现在每天上煤量剧增，对燃煤运输设备、系统也是一个极大的考验，我们要打起十二分的精神，防止设备发生故障,避免影响机组的安全运行。"一条条命令,一句句叮咛,如往常一样是那么的熟悉,又是那么的果断,大家用心地记着,目光寸步不离开那个黝黑的脸庞。

燃料四段,两条上煤皮带正在匀速地传输着,仿佛诉说着光阴流逝的故事。"托辊对皮带起到一定支撑和传送的作用,在传送的过程中最容易出现的问题就是衣服以及手容易被带入皮带与托辊中,所以在上煤过程中必须留意,穿三紧工作服。清理碎煤机时必须两个人,在使用铁签子清理设备的过程中两人配合要默契,避免伤到自己和他人……"千言万语,安全是他对在职兄弟们最真诚的祝福。此时正值上煤高峰期,他带领组员对输煤系统进行全方位、全时段的隐患排查,想起每每遇到黏、潮煤接卸和加仓时,他总是靠前指挥,协调好落煤筒积煤清理工作,确保安全快速进行。在高硫高负荷排放压力大时,他始终站位在前,指导运行人员对脱硫、电除尘参数进行调整,确保设备稳定运行。

黑亮的煤在阳光下闪着金光。谢飞站在煤场正因取哪垛煤而发愁时,突然眼前一亮,仿佛看到了救星。只见杜刚随手抓起了一把煤并仔细观察,拇指与食指夹住后又捏了一捏,思索片刻他说道:"这垛煤颜色和亮度都不错,应该取这里的煤,那一垛虽然外观上看没有不一样的地方,但敲开后里面有断层,煤质不如这一垛。"这就是他练就的一手"绝活儿",这"一摸一捏"并非简单的判断,而是从煤的形态、亮度、颜色和密度,来初判煤的品质、发热量、水分和灰分,其初判结果与化验数据基本吻合。他语气略显严肃并坚定地说:"凡是进来的原煤,每个批次我们都要一一检查、核对,实时掌握原煤煤质、煤量、存取煤等信息情况,并实施动态管理,做到对厂区储煤所有信息了如指掌。一旦我们掌握最佳配煤的契合点,我们每年可给公司节省原煤费用1000余万元,这是我们这个岗位存在的价值。"随后,杜刚面带微笑,迈着坚定的步伐走出了煤场，奔向下一个岗位。

有人说，世界上最厉害的东西是"时间复利"。专于一事，日复一日地坚持，年复一年地积淀，量变到一定程度就会引起质变的飞跃。他将来煤安排在煤场不同区域，分类堆取，通过"煤场—区域—块—层"的方式实现精细化管理。他对每一批次的掺配煤检测结果都进行对比分析，查找不足，总结经验，在大脑里建立起了"掺配数据神经网络"，是当之无愧的"配煤高手"。他研究煤，坚持了一辈子，演绎出了"煤场活地图"与"煤质火眼金睛"的传奇。

吉纤的三月，午后春光正好。杜刚与徒弟左少英二人并肩来到煤场，极目远眺这守望了30多年如山一样高的煤场，目光中透露出那份一直拥有的坚毅与执着。"这一堆煤是什么煤，发热量大概在多少大卡？""优质煤就是我们所说的烟煤，发热量在5000大卡以上""二期掺烧应注意什么？""注意煤质发热量和挥发分，煤质发热量及挥发分过高容易造成喷燃器提前着火，还有就是与通化煤的比例要控制好""三期掺烧应注意什么？""三期燃煤主要以褐煤和通化煤为主，要根据煤质进行分析，根据天气的变化以及煤内水分的变化，随时调整通化煤与褐煤的比例，必须保证锅炉燃烧稳定，原煤不能湿、黏，否则易造成堵煤。"这对师徒一问一答间，饱含了师傅对徒弟的殷切期望，杜刚的脸上挂上了欣慰的笑容，接力棒成功地递交给了年轻的一代。两人又绕着煤场走了一圈又一圈，夕阳的金辉照耀出别样的精彩！

"我们是光荣的化纤工人，我们是自豪的建设大军……"随着《吉纤之歌》的响起，燃料班组此时全员到位、气氛到位，这是一场别开生面的退休仪式。一件崭新的蓝色工装、带有吉纤标志的保温杯、光荣的退休证书和炽热的吉纤徽章静静地躺在那里，一切还是那样的亲切与熟悉。此情此景，杜刚不自主地拿起保温杯，喃喃细语道："一杯子、一辈子。"他抬起头，将目光慢慢地移动到每个人的脸庞，驻留在每个人的眼神中，他知道，这段充满挑战与奉献的职业生涯将永远留在他的记忆中，成为人生中最宝贵的财富并接续着美好……

与"煤"结缘，深耕坚守。杜刚在平凡的岗位上守住了"专"，做到了"精"，留下了"艺"，他把满腔热忱献给了挚爱的"保供"事业，以实际行动践行着吉纤"五种"精神，用干劲儿、钻劲儿、实劲儿鼓舞和激励着青年一代争做新时代的奋斗者、传承者、弘扬者，助推吉纤事业走向新辉煌！

文/孙册

黑白之间

本文的主人公是国兴碳纤维公司一名优秀的基层安全管理人员，他叫李赫。我们穿越时光回到1997年的春天，了解他的故事……

"从黑到白"的岗位转变

1997年1月，李赫正式入职吉林化纤，被分配到奇峰公司动力分厂锅炉车间，主要工作是负责在一期锅炉车间清理火车箱底。当他第一次正式踏上工作岗位时，看到的只有"干不完的活"，手中的板锹将时间逐渐推移，慢慢地也找到了一些窍门，逐渐适应了这项工作。因为和煤直接接触，一天下来，他的手已经变成"黑熊掌"，他的脸上更是被汗水混合的煤灰涂抹成一道道漆黑印记。他总是不服输，每天都想和同事们比赛，就连上车下车这些动作他都总结出来怎样能比别人快，还创造了一套独门秘诀，记得那些年别人总说他是动力分厂的"特种兵"。

就这样在一锹锹的暴土扬尘下度过了6个月。由于公司要培养年轻人，李赫被调去原奇峰公司毛条车间。这让他完成了从"黑"到"白"的第一次转变。当时的主任姓刘，管理非常严格，"操作规程背不下来不让下班"是车间的铁律。那时，刘主任每到下班时间就搬个小板凳坐在车间门口抽查操作规程，时间充足的情况就挨个过筛，背下来的下班，背不下来接着背，全车间的人看到他都绕道走。而李赫那个时候有事没事总想"挑战自己",结果经常被主任留下上"小课",用李赫的话说:"当年的操作规程连多少个字我都记得",也就是从那个时候开始,为他日后从事安全管理工作埋下了伏笔。

来到了毛条车间后,李赫从拉断岗位干起,接头、升头、停车、割辊、推桶、检查、算料……一天下来忙活的脚打后脑勺。有一阵子拉断机总是缠辊,开起来停下,开起来停下,细小的钩刀把在手上磨来磨去,一天下来,员工们的手被磨出了四五个血泡,找了很多人也没查到根本原因。他就开始琢磨,剖析原理,终于发现是脱盐水阀门内漏的原因,导致罗拉结露,越是停车缠得越厉害。就这样在"干中学、学中干"。半年下来,他已然能熟练地操作所有的拉断机、针梳机,并且在岗位技能大赛中脱颖而出,还得了第一名。同时,他还凭着人缘好、工作认真的优势得到了领导和同事们的一致好评,一年后被车间聘任为拉断甲班班长。他干工作有一股聪明劲儿,一股实干劲儿,班组在他的带领下月月第一。后来李赫回忆说:"当年年轻,愿意琢磨,在生产上能弄懂的和弄不懂的故障、方法我都记在本上,这本记录也成了当年车间的宝贝……"

2001年,他参加了岗位技能大赛,获得了吉林省首席技师称号,被授予吉林市五一劳动奖章,担任值班长岗位。在这个岗位上,他一干就是8个年头,由于工作成绩出色,在2009年升任生产处调度。干上调度后,他面对聚合、纺丝系统,根本就是茫无所知、一窍不通,尤其是回收装置错节盘根,管道、阀门错综复杂,让人眼花缭乱。"隔行如隔山啊。"李赫暗下决心,一定要学会公司所有生产原理,在之后的一年多时间里,每天下班后他爬管道,不会用电脑就用手画"PID",把聚合、纺丝的每个管道、阀门、仪表都认真地画到了纸上,牢牢地记到了心里!"后来,别说哪块有盲板了,就连回收装置有多少颗螺丝我都知道……"

2016年,随着工作的调整,李赫又被调回毛条车间,担任了车间安全员兼分会主席，也是从这个时候起，他与安全管理工作结缘。他回到毛条车间后第一项工作就是组织专业技术人员重新编制安全操作规程。干活怎么干都行，当坐下来拿起笔那就头疼了，憋了一天也写不出一个方案，怎么办？他一遍遍磨、一遍遍改，就这样坚持着，直到无论条件怎么变，他都能应对自如。

"从白到黑"的工作转变

2020年，方大江城碳纤维公司与吉林化纤重组，成立了国兴碳纤维公司。李赫又被派往国兴碳纤维碳化一车间担任安全员兼分会主席，面对新公司、新人员、新设备、新工艺，又是茫然无所知。他深感压力巨大，三天两头牙疼。从"白"到"黑"的碳化生产工艺看似简单，实则细节远远比想象中复杂得多，有过6年调度工作经历的他暗下决心，绝不服输，必须干出个样子来。从一条碳化线到10条碳化线，设备十倍十倍地增，人员百倍百倍地涨，白天一边管现场安装、一边管生产人员，晚上一边写制度、一边准备第二天的用品，就这样，他每天早上5点多来、晚上11点多到家，有时候在安装现场，坐地上就对付一口，有时候坐着坐着就睡着了。

后来他与陈晓明主任共同抓细节管理，研究制作氧化炉模拟辊、S1012驱动滑道、自动刷辊装置、安全操作挡杆、成品车挡板、专用勾刀等，在安全装置和管理制度上，取得了一次又一次的攻关突破。李赫经常说："多一道防护，就少一道风险，不能让这帮孩子受伤啊，我们就是干这个的。"

在日常工作中，他每天手中都会掐着一张褶皱的纸，记啊，画啊，兜里的电话一遍一遍地响……如今的他，已步履蹒跚，但举手投足间却充满着一股坚毅的力量。

时光如梭，昔日22岁的少年如今已到了知命之年，是啊！他50岁了，从黑发到白发，回头再看，这一路走来，在吉纤的这片土地上留下了许多回忆，在这里他挥洒过汗水，奋斗过青春，用他的话说："如今再看吉纤越来越大的版图，他觉得一切都值！"

是啊！在吉纤的这片土地上有多少位这样的基层管理者，他们心中热爱这份事业，热爱这个"大家"，他们带出了一位又一位的优秀管理者，他们默默坚守、心甘情愿地付出，他们觉得一切都值！

文/关长富

2020年的相遇　2024年的同行

当清晨一缕阳光照亮苍穹，时间如椽之笔，一笔一画、点横撇捺落笔新的一页。2020年7月的鹿王制药并入了吉林化纤，5年的时间度量了鹿王制药不一样的轨迹。

当记忆中的树叶由绿变黄，随风飘荡，四季更迭，轮转而回，在平静的表象下，鹿王制药由人到企业的内在都发生了不可思议的变化。

每个人都有自己的领奖台

人是生产力中最活跃的因素。国有制药体系赋予劳动者、劳动资料、劳动对象以新的内涵，也提出了新的更高要求。公司"60后""70后"人员占比51%，人员老龄化速度快于一线生产人员补充速度。专业技术人员年龄呈现两极分化，年轻员工技术水平亟待提升。自2020年8月开始，公司对人员的规划更细致、更全面。岗位人员补充按照一比二的原则推进人员架构年轻化调整。针对半年内退休人员启动1人带2徒的结对培养方式，保证岗位人员衔接过渡，使人员成本同产量挂钩，正向激励性更强。开展"为员工庆生""采暖费补贴改革""创办电视新闻"等贴近员工的实事、好事，持续提升员工的幸福感、获得感和归属感；坚持"以发展为导向，以工作业绩为依据"的原则，打通技能人才晋升和薪酬待遇提升通道，提拔优秀员工到车间管理岗位，既充实了管理队伍,也营造了良好的竞争机制和工作氛围。2022年驻厂期间,员工毅然决然地舍小家、顾大家,公司为每一名驻厂员工准备毛毯,发放水果、香肠、面条等食品,提升员工餐食标准,为员工提供营养饮食。开展跳绳、跑步、套圈等趣味性活动,缓解驻厂压力,提高员工身体素质,凝聚人心,凝练文化,提升员工团结协作能力和整体素养,疫情虽然阻断了亲情,却也凝聚了并肩拼搏、共克时艰的工友之情。

把每一个环节都做到极致

2022年,产品需求量激增,车间员工和设备都加班加点地连轴转。从公司全员到包装岗位支援,全力以赴保证产品供应。在未学习操作前,印象中的包装是将成板的药和说明书装到包装盒中,应该操作不难。第一次领到包装任务后,车间派包装班组的"大姐"指导每一名新学员操作手法,讲解每一个品类包装注意要点,核对产品、包装盒、大箱批号、单袋数量、摆放方向等细致步骤。看上去听上去都不难,实际操作起来未掌握技巧和方法。在包装过程中每个手指各有分工,互相配合着递进操作,仅3秒就完成一个包装,单盒速度甚至比机器操作的还要快。每一名包装岗位上的员工都有自己独特的包装手法,在日复一日的锤炼中反复斟酌、精练。虽然制药环节陆续投用自动化和智能化制造设备,适用于集中的大批量生产,但是纯手工操作速度丝毫不逊色,能够灵活掌握多品种调整、数量不大的产品包装范围。每一年的包装岗位技能竞赛中,新老员工的比拼异常激烈,在技能和速度比拼中你追我赶,是新时代工人最精彩的互相成就。

质量意识深入意识和行动中

2023年，生产系统对标集团公司，建立了45个岗位的工作标准，内容涵盖岗位要求、产前准备、工艺纪律、劳动纪律、生产安全、奖惩制度、设备维护保养、现场合规化及清场管理9大方面，在生产系统推行一品、一岗、一率、每月一对比"四个一"质量过程管控。锁定"一次产出合格率"这一质量管控核心，建立大数据统计"模块"，对每个品种、每个岗位的所有工艺参数进行大数据统计，以精确的数据信息指导生产调整，确保工艺达标始终处在动态的平衡点，在保证"一次合格率"的前提下确保产品质量和生产效率的双提升。

打破车间以往大锅饭、交叉式绩效计算法，重新规范车间绩效工资组成，梳理外用工时合格项，将外用工时合格项核算纳入计件工资，围绕员工的"工作创效劳动、有效劳动和质量达标"三个标准评定奖励标准。通过转变员工思想提高操作质量，以"能者多得，多劳多得"为导向强化激励措施，促使员工由"只要劳动就有报酬"向"只有有效劳动才有报酬"转变。

小班组式管理更贴近实际

相比于集团公司的大工段和大班组管理模式，基于制药剂型、产品类别、工艺环节、岗位操作和空间作业多且同性质岗位少、岗位分散、单个岗位人员少的现状，人员若按照集团的班组划分方式，则每班组仅2~5人，不利于管理。结合岗位实际，将前处理和制剂车间的人员按照工段式的大班组划分，设立工段式大班组和主操手小班组管理模式，由技术员兼任工段长管理，工段内的独立岗位按照实际作业情况划分，采取由主操手负责的小班组分列式管理，做到既有统筹管理，又不失灵活落实。

2024年推进拓渠道控风险、拓客户强合作、拓大健康增品类的三拓战略，坚持增品、增项、增区、增人、增渠道五增布局，拓宽销售领域，打开市场终端布局。

一是增品。发挥合作商的资源优势，在增品上深度挖掘，将安神补心片、人参再造丸、知柏地黄丸等冷冻品种投入市场，成为新的效益增长点；以市场为导向有序恢复三宝胶囊、齿痛宁、安乃近、氨咖黄敏胶囊等功效型产品，新增订单和复购率均呈上升趋势，通过产品的快速流通变现，增加企业的供产销融合运转力。

二是增项。抓住国家发展大健康产业的有利契机，成立攻关组，快速推进增加大健康项目、定制化产品和自主研发类的销售项目，保健食品、普通食品、药膳食品和日化产品等4个类别20个项目蓄力实现创新成果转化，依托项目培植拉动大健康产业发展。

三是增区。目前公司产品销售基本覆盖国内全部省市，但一些大城市的产品销量不高，针对这类消费力高的城市梳理选定合适的品种，推广进入该区域实现核心城市占有率逐步增强目标。

四是增人。开展销售队伍大整顿，彻底转变有位不作为的现象，纵向将部分销区并入到当前活跃度较强的区域，形成大团队作战联盟；横向选拔组织能力强、业绩突出的营销骨干作为大区负责人，将躺平式销售员召回本部一线岗位，不再从事销售工作；提拔正能量的优秀人才，优化掉假的、混的、怨的，积极营造能者上、庸者让的赶超氛围。

五是增渠道。商业公司产品销售流转新形势。为解决药品销售结构和合作群体受限、市场流通受阻的发展不充分问题，成立商业公司，一站式存储运输产品，构筑持续、主动、闭环、常态化的运营流通管理模式。

文/毕煜暖

丝路领航：吉林化纤建成投产60周年（1964—2024年）

用吉林化纤碳纤维制成的羽毛球拍深受客户的欢迎

守一方净水　还一寸清源

东风过，又回春。寒雨急急落，枯木又逢生。春来满生机，喜鹊们成群结队筑新巢，脱盐水罐旁的树木成了它们新的营地。"领导，您有没有觉得我们车间的灰喜鹊又多了！"我喜欢那些住在我们车间的小生灵，为这些轰隆隆的设备添了一些蓬勃生机。领导欣然："那当然啦！周围项目迭起，它们都来我们这了。"话语尽显骄傲。从前，我们车间的污水厂是整个吉林化纤的边界，再往后便是一片荒原，现如今荒原之上开出了腈纶花，我们也不在"天边了"。

骄阳盛，夏草长。浊汗湿厚土，清水携清凉。我最爱的便是给排水车间的夏天，远远看去一片青绿，头戴安全帽的工人，不停地工作直到深夜。"天好热，什么时候能下雨啊。"走在回车间的路上，我的脸皱成一团。"可不能下雨。"领导们抹着汗慢慢地说着。水汽氤氲，我们虽然没有享受到四季如春的温润，可台风总不会忘记我们这座小城。防汛沙袋在泵房前堆砌出战壕，大家时刻紧盯脱盐水指标，出现异常抓紧调整，保证供给全厂的脱盐水水质达标。

寒霜至，秋叶黄。落日染红袖，赤土浸霞光。秋是收获的季节，泛黄的落叶在马路上翻滚，过路的风吹起树叶沙沙作响。看红叶哪还用去山上，我们这最漂亮了。茵茵绿草不畏风霜，累累硕果分明红黄，"秋水共长天一色"大抵说的就是我们这儿。午后的污水处理厂内大橘猫翻着肚皮迎接暖阳的洗礼，我路过DCS室，见窗户上破了个大洞。"领导，什么情况！"只见屋里的大哥拎起一只已经撞晕的野鸡笑着。"自从除臭装置改造后，气味越来越小，咱们的环境越来越好了。小任你来的时间短，之前咱们值班长还在院里看见蛇了呢，给个大男人吓坏了。"来了这么久，还是头一次听见领导讲笑话。

鹅毛雪，严冬峭。似是冬又过，却是冬携雪。东北的冬天长过门口的脱盐水管线，每天上班的时候总有零星的雪花跃进我的视线，转过一个弯看到雾凇，那里就是我们车间。无论四季，风雨无阻，我总是第一批被通勤车载进厂的，领导总是7点40分左右到现场。我总能在车间门口碰到他，他每天早上的工作好像都不太一样，有时在看DCS的视频监控、有时在默默地扫雪、有时去值长室指挥生产。我遇见他就和他说句早，这似乎成了我上班的第一项工作。有一天早上我和他匆匆走进职代会会场，开讲前他说："认真听。"每年的职代会领导都会带一个青年人参加，他希望下一代有所作为、甘心奉献，像他们一样将心血倾注，融入吉林化纤，用热血抒写吉纤精神。

我爱我的工作，我爱给排水，像爱我自己一样爱着这里。这里的一切是前辈的血汗，现在我也用热血交织，必不负前辈之望。有幸见证了吉纤建成投产六十周年的风采，相信百年吉纤会更加辉煌！

文/任妍蓉

在成长的岁月里
见证那一份热爱

——写在吉林化纤建成投产60周年之际

为什么我的眼里常含泪水？
因为我对这土地爱得深沉。

——艾青

最初了解吉林化纤，是从大学室友口中得知的，当时的吉林化纤在吉林市小有名气。彼时，在人山人海的人才市场大型招聘会上，一眼就看到了同学口中提到的吉林化纤，从此便与之结下了不解之缘。

鲜衣怒马少年时

犹记得，正少年，纺织行业的一面旗帜正冉冉升起。

清晰记得毕业入职的第一天，我在同学的帮助下，带着随身的行李，乘了火车，又辗转坐了公交，只感觉过了一村又一村，崎岖不平的道路就如我忐忑不安的心情。办理了入职手续之后，来到员工宿舍，半军事化的管理让我感受到一丝校园生活的熟悉感，我默默告诉自己：一定要不负韶华，不负父母的期望，不负母校的谆谆教诲！

当时的吉林化纤虽然只有股份公司和组建不久尚未开车投产的奇峰公司，可我走在绿树荫荫的厂区内，偌大的厂区仍然会让我近乎迷路，每每回到记忆的最深处，全是那袅袅婷婷的绿植和绽放芬芳的野玫瑰，冲淡了忐忑的同时，也盈满了对未来的无限憧憬。

由于我有在学校分管团委工作的经历，初入职的第一个岗位就是团支书。记忆最深的就是在公司团委的组织下到各车间进行互检，在每位老团支书那里学到了很多团建经验，然后不断学以致用，包括每周雷打不动的理论学习时间，王秀兰老书记带头组织学习讨论；还有和老主席朱梅一起，带领团员青年转战各个项目工地进行美化绿化，以及对宿舍进行打扫翻新；更有红旗小组评比、优秀宿舍评选、学雷锋活动、大修宣传、元旦联欢筹备、扎彩灯……我每一天都朝气蓬勃、热气腾腾！

也正是在刚入厂的第二年，有幸赶上了中组部、中宣部、国家经贸委集中对吉林化纤的治厂经验和老董事长傅万才同志的模范事迹进行宣传。集团公司组织征文，车间有两篇文章由我来组稿，那也是我第一次从老书记以及车间材料员的口中听到了关于这位董事长的两件小事：一个是老书记初次组织技校毕业生家长会，老董事长在与家长会面时的亲切、和蔼，以及对午餐和返程环节的细致安排；一个是刚上班两年的两个小姑娘千里迢迢赶往山西榆次提取价值200多万元的黄白金喷头时，老董事长隔山隔水的殷切关照。尤其是当我初次拿到那本散发着油墨清香的书，细读工作在各个岗位的员工从不同侧面对这个老董事长的描述时，我在心里勾勒出一个和蔼、慈祥、温暖、心里装有每个普通员工的老董事长的形象。

由于我对文字的热爱，加之在校期间在校报的任职，老书记便指导我写车间的宣传报道和思想政治工作总结，一来二去地我就成了宣传部熟人。两年后，被周信宜老部长调去了宣传部，负责对外宣传工作——也是让我记忆犹为深刻的一份工作。在这期间，我从一些老记者身上学到了很多，有如何及时发现新闻点并做好深入挖掘的技巧以及敬业负责的态度，更体会到了老部长理论功底的深厚和对文字的热爱。他每次都能在我写材料觉得不顺畅却又不知如何修改时提供帮助只字之差，起到画龙点睛的作用。犹记得在座无虚席的文化宫，有着清脆响亮上海口音的老部长可以激情豪迈、全程脱稿讲上两个多小时，心里是由衷的赞叹和深深的敬佩！

也正是在这个岗位，我有幸听闻了老董事长傅万才在人民大会堂发言并参加了中华人民共和国成立50周年国庆观礼。更是在这个岗位上，近距离感受到了这位令人尊敬的老董事长的那种严爱相济的工作作风，以及在他瘦小的身躯里所迸发的睿智、坚韧、进取、压不垮也打不败的精神意志，还有忘物忘我、物我两忘的以厂为家、以人为本的拳拳之心和殷殷之情！也是在这个岗位上，亲历了那令人难忘的一天，这位可亲可敬的董事长永远离开了这片他为之奉献一生的、深深热爱着的土地，直到今日我仍记得那日清晨，接到写讣告通知的消息时，心里那抹酸涩与怅然……

万丈高楼平地起

灯火处，依稀见，一幢幢高楼鳞次栉比。

人生海海，山山而川。带着对老董事长的缅怀、也带着老董长未完的期许，又一代吉纤人接下了手中的火炬，在风雨之中坚定地一路前行。

我也先后调任到规划发展部及新组建的基建指挥部，仍记得誓师大会上那令人激情澎湃的动员令。

我从英文资料的翻译做起，借助一本厚厚的《英汉科学技术词典》以及一本《汉英纺织词汇》，我就这样开启了新的工作旅途。从项目的批文请示到英文工艺包的翻译，再到漂洋过海到意大利蒙特公司进行二手腈纶设备的检验，以及德国恩卡黏胶长丝连续纺装备的进口通关，旁听记录过姜俊周老总以一口极为流利的英语与外国专家的激烈谈判，亲历参与过项目组人员为了每个技术细节热烈地研讨，现场见证过与意大利蒙特公司、德国恩卡公司的系列签约合作。

直到吉盟公司筹建，在短暂的一年的人力资源工作后，我进入集团办公室，再次从零起步，买来一摞厚厚的外贸出口书籍，从制单到审单再到信用证的审核以及报关员考试的通关，一路摸爬滚打着做起了腈纶的出口，公司腈纶丝束的出口也从无到有，从几十吨到几百吨、几千吨，从一个柜到几十个柜、几百个柜，走出国门、漂向海外。

正如人生没有永远的巅峰，也没有永远的低谷。在汹涌的市场浪潮和席卷全球的经济危机中，吉林化纤也遭受了前所未有的危机，数十亿贷款的财务成本，让企业不堪重负。也是在这时，接过帅印的宋德武董事长大刀阔斧、披荆斩棘，通过历时10个月的努力，力挽狂澜，成功实现A股顺利增发，募集9亿元资金，救公司于水火之中，实现当年A股盈利！我也从外贸出口兜兜转转又重操起文字工作，再次近距离感受着公司随时代浪潮的巨大变迁！也通过班组管理工作，感受到我们最为可爱的班组长，作以最为朴实的种子在这片沃土生根发芽，成长为参天巨树，高擎起企业茁壮成长的碧海蓝天！

随着连续几次增发工作的顺利启动，以及"夯实主业，加快升级，适度多元化"战略的实施，企业的资本链和资金链被彻底盘活了。从原来傅万才时代的"三人工作两人干"到现在"两人工作一人干，抽出一人搞基建"，再到"钱算分，时算秒，志坚精准保达标"，一代代吉纤人接过手中的接力棒，以星星之火点亮燎原之势，以一半的人员力量、一半的工作时间，一边生产、一边开展项目建设，创下了一个又一个项目建设达产、达效的最快纪录！厂区面积也实现从原来的一倍到两倍、三倍甚至四倍的拓展！

这期间，碳谷公司"新三板"的顺利登陆，为碳纤维产业链的蓬勃发展提供了充足的原动力。经过十年磨一剑的砥砺奋进，从一缕洁白的原丝在时光的炉火中染金变黑，也见证着吉纤时光岁月里的这段白与黑，从3K、12K小丝束的规模化生产到25K、35K、50K大丝束专利产品的市场化，从湿法两步法的钻研探索到干喷湿法的自主开发，从原丝、碳化到碳布、碳板再到碳管、气瓶、LED壳体、机器人腿臂，吉林化纤一举走到了行业的最前列！

就在2023年7月3日，吉林省委省政府领导专程在吉林化纤召开现场专题会，郑重宣布对吉林化纤实施提级管理，由市属变为省管。一代代吉纤人从青丝染成了白发，终是柳暗花明，不负时光不负卿！

值此吉林化纤建成投产60周年之际，跨过岁月的长河，再次回望我工作和生活了近30年的这片土地，正是因为有了老一辈吉纤人的火种传承、几代吉纤人对公司深沉的热爱，才有了吉林化纤蒸蒸日上的今天和令人无限期许的明天。

文/王晓杰

光辉六十年

葛洪君

欢庆声中回故园,公司处处换新颜。
规模翻番品夺冠,远洋五洲奏凯旋。
专精新特百花艳,名扬中外举世赞。
入选示范重任担,世界争冠多贡献。

以客户为中心,深入推进产销融合

唱凯旋

葛洪君

回首往事忆当年，改制上市蜀道难。
现代制度全面建，纵横交错先规范。
申报审批过三关，早出晚归月西眠。
千折百回应多变，悦耳钟声唱凯旋。

注释：

诗中借用千古名句蜀道难，来形容当年改制上市的难度及其艰巨性和复杂性。其工作量之大，涉及面之广前所未有。企业内部按科学管理的要求全面改制后，还要经过地方政府十多个部门的签批认证以及中国证监会的听审答疑，过好三关……据此董事长傅万才同志决定，由分管经营的副总葛洪君同志带领唐佳维（几年后提为集团副总）、王林华、潘佳英等三部门负责人具体承办。在省市领导的关怀下，他们克服重重困难，历经一年时间，以最快速度胜利完成任务。于1996年7月15日拿到证监会批文，7月23日傅万才同志代表公司在深圳举行了上市新闻发布会。8月2日葛洪君陪同副省长魏敏学同志，在深交所大厅共同敲响了隆重上市的钟声。

三关：申报材料审核关，证监会听审答疑关，省内当年上市额度的平衡关。

成功上市是吉林化纤发展史上的重要里程碑，对迎挑战、抗风险、增加新的融资渠道，支持创新发展有着重要的历史意义和现实意义。

欢庆辉煌六十年

王绍华

欢庆投产六十年，故园处处惊巨变。
规模翻番质夺冠，名扬四海举世赞。
创新带动新发展，远洋五洲奏凯旋。
喜看今朝大化纤，辉煌明天更灿烂。

吉林化纤客户遍布全球

奋斗铸辉煌

——吉林化纤建厂六十周年

焦莉莉

跨越时间的湍流迎接曙光升腾

点燃发展的引擎集聚彭拜力量

1959年，一群怀揣共同梦想的青年

用青春和热血撬动这片荒芜的土地

1964年4月19日

第一束洁白的银丝喷涌而出

吉林化纤从此扬帆启航

六十载初心如磐，坚守主业

六十载厚积薄发，蝶变创新

六十载艰苦奋斗，变中突破

六十载春华秋实，党建引领

一代代吉纤人，敢为人先，不断超越

整合优化，提高效率、内拓外联双轮驱动强发展

调结构、提品质、增品种、树品牌，产业升级促优化

抢抓机遇，快建项目，技术创新

深化改革，文化传承，五大板块竞相迸发

存量升级，增量调整，掀起吉纤高质量发展新热潮

——六十年啊，变化有多大

从前的公司全景如今仅是公司一隅

从一个纤维小厂到省市重点国有企业

从单一黏胶纤维到

全球优质的人造丝生产基地

全球规模巨大的腈纶纤维生产基地

竹纤维生产基地

全国规模大、牌号全、产业链完整的碳纤维龙头企业

从连年亏损到营收突破50亿、100亿元、200亿元……

吉纤发展方兴未艾

——六十年啊，变化有多大

人造丝四化升级带动产业链效率提升30%以上

腈纶差别化调整，颠覆传统，华绒之恋进军棉纺领域

竹纤维联盟化运作，全球可检测、全产业链可追溯、全生命周期可管理

碳纤维一体化延伸，从白丝到黑丝，打破封锁，开创先河

碳纤维复材及制品多元化发展，布、板、管、罐、件全面发力

产业链上下游延伸，增加新领域医药板块

我们从产能不足3000吨到即将突破100万吨

六十年的成就，书写了一代代吉纤人拼搏奋斗的荣耀与担当

——六十年啊，变化有多大

第六部分　心　声

物流装卸从人拉肩扛到机械化作业

运丝、打包、毛条等高强度岗位从人工操作到机器代人

自动贴标、连续纺镜检、自动压洗装车的投用人员效率65%

MES管理系统投用、生产线自动化升级，结束了25年依靠人力推车的时代

自动打包、立库，实现了生产、流转数据的自动统计

我们从依靠人力操作到现场操作、生产管理、经营决策梯度数字化升级

六十年的变迁，见证着智改数转引领企业发展的沧桑巨变

——六十年啊，变化有多大

奉献、敬业、负责、创新、自律融入吉纤血脉

主人翁精神、建设者精神、工匠精神、创新精神成为吉纤靓丽底色

"2345"精益管理，稳扎稳打

改制、增资扩股、定向增发，注入活力

供产销一体化、产销融合，开启经营新模式

六十年的积淀，孕育出谋创新共发展的新时代回响

忆往昔峥嵘岁月稠，看今朝奔涌逐浪高

六十年来，纺织行业经历了盛极而衰、度过了经济寒冬

战胜了百年变局加之世纪疫情的重重挑战

吉纤人化危为机，积蓄力量

三十载艰苦创业，四十年改革开放，奋进二十大新时代

在拼搏中坚守在创新中迭代在变革中前行

英雄回眸功成处，几度泪雨湿衣衫

你是否还记得

吉林化纤的开拓者带着嘱托与梦想

在简陋的窑洞中开启建设吉纤发展的旅程

你是否还记得

为打破技术壁垒，一群年轻人昼夜奋战，反复试验

开创了碳纤维原丝规模化生产的先河

你是否还记得

为加快项目建设，吉纤建设者打破常规，快马加鞭赶工期

用吉纤速度、吉纤作风，创造了一项又一项吉纤奇迹

你是否还记得

2023年7月3日，提级省管的高光时刻

那是万名吉纤人的荣耀

共同历经风雨，我们更加淡定从容

共同经历洗礼，我们必将涅槃重生

六十年甲子轮回　六十载盛世华章

看，"做先进材料领先者，创世界一流专精特新企业"的愿景已经确立

为人类低碳生活提供绿色材料，打造千亿级企业是我们坚定不移的目标

听，科技创新、人才智力、智改数转支撑等八项任务的号角已经吹响

来，碳纤维零碳制品产业园的崭新蓝图已经绘就

干，深耕主业、守正创新、深化改革、党建引领不动摇

六十年风雨同舟　新征程砥砺前行

让我们再次点燃奋斗引擎

扬帆起航再创吉纤新辉煌

新丝路

杨忠发

甲子时光，丝路东方。
唐以丝兴，今有效仿。
金梭飞舞，织就云裳。
锦绣华彩，修我时尚。
纤丝弄巧，腈纬绵长。
墨染新缕，风动八荒。
时代弄潮，劈波斩浪。
载德以物，续谱华章。

诗词释意：

六十年的光阴，吉纤始终以丝为主业屹立在东方大国。唐朝以丝绸之路振兴，我们今天效仿古人开辟了新的丝绸之路，开启了中国梦。吉纤人用那飞舞的金梭，织就了多彩的世界。多姿多彩的锦绣华服，装扮几代人的时尚。黏胶纤维已经做得很精巧，腈纶替代棉纺的路还很长。我们的碳纤维如墨染的黑金，闪亮登场。一代代吉纤企业家成为时代的弄潮儿，带领吉纤人劈波斩浪。用化纤务实的精神，续写纺织业华彩篇章。

丝路赋

郭鹏程

随明尚之夙查兮,朦胧依见司空。
望金乌之微韵兮,霞光映照圣功。
建高楼之巍峨兮,浮烟直乎太清。
屈百步以及至兮,纵深不知通径。
临匠人之肃穆兮,心力得于严明。
立云梯之层台兮,驾擎天与长龙。
连天府之上下兮,白嘶若如蜡像。
登绝顶以览众兮,群鹤不逾奇峰。
俯车间之宏丽兮,仰江水之波光。
沐春风之和煦兮,薄纱协飞互通。
听花鸟之香语兮,争艳劳比博望。
益仁决之广大兮,带路助于吉梦。
云天亘之既恒兮,余愿现乎双赢。
　　幸矣美矣!惠于上京。
　　尽兮佑兮!远销四方。
运与日月同辉兮,遵从天地规量。
恩泽布于四海兮,归心揽及八荒。
斯家位之无极兮,终兴之未有央。

他们都是追梦人

——致敬每一位项目建设的吉纤人

付洪瑞

在我所热爱的吉林化纤

有这样一群人

他们迎着曙光

向光而行

开启了"创建世界一流企业"

——那梦想的征途！

在我所热爱的吉林化纤

有这样一群人

他们背负着"振兴老工业基地"的使命一路追梦

风吹过的工地

雨淋过的道路

印刻着他们走过的足迹！

在我所热爱的吉林化纤

有这样一群人

他们承载着"丝路天下"的期盼一路追梦

笔记上密麻的标注

图纸上勾画的圈点

见证着他们流过的汗水！

在我所热爱的吉林化纤

有这样一群人

他们怀揣着"高质量发展"的决心一路追梦

数十个项目计划的决策

数百份施工方案的落实

诉说着他们前行的艰辛！

纵使风雨雷电

他们追逐梦想的目标坚定不移

纵使骇浪惊涛

他们共同的信仰永不言弃！

因为

他们心中有梦！

所以

他们一往无前！

他们与并肩作战的兄弟

一起摸爬滚打

追随风的速度

一起勇往直前

感受光的温度！

他们和志同道合的同事

一起加班值守

吊起最后一段管路

一起挑灯夜战

拧紧最后一颗螺栓！

跌倒不会让他们望而却步

磨炼只会让他们加速成长

付出无求回报

只为迎接黎明的第一缕曙光！

当机器轻轻转动

当轰鸣微微响起

他们知道

梦想

离他们更进一步

但他们不会放慢脚步

因为

他们都是追梦人！

实现吉纤梦

铸就中国梦

行走在梦想的征途上

丝路领航：吉林化纤建成投产60周年（1964—2024年）

他们只有唯一的誓言

无所畏，有所为！

吉林化纤年产15万吨碳纤维原丝项目

吉林化纤　丝路天下

钟美玲

风吹驼铃的丝绸之路已经远去

雨润天骄的"一带一路"就在眼前

江城是绿色的海洋

吉纤巨轮在此启航扬帆

江城是白色的雪原

长丝短纤从这里飞出太阳的金线

六十年，你为瞩望拢起一座高山

六十年，你为祖国轻工打出一片蓝天

六十年，你开拓了新的丝绸之路

六十年，你为世界人民披上新时代的霓裳

漫步你的车间

高科技机床连排成片

它们灵活得手脚并用

它们聪明得穿梭引线

一切都在自动中运行

线轴排排整齐的旋转

银线丝丝如吊起的琴弦

闪亮的瀑布倾泻而下

纺织女工俨然指挥的教官

这春蚕精吐的丝线

织就了大地又织蓝天

薄云是你轻盈的绸缎

碧水是你透明的栊帘

你鹅绒般柔软

而韧性却显示着技术的精尖

你徜徉于织品的海洋

你遨游于华丽的梦幻

无论东方还是西方

风靡的流行都在为你点赞

从没想过

"一节复一节，千枝攒万叶"的修竹

能从诗中走出林间

走上"竹纤维"的惊叹

它被弄得柔柔软软，滑而不沾

它抗菌抑菌，吸湿透气

贴身穿能保护睡眠

出浴裹身馨雅而温暖

碳在人们的认知中是黑皮肤硬汉
在化学课本里是"碳元素"名衔
很难把它与线性柔体想到一起
可"碳纤维"一词
却在新材料领域里领衔高端
经过氧化和低、高温碳化
"黑黄金"就诞生了
它如黑色的美人
奔跑时带着风
静默时带着电
比发丝细，比钢强，比铝轻
很小体积能承载很大拉力
航空航天，新能源发电，轨道交通，汽车制造
吉林碳谷，声名远播，一飞冲天

差别化、规模化、国际化为发展战略
以做大腈纶、做精黏胶、做强原料基地、做优竹碳产业为目标
以整合优化、提高效率、内拓外联，双轮驱动为理念
领导风正一帆悬
员工敬业又钻研
那些亮亮的白云丝已织出月光片片
那些幽幽的黑金线已跃上宇宙飞船
产品订单在东西南北的路上飞
化纤名片在不同肤色的手上传

丝路花雨，已在世界舞台常年翩翩

霓裳新装，更将化纤之魂播撒于天下人间

下游客户到吉林化纤碳纤维原丝生产现场参观交流

蚕的执着

——致敬吉林化纤的开拓者和建设者们

姜岩波

像蚕一样
四季轮回周而复始
千锤百炼大浪淘沙
历尽风雨洗礼
中流砥柱
像蚕一样的生力军
贯穿在吉纤的奋斗征程中
绿树成荫充满希望的春天
群蚕和桑叶浑然一体
昼夜辛劳只为纤纤细丝
那是吉纤人
在设备轰鸣的运转声中
一个动作一个眼神
干群同心精诚所至金石为开
公司的政策布局员工的冷暖
在共同的目光里
我中有你你中有我

蚕的执着是一部奉献曲

在每个生力军的背后

生产维稳QC攻关

干群一道履行着36524

昼夜常怀丝

何惜微驱尽

蚕的生命

是用它吐出的丝来丈量的

无须质疑何时吐丝尽

即使生命走到了尽头

每只蚕依然孕育出无尽的希望

握沙成团

这便是传承

风雨沧桑60年的征途中

吉纤人践行着蚕的执着

吃的是桑叶

吐出的是银丝

一代又一代

用蚕的执着沿着丝绸古道

编织世界五彩缤纷的梦

沁园春·征战

葛洪君

松江北去,

百家大地,

一派生机。

化纤在崛起,

连年征战,

群策群力,

只争朝夕。

规模翻番,

品质优异,

远洋五洲抢先机。

看今朝,

新质开新宇,

日新月异。

入选国家示范,

干部员工士气大涨。

创世界一流,

同心聚力,

专精新特，

全面布局。

深化改革，

坚定不移，

丝路天下添新翼。

忆往矣，

发展之快兮，

本届创举！

吉纤赋

赵坤庆

乾坤转，华夏昌，吉纤兴，盛名扬。临松花江之汪洋兮，依长白山之莽苍。开丝路天下之先河兮，纺万千精品馈四方。六十春秋，荡气回肠。

一九六四，新中国百废待兴，急人民穿衣之所需兮，孚众之所望。松花江畔，厂址甫定，杂草荒地，谱写新章。号令初颁，四方应响，海内才俊，接踵来庠。怀报国之志兮，献人生于吉纤；居河畔之陋室兮，视艰苦为寻常。精心筹备，初具模样，揽众工之精英兮，海内瞩望。自力更生，奋发图强，淘石河之沙石兮，营建厂舍；植绿树之成荫兮，美化序庠。攻坚克难兮不舍昼夜，潜心向学兮化铁为钢。

曾记否，排排建筑，朴实无华，厂房周围，鸟语花香。安装现场，战天斗地，生产现场，机器轰鸣。风声雨声机器声声声悦耳，家事国事天下事事事担当。春季里，百花齐放；夏季里，绿荫遮凉；秋季里，硕果累累；冬季里，炉火正旺。虽偏居于长白山之一隅兮，但专业学习处处徜徉；众多有志之士虽背井离乡聚寒舍兮，但有同事厚谊暖心房。其乐也融融，其氛也和祥，其风也高尚，其德也馨香，为我吉纤，为我家园，幸甚至哉，歌以颂扬。

一九八八，吉林化纤高瞻远瞩，异地合作，滹沱河畔，藁城大地再掀篇章，万吨浆粕，连年增长；一九九九，化纤、热电相继加入，三足鼎立，威震四方。

二〇一五，纺纱项目扎根藁城再成长，自此五彩纱线铺就丝绸之路美名扬。

二〇一七，6万吨浆粕历经沧桑，步履踉跄，原地踏步，前程渺茫，领导英明决策高瞻远瞩辟蹊径以求变兮，唯有转型以远航。6万吨腈纶干部员工披荆斩棘、默默奉献，248日新厂房屹立于滹沱之滨兮，展雄姿于华夏。拥天时地利人和兮，员工同心情激昂。

二〇二一，拆化纤、建碳谷，转型升级兮，再战国际市场。

吉纤速发展，步履铿锵，专业建设，蒸蒸日上。尊贤重士，延龙引凤，厚德载物，敬业爱岗。理论实践，相辅相成，黏胶腈纶，碳纤维复材，行业领航。吉林化纤，闻名遐迩，无限风光。

历史车轮滚滚兮，长江后浪推前浪。功勋彪炳史册兮，筑丰碑以景仰。国运隆昌吉纤兴，须抖擞而前行兮，莫踟蹰而彷徨；勿忘初心，使命担当，展宏图于丝绸路兮，大道之行而未央。

惜哉吉纤！壮哉吉纤！慨当以慷，永志不忘！

吉纤赋

袁裕尧

学子出师，彷徨蹉跎，时维七月，流火昼长，学业尽而入江湖，怀梦想而寻前路，未来难展，长志难抒，临远行之际，得吉纤之眷顾。工作繁密，织机嗡鸣，辗转于纺捻之间，成长于制胶一线，求得一技傍身，借此成家立业，虽无富贵通天，却也生活光鲜，衣食住行，受之吉纤，感恩之心、弗敢忘焉！回首来路，九载春秋，时光易逝，韶华难追，念先贤之艰苦奋斗，惜今朝之大好篇章，置身其间，见证伟业，推文敲字，行文以记之。

龙兴古地，雾凇名都，远迎长白，近绕松江，登高远望，逸兴遄飞，神州启明之处昂首，龙脉连天之际点睛，东北福地，工业重基，定策于五年计划，携国运以建厂，六十年艰苦奋斗，一甲子改革创新，传承国企，百亿吉纤。人杰地灵，八方汇聚，五湖四海，各展所长，忆往昔峥嵘岁月，丝织宏伟蓝图，展未来壮志满怀，贯通古今中外。

神游吉纤，筑建临江，宜居乐土，自成一方，文化宫才子歌唱，体育馆运动健康，春季长跑展风光，夏季接力薪火长，元宵节烟花万响，迎七夕联姻一堂，青年才俊应去处，荣归故里好还乡。

身临其间，包罗万象，长子股份，中流砥柱，碳谷国兴，时代先锋。扩生产，发展不停，争创新，宋公豪情，人丝细旦差异化，专利丝饼大型化，机器代人智能化，安全生产专业化，各领域共管齐抓。长丝竹纤，交相辉映，腈纶板块，持久稳定，碳纤新材，成功研发，如盛世齐放之百花。中药加持，守住人民健康，万众聚力，吉纤斗志昂扬。

丝路始于强汉，兴于盛唐，千年之变，几经风霜，楼兰已逝，敦煌易伤，吉纤起于九州初兴，甲子之变，依旧荣光，运筹帷幄之间，布局四方八张，内拓江浙苏杭，外通罗马南洋，以品质联结四方，续写丝路之辉煌。

凡人之流，效仿子安，恭疏短引，不成不就，抒己杂情，故不作谦，厂庆之际，以颂吉纤。

吉纤扬帆起航再创辉煌

第七部分
共　赢

丝路领航：吉林化纤建成投产60周年（1964—2024年）

吉林化纤集团人造丝全球推广

人造丝客户评价

浙江省柯桥海溢化纤有限公司

吉林化纤人造丝近几年升级比较快，销售人员走在市场前面，能够把准确的信息及时反馈给生产，生产根据我们的需求做出相应整改并提升完善。120D传统纺大丝筒使我们的牵经效率提高了30%，而且布面情况比以前好很多，接头少，毛丝也少，正品率大大提高，现在120D有光传统纺高速络筒机产品批量使用，直筒丝定长好，基本上没受到张力影响，染色更均匀，高品质面料都优先考虑使用。

另外，连续纺这几年品质也大幅提高，特别是50D、75D、120D连续纺产品。这两年国风类提花面料畅销，人造丝作经线比较多，加捻或直接牵经都优先用吉林化纤的人造丝，染色均匀，深受国内外客户的认可和喜欢。

本公司长期与吉林化纤合作，专一做吉林化纤产品，这几年随着吉林化纤不断进行产品升级，受益良多。本公司永远是吉林化纤的跟随者，愿吉林化纤再创辉煌！

浙江省余杭华绫丝绸有限公司

我公司在1993年与吉林化纤开展业务合作，使用白山品牌人造丝，至今已有30多年合作历史，感情十分深厚。对吉林化纤发展壮大，领航行业有着切身体会。

近些年来，吉林化纤始终保持吃苦耐劳精神，精益求精的思想，不断创新的做法。人造丝大丝饼、大丝筒、空捻器产品的开发，使我们在提升效率、降低损耗、降低成本、提升品质方面受益很多，特别是国风丝绒产品织造优势非常明显：第一，牵经换排每月减少两次，织布机操作老式4台改看新式6台，减少了用工；第二，每月筒脚废丝减少一副排，可多牵经轴8000米；第三，分条牵经设备升级为整浆一体机牵经，2866个丝筒一起牵经相当于丝饼分层使用，接头部位单独掐出丝绒品质好。

因吉林化纤的大丝饼、大丝筒、空捻无接头产品毛丝少、退绕好、强度好、损耗小、效率高，且空捻器接头织造通过性好、断头率低于常规产品一倍，我们了解到，包括我们在内，很多织造厂将有梭织机升级为箭杆、喷气织机，大幅提高了织造效率，其中箭杆机最高车速达到360~370梭/分，喷气机最高车速达到430~440梭/分，是原有普通梭织170梭/分速度的2.3倍和2.8倍。

设备升级后绒布染色均一性提升、绒面平整度提升带来的高品质竞争优势，使坯绒售价较有梭织机高1元/米、效率提升2.5倍、用工减少三成。我们对吉林化纤白山人造丝的依赖度进一步提高。

对于与吉林化纤的合作，我们自豪感十足。愿吉林化纤继续发展壮大，引领全球纺织行业发展！

参观吉林化纤产品

腈纶客户评价

常熟市云卓纺织科技有限公司

在当前全球化竞争日益激烈的背景下，企业之间的合作已成为提升竞争力的关键。特别是对于纺织行业来说，选择优质且稳定的原料供应商更是成功的重要保障。

常熟市云卓纺织科技有限公司与吉林化纤的合作，正是这一战略思维的生动体现。通过使用吉林化纤生产的腈纶丝束和腈纶短纤产品，云卓纺织不仅实现了年产能的大幅提升，更重要的是产品质量也得到了显著改善和稳定。这种长期稳定的供货能力与优质的售后服务，确保了云卓纺织在激烈的市场竞争中始终保持领先地位。

吉林化纤的产品之所以能够获得如此广泛的认可和应用，关键在于其不断的技术创新和对市场需求的精准把握。超柔、超亮纤维的开发就是一个典型例子。通过对工艺参数的不断优化，这些纤维的凝固成型条件得到提高，单丝表面更加致密化，降低了缺陷点，从而提升了光泽度并赋予了更滑顺的手感。

此外，华绒纤维的自主研发，打破了天然纤维与聚酯纤维共混的技术壁垒，既保留了腈纶纤维及纤维素纤维的各种优良特性，又增加了保暖性、抗起球和抗静电等新功能，极大地扩展了产品的应用领域。

除了技术革新，吉林化纤还注重与我们下游用户的紧密合作，以满足市场多元化的需求。例如，通过"吉纤杯创新大赛"，吉林化纤鼓励下游企业和品牌参与到新产品的研发和应用中来。这不仅促进了创新思维的交流和技术的共享，也为腈纶产品的差别化和高质量发展注入了新的活力。

随着消费者对纺织品品质要求的不断提升，我们相信吉林化纤的创新驱动策略将继续发挥关键作用，无论是在提高产品附加值方面，还是在满足特定市场需求方面，都将展现出强大的潜力和广阔的前景。

通过一系列的合作案例和技术革新成果，吉林化纤不仅给我们带来了实实在在的经济效益，更为整个纺织行业的可持续发展贡献了力量。这种基于共赢合作的发展模式，无疑将为未来纺织业的进步开辟更多可能。

江苏省蓝越纺织有限公司

我公司在使用吉藁 3.33mm×102mm×22mm 半光毛条过程中，发现有少许粉尘、飞花，平均长度不匀等少许现象。吉林化纤技术人员深入我公司生产现场了解情况，配合打样、试样、现场盯机台，不断反复摸索，化验分析毛条各项数据指标。毛条平均长度从 102mm 到 112mm，最后到 115mm，经过技改攻关，毛条可纺性得到明显改善。

第七部分 共 赢

巴黎灵感活动图

竹纤维客户评价

国家纺织产品开发中心
副主任　陈宝建

天地广袤映蓝天，
竹林幽静韵自然。
联手团结织锦绣，
盟心共聚谱新篇。

广东省贝利爽实业有限公司
董事长　马浩然

天然低碳聚力强，

竹韵专精产业兴。

联建创新深融合，

盟帆一路通五洲。

百年变局中国龙，

黑山白水聚精英。

竹碳高科中国芯，

踔厉奋发砥砺行。

江苏省金兰纺织原料有限公司
董事长　董玉林

《满庭芳·天竹联盟大会》

溪上残红，枝间衰绿，岁华逢季寻常。数竿修竹，瘦影现轩窗。往日喧繁不再，容颜改，纺织沧桑。怎堪惜，疫情深浅，摧残复成双。

浊酒流水去，三生冷暖，一世炎凉。鬓两霜，鉴湖别后路长。海角天涯日月，唯星愿，依旧深情。初心在，犹期携手，共赴满庭芳！

福建省华尔锦纺织有限公司

华尔锦公司自2009年与吉林化纤集团建立合作关系以来，携手共同走过15载。产品从最早天竹纤维拓展到抗起球、高膨、细旦等系列腈纶短纤维。年销售量近3000吨，价值4500万元左右。

合作过程中，吉林化纤集团提供优质服务，产品都是第一时间运送工厂。产品质量不断提升，在同类产品中遥遥领先。华尔锦公司也投入研发，充分发挥天竹纤维和吉林化纤腈纶产品特点和优势，与兰精木代尔系列、澳毛、桑蚕丝等多组分功能性纤维混纺，生产的高端差异化纱线获得下游一线服装和家居睡寝品牌的青睐。下一步将继续加大与吉林化纤的合作力度，利用双方品牌优势，开拓新的功能性产品，延伸产业链，打造闭环全流程市场供应链，有效保护产业链知识产权和专利技术。

山东省润丰棉业有限公司

东营润丰与吉林化纤合作多年，竹纤维的产品抑菌特性一直很出色，近几年品质更加稳定可靠。竹纤维的生产效率提高明显，我们的生产运营也随之更加顺畅。

长期的合作关系让双方有了更深层次的合作和沟通，产销融合模式也为解决实际问题提供了有效途径。天竹联盟通过不懈的努力，取得了显著的成果。市场份额不断扩大，客户的满意度和忠诚度也得到了提高。这些成果充分证明了领导团队的能力和价值。

在东营润丰，天竹纤维不仅仅是会呼吸的纤维，更是一款会说话的纤维、有情怀的纤维，华绒的上市更增加了润丰追随吉林化纤的决心和信心！

今后，东营润丰将以吉林化纤产品为基础，通过不断的产品创新和研发，满足客户不断变化的需求，更精准地服务于市场。

湖北省际华三五〇九纺织有限公司

天竹纤维具有较好的可纺性，吸湿透气性好、手感柔软、织物悬垂性好、染色性能优良等特点，适合应用到各种机织面料领域。吉林化纤提供的原料质量优良，能长期稳定供应生产。吉林化纤在有需求时能及时沟通回复，提供优良的售后服务及技术指导，是我公司战略性合作伙伴。

福建省三明纺织股份有限公司

利用可再生竹资源生产的天竹纤维不仅具有良好的抗菌、抑菌和抗紫外线功能，还具有吸湿透气、手感柔软，织物悬垂性好的特点。在当前普通纤维纺纱品种普遍滞销的市场条件下，天竹纺纱产品具有不可比拟的市场竞争优势。天竹纤维深受消费者青睐，有着良好的市场前景。

三明纺织股份有限公司与天竹联盟有着良好的合作关系，被确定为"天竹纤维日抛纺织品纱线指定生产基地"。

山东省陵城仁和纺织科技有限公司

吉林化纤作为我公司的常年原料供应商，经过十几年的良好合作，形成了稳固的战略伙伴合作关系，营造了两家团结友好、合作共赢的营销氛围。同时，吉林化纤也为我公司的成长、发展提供了很大的帮助和支持。吉林化纤作为国企的优秀代表、纺织原料行业的佼佼者，在两家的长期合作中，原料供应能做到：原料所含杂质、白度浮动小，强力均匀，产品质量稳定。有利于我公司持续不间断生产，减少了批次更换，提高了生产效率，保证了产品质量。吉林化纤原料供应及时，无论节假日、恶劣天气，还是其他问题，都能提前沟通，及时解决，保证原料足量、按时送达；合作氛围融洽，双方领导合作交流中知心、同心，做成了伙伴、朋友，业务员之间也经常互动、交流，为我们拓展市场、开发下游客户提供了很多资源。天竹纤维作为吉林化纤的自主品牌，我们也希望能做久、做好。愿我们不忘初心、砥砺前行。

江苏省金太阳纺织贸易有限公司

吉林化纤作为行业内的杰出代表,在多个层面展现出了非凡的实力与魅力。

在产品特性方面,吉林化纤的产品品质卓越,选材上乘,即使在复杂严苛的环境下,依然能保持稳定可靠的性能,充分彰显了其高端品质。

在效率提高方面,吉林化纤的表现可圈可点。他们持续优化生产流程和管理模式,订单处理迅速准确,产品交付及时无误,极大地缩短了生产周期,不仅为合作带来了便捷,还显著降低了成本,增强了市场竞争力。长期合作中,吉林化纤一直是值得信赖的伙伴。多年来,我们与吉林化纤始终保持着紧密且稳定的合作关系。他们始终坚守诚信原则,严格履行合同条款,高度重视产品质量,对客户需求积极响应。这种长期建立起来的信任与默契,为双方的持续发展奠定了坚实基础。

在产销融合解决实际问题方面,吉林化纤展现出了出色的能力。他们能够精准洞察市场需求的变化,灵活调整生产策略,为客户提供极具针对性和实效性的解决方案。无论是产品的研发创新,还是市场推广的策略制定,吉林化纤都能与我们密切配合,共同攻克诸多难题,开拓了互利共赢的良好局面。

吉林化纤以其卓越的产品品质、高效的服务水平、诚信的合作态度和强大的创新能力,成为我们理想的合作伙伴。衷心期待未来能与吉林化纤继续携手前行,共同创造更为辉煌的成就!

Spinning king(印度)有限公司

Spinning king(印度)有限公司是天竹联盟在印度的办事处,是天竹纤维和竹丽尔纤维在印度的代理。

我们与印度众多知名纺纱厂建立了良好的合作关系并在印度开拓了天竹纤

维巨大的市场。印度的纺纱者称呼我们为竹子之王和竹子先生！对我们的买家使用的JIGAO竹纤维感到非常满意。

未来，我们将与吉林化纤共同关注天竹纤维的体系建设和JIGAO竹纤维的推广，为全球的合作伙伴开发纯竹和混纺的竹纤维吊牌。通过天竹纤维全球检测方法以及天竹纤维在卫生产品领域用无纺布国际卫生标准，进一步做好天竹纤维的开发。

我们对于天竹纤维未来的发展很有信心，一是竹纤维粗纱由手摇织机生产，在印度我们也被称为CHAR KHA；二是竹丽尔纤维在麻灰纱领域的需求正在回升；三是竹纤维无纺布也在不断接收到各种询价。

我们很高兴地和大家分享，天竹纤维在印度服务了很多知名品牌，如MANGO、Esprit、Jockey、沃尔玛、宜家、Beakert、Designboom等。同时，在印度我们也很高兴地看到：Handtuch、Mom's touch、BambooTribe等本土品牌在家纺和服装领域的壮大与发展。我们非常高兴能与天竹联盟和吉林化纤合作，非常感谢天竹联盟与吉林化纤对印度和国际市场的鼎力支持。

韩国全纺纺织有限公司

全纺纺织有限公司是韩国规模最大的纺纱厂，主要生产竹棉混纺纱线，而且是韩国唯一一家生产牛仔面料的企业。目前为止，全纺只采购天竹品牌的竹纤维纱线，并且我们将在牛仔领域更加努力开发天竹纤维的新产品，如伸缩牛仔裤、COOLING、抗皱牛仔裤等。

随着棉花等原料价格的上涨，给明年SS春夏产品的开发带来了很大的负担。但是，我们会与韩国国内的合作伙伴一起努力。

我们也创立了一个新的牛仔面料品牌"BLUE BIST"。我们将这个品牌打造成绿色环保、可持续的品牌。最近，因为环境问题在国际上争论不休，但天竹联盟却可以提供绿色健康的纺织品，希望天竹联盟未来可以开发出更多环保原料产品。

我们在韩国可以提供天竹全领域产品。此前受新冠病毒的影响，虽然消费市场不景气，但是TANBOOCEL纤维产品很受消费者的欢迎。未来，我们将继续开发TANBOOCEL市场。

客户参观吉林化纤产品

碳纤维客户评价

河北省碳一复合材料科技有限公司

　　自与吉林化纤合作以来，吉林化纤产品质量不断提升。我们现在可以应用吉林化纤的25K碳丝生产小克重产品，产品质量趋于稳定；35K碳丝在下游客户应用范围最为广泛，产品质量趋于稳定的同时也得到了下游客户的充分认可；使用12K碳丝用于做高强度、高模量高端产品的客户反映，吉林化纤碳丝强度稳定，在我公司生产过程中也体现出退卷顺畅、布面平整度高的特点，这是吉林化纤质量提升的结果，包括使用吉林化纤50K碳丝生产的大克重产品展纱效果好、布面平整、强度高。与吉林化纤合作交期准时，价格合理，希望继续保持长久的合作关系，助力企业腾飞！

江苏省伟诺复合材料有限公司

我公司自2020年开始使用吉林化纤的GX400、GX500等产品，GX400-12K替代了台丽T35-12K，GX400-25K替代了台丽T35-24K，GX400、GX300-3K相比国内同行产品更加稳定，编织时无毛羽，品质一直在稳步提升，交期也很准时，价格合理。我公司在使用吉林化纤A级品碳纱做预浸料时，体现出具有展纱性好、浸润性佳、强度稳定等特点，希望吉林化纤能够再攀高峰，持续研发高性能碳纤维，逐步替代进口碳纤维，为我们的长期合作打好坚实基础！

山东省骏腾材料科技股份有限公司

算起来我们与吉林化纤打交道已有10多年的时间，随着与吉林化纤合作的不断深入，特别是随着吉林化纤下属国兴碳纤维公司的成立和壮大，越来越感觉到吉纤人有着不一样的特点和内涵。据说，这种特点和内涵叫作"吉纤精神""吉纤速度"。

于是我们看到：国兴碳纤维公司一号线最初设计产能500吨，实际产量1000吨，仅用一年时间，就从1条碳化线变成10条碳化线，整齐布满整个厂区；从只有12K、25K两个牌号到多种牌号同时供应市场；从500吨产能到全国最大碳纤维生产基地。

从参与这个行业开始，吉林化纤就创造了一个个不可思议的奇迹，刷新了业内关于建设速度、产能扩建、品质提升的认知。作为用户，这些年我们与吉林化纤紧密合作，也取得了长足的进步，获得了不菲的收益，在此发自内心地给吉林化纤点赞！

江苏省领直复合材料有限公司

六十载风雨兼程，六十载春华秋实。在这个值得纪念的日子里，我们向吉林化纤表示最热烈的祝贺，庆祝其六十周年。自从与吉林化纤合作以来，我们深深感受到其不断提升的产品质量，以及始终如一的优质服务。

在合作过程中，吉林化纤生产的25K碳丝质量趋于稳定，这使得我们能够顺利地生产出小克重产品，满足了市场的需求；35K碳丝质量稳定也得到了下游客户的充分认可。同时，吉林化纤生产的12K碳丝强度稳定，适合生产强度高、模量高的高端产品；50K碳丝在生产大克重产品时，展纱效果好、布面平整度高，这都充分展示了吉林化纤产品的优越性能。此外，我们要特别提到的是与吉林化纤的合作，吉林化纤生产及销售人员经常深入到我们的现场，交流解决生产过程出现的问题，满足我们的诉求，而且产品交期准时，价格合理，这为我们的生产提供了极大的便利，降低了我们的生产成本。

六十年来，吉林化纤始终坚持以质量求生存，以创新求发展，其产品从最初的单一品种发展到现在的多元化、高品质产品系列，这是吉林化纤不懈努力的成果，也是对我国碳纤维行业发展的有力推动。

我们坚信，吉林化纤在未来的发展中，将继续保持其优秀的品质，不断创新，进一步提升其产品竞争力，为我国的碳纤维行业做出更大的贡献。

最后，我们再次向吉林化纤表示最热烈的祝贺，愿其未来更加繁荣昌盛，再创辉煌！我们将与吉林化纤继续深入合作，助力企业腾飞，共创美好未来！

第八部分
足 迹

吉林化纤大事记

（1959—2024年）

1959年
·12月5日，吉林市人造纤维厂筹备处在吉林市北京路成立。

1960年
·9月6日，吉林市人造纤维厂破土动工。

1964年
·4月19日，纺丝女工谭淑琴踩下第一个纺丝泵，压下第一根曲管，纺出第一束丝。

·7月7日，邓小平同志来厂视察时指示："要巩固，要发展，要做新贡献"。

·8月1日，吉林化学纤维厂通过省、市政府有关部门鉴定，正式竣工投产。黏胶短纤维年产3400吨。

1966年
·9月，扩建黏胶短纤维第二条生产线。

1971年
·9月，第二条黏胶短纤维生产线建成投产，形成了年产7000吨的生产能力，产量翻了一番。

1980年
·7月25日，上报《吉林化纤厂年产2000吨人造长丝计划任务书》。
·黏胶短纤维被评为吉林省优质产品。

1981年
·7月22日，省计委正式批复：2000吨黏胶长丝工程分两期建设，每期1000吨。
·被吉林省人民政府评为先进企业。

1982年
·7月10日，黏胶长丝一期工程破土动工。
·被评为吉林省质量管理先进单位。

1983年
·7月，与西德爱伯涅尔公司签订引进酸站闪蒸设备合同书。

1984年
·研制出国内首台丙纶毡黏胶及冲洗程控自动过滤机。
·被吉林省纺织工业厅评为思想政治工作先进单位。
·黏胶短纤维被吉林省经贸委评为优秀新产品。

1985年
·2月13日，与江苏省丹徒县化纤浆厂签订20年合约，投资680万元，每年可供浆粕3000吨。

·3月，傅万才同志任吉林化纤厂厂长。

·10月22日，黏胶长丝一期工程开车一次成功。

·确定"开拓求实，争创一流"的企业精神。

·被纺织工业部评为节能先进企业。

1986年
·6月14日，纺织工业部领导来厂视察。

·10月14日，历时三年零三个月的长丝二期工程竣工投产，比纺织工业部的要求提前了三个月。

·被纺织工业部评为设备管理先进单位。

1987年
·10月24日，黏胶长丝三期工程试车成功。至此，吉林化纤厂成为全国同行业中第一家形成年产3000吨黏胶长丝生产能力的企业。

·企业年利税首次突破1000万元。

·被评为吉林省先进企业。

1988年
·4月，自备电站一期工程破土动工。

·企业主导产品首次打入国际市场，成功与外商签订750吨黏胶长丝出口合同。

- 被吉林省绿化委员会评为绿化红旗单位。
- 黏胶长丝被评为吉林省优秀新产品。

1989年
- 1月10日，与河北省藁城联合筹建吉藁联合棉浆厂，可供浆粕6000吨/年。
- 10月10日，第一台6000千瓦机组发电成功。
- 白山牌黏胶长丝被评为吉林省优质产品。

1990年
- 9月，白山牌黏胶短纤维被纺织工业部评为优质产品。
- 被纺织工业部评为节约能源国家二级企业。

1991年
- 4月26日，作为全国工业企业唯一发言代表参加在北京人民大会堂召开的全国第二次质量工作会议。
- 被纺织工业部评为纺织工业设备管理优秀单位。
- 被评为吉林省先进党组织。
- 白山牌黏胶短纤维被纺织工业部授予优质产品称号。
- 被纺织工业部评为全国纺织系统双文明建设优秀企业。
- 被纺织工业部评为节约能源国家一级企业。
- 被国务院企业管理指导委员会、国务院生产委员会评为国家二级企业。
- 白山牌黏胶短纤维获国家银质奖章证书。
- 白山牌黏胶长丝被吉林省政府授予省优质产品称号。

1992年

·4月，获中华全国总工会颁发的社会主义双文明建设全国先进集体、五一劳动奖状。

·7月，获得进出口自营权。

·7月，被国家批准为大型一档企业。

·8月8日，组建吉林化纤进出口公司。

·12月31日，6万吨腈纶工程正式立项。

·被评为吉林省质量免检单位。

·被评为吉林省文明单位。

1993年

·2月3日，成立吉林化纤建筑安装公司。

·3月，吉林化学纤维厂经吉林省体改委批准改制成吉林化纤股份有限公司。

·3月，被评为全国质量效益型先进企业。

·10月，白山牌黏胶短纤维被国家授予全国用户满意产品称号。

·被评为全国环境保护先进企业。

1994年

·6月14日，中共吉林省委、吉林省人民政府决定：在全省开展向学吉化的先进典型吉林化纤股份有限公司学习活动。

·7月22日，中国纺织总会领导来厂视察时说：吉林化纤不仅是全省、全市的典型，也是我们全国纺织系统学习的典型。

·9月，6万吨腈纶项目开工。

·成立吉林化纤技术咨询公司。

·被中国质量管理协会评为用户满意企业。

1995年

·1月14日,李铁映同志来公司视察,他说:"来到化纤厂,看了各方面管理都很好,很令人振奋。"

·4月,通过中国质量管理协会质量认证中心的认证。

·5月27日,2950吨黏胶长丝改造项目开工。

·6月24日,江泽民同志来公司视察,称赞说:"这个厂搞得不得了。"

·7月26日,被国家经贸委列入全国建立现代企业制度试点企业。

·9月27日,吉林化纤集团有限责任公司成立,组建了以吉林化纤集团有限责任公司为母公司的核心企业。

·11月1日,与香港伦仕、信领投资、野村集富果有限公司及美国CIT公司在中外合资吉林奇峰化纤有限公司合同书上签字。

·11月10日,正式成立吉林奇峰化纤有限公司。

·12月10日,通过了法国BVQI公司国际检验局的国际认证。

·被评为吉林省最佳企业。

·进入中国500强企业行列。

·被纺织总会评为全国纺织工业双文明建设优秀企业。

·被中国质量协会评为质量效益型先进企业。

·被国家统计局评为中国同行业十强企业。

·被吉林省委、省政府评为文明单位标兵。

·被中国企业管理协会、中国企业家协会授予全国优秀企业(金马奖)。

·被纺织总会评为全国纺织工业科技进步先进单位。

1996年

·6月22日，胡锦涛同志来公司视察，称赞说"这个企业发展很快，搞得不错"。

·7月23日，股份公司股票在深圳证券交易所挂牌上市交易。

·9月，2950吨黏胶长丝改造项目投产。

·11月9日，收购吉藁联合化纤浆厂，吉林化纤由参股变为控股。

·被中国质量管理协会评为全国质量效益型先进企业。

1997年

·被中国质量管理协会评为全国质量效益型先进企业。

·被评为全国实施用户满意工程先进单位。

·白山牌黏胶长丝被中国质量管理协会、全国用户委员会评为全国用户满意产品。

1998年

·5月18日，2600吨黏胶长丝技改工程开工（实际生产能力达5600吨）。

·5月29日，6万吨腈纶投料试车，实现了一次开车成功，一次出合格产品，完成了国家、省、市下达的"98·5"开车的计划目标。

·7月10日，李鹏同志来公司视察，并题词：从严治厂，创出名牌，把吉林化纤办得更好。

·7月23日，纺织工业部领导到公司视察。

·9月14日，中共中央组织部部长张全景到公司视察。

·11月18日，中共吉林省委、吉林省人民政府决定：深入开展向傅万才同志学习活动。

第八部分　足　迹

·11月，奇峰公司成功开发腈纶丝束系列产品，填补了国内空白。

·被吉林省工商管理局评为商标管理先进企业。

1999年

·7月，2600吨黏胶长丝改造项目建成投产，黏胶长丝年产量达2万多吨。

·8月，中组部、中宣部、国家经贸委、国家人事部、全国总工会以及《人民日报》、中央电视台等7家新闻单位对公司的经验进行报道宣传。

·8月6日，2200吨黏胶长丝工程开始建设。

·8月28日，傅万才董事长参加全国国有企业领导班子先进事迹巡回报告团，并在人民大会堂发言。

·10月1日，傅万才董事长参加中华人民共和国成立50周年国庆观礼。

·被中国质量管理协会评为创优质名牌企业。

·被中国企业家协会授予中国企业管理杰出贡献奖。

·被中央精神文明建设指导委员会评为全国精神文明建设工作先进单位。

·被授予国家创优质名牌企业荣誉奖。

2000年

·1月，零价租赁河北藁城化纤厂，收购河北藁城热电厂，组建成河北吉藁化纤有限公司。

·1月，4万吨腈纶扩建工程正式立项。

·3月1日，成立吉林化纤高科技开发有限公司。

·5月24日，2200吨长丝改造项目建成投产。

·5月，腈纶产品荣获国家级新产品证书。

·5月，被国家人事部、国家纺织工业局评为全国纺织工业系统先进集体。

·10月，吉薫化纤公司开发成功竹浆、竹纤维，经上海化纤工业协会化纤产品检测中心检测全部为一等品。

·11月20日，6000吨腈纶技改工程竣工投产。

·12月，被中国设备管理协会评为第五届全国设备管理优秀单位。

·12月27日，公司通过了Oeko—Tex standard100（国际环保纺织标准100）认证。

·引进日本可乐丽公司先进技术，生产出符合国际水平的产品。

·被国家质量技术监督局评为全国质量管理先进企业。

2001年

·1月，吉林奇峰化纤有限公司荣获中国企业新纪录奖。

·6月，公司开发麦饭石功能纤维工业性试验项目荣获"九五"国家技术创新优秀项目奖。

·6月，被中共吉林省委评为先进基层党组织标兵。

·7月1日，被中共中央组织部评为全国先进基层党组织。

·12月，被国家工商行政管理总局评为全国重合同守信用企业。

2002年

·1月4日，通过了质量管理体系认证。

·1月30日，通过了环境管理体系认证。

·2月8日，白山牌商标被国家工商行政管理总局批准认定为中国驰名商标。

·7月17日，吴邦国同志来公司视察，强调：你们还要加大科技投入，加快技术进步，提高产品的科技含量，增强企业的核心竞争力。

- 7月24日，国家知识产权局授予河北吉藁化纤有限公司竹纤维、竹浆发明专利证书。
- 7月27日，王进军同志接任吉林化纤集团有限责任公司董事长。
- 奇峰公司成功开发1.5旦丝束和低起球毛条腈纶产品，填补了国内空白。
- 企业年利税首次突破两亿元，当年实现利税23181万元。
- 被评为国家审计先进单位。
- 被评为吉林省优秀企业。
- 被评为全国纺织工业统计工作先进单位。

2003年

- 3月，与吉林大学联合办学，成立第一批工商管理及工程硕士培训班，为公司高级人才储备打下基础。
- 4月5日，总投资1300万元的蒸发落水回收工程开始破土动工。
- 7月25日，确定企业精神为学习创新、追求卓越。
- 9月5日，通过了职业安全健康管理体系认证。
- 10月26日，黄菊同志来公司视察。
- 在韩国注册了"白山"牌商标，在日本注册了"白金马"牌商标。
- 荣获中国企业信息化500强称号，全国纺织行业中排名第一。

2004年

- 1月，白山牌黏胶长丝被吉林省对外贸易经济合作厅、吉林省质量技术监督局评为吉林省出口名牌。
- 1～6月，完成利税22676万元，同比增长126%；利润14615万元，同比增长255.4%，用半年时间超额完成全年目标。

2005年

·6月15日，吉林化纤与意大利蒙特公司以50%∶50%股权比例共同建设15万吨差别化腈纶纤维项目正式宣告成功。

·7月11日，在四川省宜宾市召开了首届"天竹"纤维产业链战略峰会。

·12月1日，成立吉林市拓普纺织有限责任公司。

·12月6日，吉林吉盟腈纶有限公司正式成立并投入运营。

·吉林化纤再次被评为"中国企业信息化500强企业"。

·吉林化纤在全行业统计评比中，进入"中国纺织服装行业销售收入百强"。

2006年

·4月6日，股份公司实施《股权分置改革方案》。

·5月30日，注册成立吉林艾卡黏胶纤维有限公司。

·6月21日，奇峰公司H股股票在香港联交所主板正式上市交易，共募集资金折合人民币4.2亿元。

·10月21日，15万吨腈纶项目一期10万吨工程顺利投产。

·11月28日，吉林化纤与丹东化纤集团签订了合作生产协议，并组建成立了"丹东吉丹化纤有限责任公司"。

·吉藁公司7000吨短纤项目全面竣工。

·吉林化纤被评为"全国纺织工业先进集体"，"白山"品牌文化被评为"2006中国纺织十大品牌文化"。

·吉林化纤集成创新出国内首创T300级聚丙烯腈基碳纤维原丝的工业化生产技术。

2007年

· 3月15日，创办《吉林化纤报》。

· 4月28日，艾卡公司5000吨连续纺黏胶长丝项目一期工程开车一次成功。

· 6月1日，成立湖南拓普竹麻产业开发有限公司。

· 9月15日，举行20万锭纺纱项目一期5万锭工程开工仪式。

· 吉林化纤被评为国家级重合同守信用单位。

· 吉林化纤被中华全国总工会授予东北地区老工业基地振兴杯劳动竞赛优胜企业奖。

· "白山牌"黏胶长丝、黏胶短纤维分别获得中国名牌产品等殊荣。

2008年

· 1月20日，湖南拓普公司一期工程棉浆粕生产线一次试车成功。

· 2月，年产100吨碳纤维原丝生产实验线正式投产。

· 3月，碳纤维原丝生产技术通过了吉林省科学技术厅鉴定。

· 3月23日，吉林化纤连续5年被评为中国企业信息化500强。

· 5月5日，股份公司竹长丝连续纺项目实现一次试纺成功。

· 6月，吉林化纤将其持有的四川天竹79.82%的股权全部转让给拓普实业。

· 7月，吉林化纤被评为2008全国纺织和谐企业建设先进单位、全国纺织优秀职工思想政治工作研究会。

· 9月3日，成立深圳天竹生态服饰有限公司。

· 12月，注册成立吉林碳谷碳纤维有限公司。

· 吉林化纤被评为中国人造纤维素纤维制造行业排头兵企业。

2009年

·5月15日，成立吉林市吉溧化工有限责任公司。

·6月，吉藁公司天竹纤维顺利通过FSC国际森林管理体系认证。

·7月6日，吉林化纤并被评为全国纺织和谐企业建设先进单位、全国纺织优秀职工思想政治工作研究会。

·9月20日，吉林化纤5万锭纺纱技改项目一次试车成功。

·12月10~12日，"天竹产业联盟"正式更名为"中国纺织天竹产业联合会"。

·天竹纤维荣获"第十届中国专利新技术新产品博览会特别金奖""国家重点新产品""国家技术创新奖"。

·吉林化纤被评为第四届全国精神文明建设工作先进单位。

2010年

·1月4日，湖南拓普公司竹浆、麻浆线全线启动试车，新增3#、4#立锅投入试生产，一次性试车成功。

·1月12日，股份公司短纤二车间竹纤维正式生产。

·3月，吉林化纤被中国化学纤维工业协会授予中国化纤行业技术创新先进企业。

·4月14日，吴邦国同志到吉林化纤视察。

·8月9日，5000吨/年碳纤维原丝项目正式开工建设。

·8月26日，朝鲜劳动党总书记、国防委员会委员长金正日一行到公司参观考察。

·9月8日，吉林化纤被评为"全国纺织精神文明建设示范基地""2010全国纺织劳动关系和谐企业""2010年中国纺织品牌文化50强企业""全国纺织优秀职工思想政治工作研究会"。

·9月，吉林化纤被中国纺织工业协会统计中心、中国化学纤维工业协会授予"中国化学纤维行业竞争力10强企业""中国纺织服装行业主营业务收入百强企业""中国纺织服装行业出口百强企业"，被中国纺织工业协会授予"中国纺织服装企业竞争力500强"。

·11月10日，中国第一条竹长丝生产线在股份公司长丝A线一次开车成功。

·12月，吉林化纤被人力资源和社会保障部、中国纺织工业协会授予全国纺织工业先进集体。

2011年

·1月20日，习近平同志到吉林化纤视察。

·3月，吉林化纤荣获中国化纤行业"十一五"突出贡献奖。

·8月10日，吉藁公司首次成功生产了有色纤维。

·9月9日，徐光春同志一行到吉林化纤进行调研。

·10月13日，吉林化纤被评为中国纺织品牌文化50强、全国纺织群众工作先进单位。《吉林化纤报》被评为全国纺织优秀企业报（刊）。

·11月1日，吉林化纤与亚太地区最大的软件管理商——用友软件股份有限公司签订了战略合作协议。

·11月18日，吉林化纤5000吨/年碳纤维原丝项目竣工投产。

2012年

·1月，吉林化纤5000吨/年碳纤维原丝项目名列《中国纺织报》科技前沿版2011年纺织行业"十大科技事件"榜首。

·1月19日，湖南拓普纺织公司1.26万锭纺纱项目一次试纺成功。

·2月21日，吉林化纤建成全国首条4000吨/年原液染色腈纶纤维生产线。

·3月，吉林化纤荣获全国化纤行业管理创新成果奖。

·6月28日，吉林化纤成立江城首家院士工作站，是吉林省唯一一家轻工行业的院士工作站。

·6月28日，湖南拓普公司二期技改项目举行开工庆典。

·8月20日，湖南拓普公司3.15万吨/年竹浆粕改扩建项目试车成功。

·8月25日，吉林化纤被确定为首批"国家电子商务试点企业"。

·11月28日，奇峰公司动力分厂二期电站脱硫项目竣工投产。

·11月30日，碳谷公司与台湾聚川公司签订了2000吨/年碳化项目合资合作书。

·12月8日，吉林化纤荣获国家技能人才培育突出贡献单位。

·12月10日，奇峰公司动力分厂化学污泥脱水项目实现一次试车成功。

2013年

·7月6日，吉林化纤被评为全国企业党建工作先进单位。

·8月22日，吉林化纤被评为全国纺织优秀职工思想政治工作研究会，荣获全国纺织企业思想政治工作创新奖。

·9月13日，宋德武同志任吉林化纤集团有限责任公司董事长、总经理。

·9月23日，吉林化纤举行国家级"博士后科研工作站"授牌仪式。

·10月，碳谷公司5000吨/年PAN基碳纤维原丝、碳化及制品工业化技术喜获2013年度中国纺织工业联合会科学技术一等奖。

·10月31日，吉林化纤被评为全国纺织行业先进党建工作示范企业、荣获2013中国纺织品牌文化创新奖，成为唯一一家获得党建和品牌文化建设"双项"殊荣的企业。

·10月31日~11月1日，天竹纤维有机农产品特性通过了资质认证。

·11月8日，股份公司1000吨连续纺项目1#纺丝机一次升车成功。

2014年

·8月28日，5000吨/年竹长丝连续纺改造项目正式开工。

·9月19日，吉林化纤被授予全国纺织行业先进党建工作示范企业（单位）称号。

·11月18日，完成股份公司首次股票增发工作，共募集资金9亿元。

2015年

·3月2日，吉林化纤被中央精神文明建设委员会评为全国文明单位。

·6月22日，5000吨/年竹长丝连续纺研发项目一次试车成功。

·7月18日，1万吨/年人造丝细旦化升级改造项目正式开工。

·11月，吉林化纤被中华全国总工会评为全国模范职工之家。

2016年

·3月12日，碳谷公司研发出12S原丝新产品，质量达到T700标准。

·3月25日，碳谷公司在新三板正式挂牌上市。

·4月22日，1万吨/年人造丝细旦化升级改造项目第一阶段48台纺丝机一次试车成功。

·4月28日，完成股份公司第二次股票增发工作，共募集资金17.2亿元。

·6月25日，举行6万吨/年差别化腈纶纤维项目奠基仪式。

·8月8日，国家发改委主任徐绍史率领联合调研组到吉林市就振兴东北老工业基地开展专题调研。

·9月9日，成立吉林精功碳纤维有限公司。

·9月15日，4万吨/年碳纤维原丝项目开工。

·10月12日，1.2万吨/年大丝束碳化项目正式开工。

·10月26日，3万吨/年高改性暨复合强韧丝项目正式开工。

2017年

·2月28日，6万吨/年差别化腈纶纤维项目一次试车成功。

·4月10日，承接舒兰合成药业公司51%股权。

·8月26日，4万吨/年碳纤维原丝项目纺丝E线正式开车。

·10月8日，3万吨/年高改性暨复合强韧丝项目一次投料试车成功。

·12月，吉林化纤《化纤龙头企业以纵向联盟为载体的竹纤维产业培育管理》被全国企业管理现代化创新成果审定委员会授予第二十四届国家级企业管理现代化创新成果一等奖。

·12月20日，1.2万吨/年大丝束碳化项目一期2000吨/年项目开车。

·销售收入达到100.6亿元，实现了几代吉纤人的百亿目标。

2018年

·3月，吉林化纤入选国务院国资委首批"双百企业"，成为国企改革试点企业之一。

·9月16日，全国人大常委会原副委员长、全国妇联原主席顾秀莲到吉林化纤视察。

·10月16日，碳谷公司35 K碳纤维原丝研发成功。

·12月31日，湖南拓普公司按照政府引导有关造纸企业退出的相关指示精神，全面退出制浆生产。

2019年
- 8月，被中国企业联合会、中国企业家协会评为2018~2019年度全国企业文化优秀成果特等奖。
- 12月26日，全国总工会书记处书记、党组成员许山松到吉林化纤走访慰问。

2020年
- 4月，国兴复材公司碳纤维复合材料制品项目正式开工。
- 5月8日，收购吉林方大江城碳纤维有限公司，组建吉林国兴碳纤维有限公司。
- 7月17日，吉林市鹿王制药股份有限公司正式划转移交吉林化纤。
- 8月18日，中国吉林国家碳纤维产业园项目暨吉林化纤1.5万吨碳纤维项目正式启动。
- 12月28日，完成股份公司第三次股票增发工作，共募集资金3.2亿元。

2021年
- 3月1日，碳谷公司8#原丝生产线首次实现50K品种的连续稳定工业化生产。
- 6月12日，吉林化纤第一条拉挤生产线建成投产，一次开车成功生产出合格拉挤板材。
- 7月15日，15万吨/年碳纤维原丝项目开工。
- 7月15日，1.5万吨/年碳纤维项目首条碳化线一次开车成功。

·9月28日，股份公司12000吨/年碳纤维复材产品项目在吉林经济开发区北区开工。

·11月15日，碳谷公司成功在北京证券交易所上市。

·12月21日，被中国纺织工业联合会评为全国纺织行业党建工作先进企业。

·12月28日，与自然人贾永贵合作成立合资公司——吉林国盛碳纤维装备制造有限公司。

2022年

·6月30日，河北碳谷公司碳纤维复合材料制品项目开工。

·7月5日，完成股份公司新一轮定向增发，募集资金12亿元。

·8月18日，15万吨原丝项目两条万吨级生产线$1^{\#}$、$2^{\#}$一次开车成功。

·9月8日，年产15万吨腈纶项目正式启动。

·9月，宋德武董事长被中国企业联合会、中国企业家协会评为全国优秀企业家。

·10月，宋德武董事长当选为中国共产党第二十次全国代表大会代表。

·11月，河北吉藁公司短纤车间全线停产。

·销售收入达到210.3亿元，迈出了推动高质量发展新格局的关键一步。

2023年

·3月，被国务院国资委确定为创建世界一流专精特新示范企业，吉林省地方性企业仅此一家。

·3月21日，与道生天合材料科技（上海）股份有限公司成立合资公司——吉林国兴道生科技有限公司。

- 4月，吉林化纤碳谷公司入选国务院国资委科改示范企业名单，成为国有科技型企业改革样板和自主创新尖兵。
- 5月1日，与山东大学联合开发战地多功能运输箱。
- 6月8日，人造丝获得欧洲EU-BAT认证，成为全国唯一全指标通过的人造丝生产企业，获得下游品牌的深度认可。INDITEX将长丝、短纤列入其BEST供应商顶级名录。
- 7月3日，时任吉林省委书记景俊海、省长胡玉亭率队到吉林化纤召开专题会议，宣布吉林化纤提级省管，举全省之力支持吉林化纤做强做优做大。
- 7月4日，国际纺联主席、中国纺织工业联合会会长孙瑞哲、党委副书记陈伟康，中国财贸轻纺烟草工会二级巡视员吕杰等一行到吉林化纤进行考察。
- 8月，与北京宝冠助剂有限公司合资成立吉林国兴宝冠助剂有限公司。
- 10月16日，中共二十届中央委员，国务委员、国务院党组成员谌贻琴到吉林化纤调研。
- 10月21日，国兴碳纤维公司1#线升级改造精品线项目开车。
- 11月26日，年产1000吨预氧丝项目一次性开车成功。
- 12月14日，成立华绒之链，全面打造"华绒"品牌。

2024年

- 2月，吉林化纤入选国务院国资委国有企业数字化转型试点企业，是吉林省唯一入选的地方国有企业。
- 2月23日，国兴碳纤维公司收购吉林宝旌公司51%股权，成立吉林国鑫碳纤维有限责任公司。
- 3月6日，股份公司1万吨超细旦连续纺长丝项目一次开车成功并实现达产达效。

·3月7日，吉林化纤可循环再生黏胶长丝纤维JIRECELL人造丝正式发布。

·3月19日，国兴复材公司通过IATF16949认证。

·4月15日，吉林化纤与中国商飞上海飞机制造公司就民用航空复合材料研制及应用签署合作协议。

·4月22日，国兴碳纤维公司西区年产500吨碳毡石墨毡项目开车成功。

·5月17日，吉林化纤年产5万吨生物质新型人造丝项目正式启动。

·5月25日，吉林化纤党委书记、董事长宋德武受邀参加第十九届中国经济论坛。

·6月8日，吉林化纤年产15万吨华绒项目一次开车成功。

·7月5日，股份公司竹丽尔项目生产线一次开车成功。

·7月13日，吉林化纤举行3万吨高性能碳纤维原丝项目开车仪式。

·7月18日，吉林市政府与吉林化纤共同召开第二届风电产业高质量发展论坛暨碳纤维应用研讨会。

·7月20日，吉林化纤年产2万吨涡流纺纱线项目一次开车成功。